Charlotte Magin · Helmut Schwier
Kanzel, Kreuz und Kamera

Beiträge zu Liturgie und Spiritualität

Herausgegeben vom
Liturgiewissenschaftlichen Institut Leipzig
der Vereinigten Evangelisch-lutherischen Kirche
Deutschlands (**velkd**)
bei der Theologischen Fakultät
der Universität Leipzig

Band 12

Charlotte Magin · Helmut Schwier

Kanzel, Kreuz und Kamera

Impulse für Gottesdienst und Predigt

*Mit einem Geleitwort des Ratsvorsitzenden der EKD
Bischof Wolfgang Huber*

EVANGELISCHE VERLAGSANSTALT
Leipzig

Die Deutsche Bibliothek – Bibliographische Information

Die Deutsche Bibliothek verzeichnet diese Publikation
in der Deutschen Nationalbibliographie;
detaillierte bibliographische Daten sind im Internet über
<http://dnb.ddb.de> abrufbar.

2. Auflage 2007
© 2005 by Evangelische Verlagsanstalt GmbH, Leipzig
Printed in Germany · H 6946
Alle Rechte vorbehalten
Typografie: Jochen Busch
Druck und Binden: Hubert & Co., Göttingen

ISBN 978-3-374-02256-4
www.eva-leipzig.de

Geleitwort

Die Fernsehmacher schauen gern auf Zahlen – ob sie es zugeben oder nicht. Und die Zahlen des ZDF-Fernsehgottesdienstes lassen sich vorweisen: Seit Jahren steigt die Zahl derer, die am Sonntagvormittag um 9.30 Uhr den Fernsehgottesdienst einschalten. Dabei kommt es bei dieser Sendung nicht nur auf die Zuschauerquote an, sondern vor allem darauf, dass Gottes Wort hörbar und lebendig wird. So treffen zwei Ansprüche aufeinander – der Anspruch der Kirche, Gottes Wort öffentlich zu verkündigen, und der Anspruch des Fernsehens, Zuschauer für eine Sendung zu interessieren. Zu den guten Entwicklungen der vergangenen 25 Jahre gehört die Einsicht, dass diese beiden Ansprüche nicht gegeneinander stehen.

Eine andere Spannung ist freilich nicht zu übersehen. Zu jedem Gottesdienst gehört es, dass Menschen zusammenkommen und Gemeinschaft erleben. Wer allein in seinem Wohnzimmer vor dem Fernseher sitzt, kann zumindest diese Form unmittelbarer Gemeinschaft nicht selbst miterleben, auch wenn er sie in der Wiedergabe des Gottesdienstes wahrnimmt. Auch wenn Medienexperten – zu Recht – immer wieder auf gemeinschaftsstiftende Elemente des Fernsehens verweisen, müssen wir doch zugleich mit viel Einsamkeit unter denen rechnen, die durch den Fernseher an diesen Gottesdiensten beteiligt sind. Umso wichtiger ist für sie die Gewissheit, dass gleichzeitig geschieht, was sie am Fernseher erleben, dass die Gemeinde in dem Augenblick betet, an dem sie sich am Gebet beteiligen, dass der Segen jetzt gespendet wird, den sie dankbar empfangen. Denn dann lässt sich am ehesten die Tatsache überbrücken, dass die Gemeinschaft derer, die vor dem Fernseher sitzen, und die Gemeinschaft derer, die miteinander Gottesdienst feiern, in wichtigen Hinsichten voneinander unterschieden sind. Der Gottesdienst am Sonntagvormittag, der vom ZDF ausgestrahlt wird, ist eben kein Gemeindegottesdienst, der auch im Fernsehen übertragen wird. Ein Fernsehgottesdienst ist ein ganz eigenes Genre. Aber er wird von einer Gemeinde gestaltet und gefeiert.

Vor 25 Jahren war dies alles nicht von Anfang an bewusst. Das Team der Rundfunkbeauftragten beider Kirchen, die auf kirchlicher Seite für den Gottesdienst verantwortlich sind, und das Team des ZDF, das für die technische Seite der Gottesdienstübertragung gerade stehen muss, und alle anderen, die am Gelingen des sonntäglichen Fernsehgottesdienstes mitgewirkt haben, sammelten solche Einsichten allmählich. Gottesdienste, die im Fernsehen übertragen werden, schließen immer wieder spannende Lernprozesse ein. Wichtig waren und sind dafür auch das Verständnis und die Akzeptanz der Gemeinden, aus deren Kirchenräumen die Fernsehgottesdienste jeweils übertragen werden. Sie haben immer wieder anerkannt und beherzigt, dass dieser Sonntagsgottesdienst anders ist und doch der Gottesdienst der jeweiligen Gemeinde bleibt.

Ein eigenständiges Genre hat eigene Regeln – Regeln für Bild- und Tonschnitt, für Kameraführung und Regie. Das ist der Part der Fernsehmacher. Ein solches Genre hat aber auch in der Kirche eigene Regeln, und es musste sich dafür eine eigenständige theologische Verantwortung entwickeln. Sie wurde von den Verantwortlichen auf kirchlicher Seite in diesen 25 Jahren erarbeitet, reflektiert und immer wieder verändert. Während ein Gemeindegottesdienst sich weitgehend auf Wort, Sakrament und Musik konzentriert, kennt der Fernsehgottesdienst auch die Botschaft der Bilder. Wo der Gemeindegottesdienst mit seiner Predigt zur ruhigen Nachdenklichkeit und zum Besinnen einlädt, muss ein Fernsehgottesdienst diese dem Wort geschuldete Nachdenklichkeit und die mit dem Sakrament verbundene Intensität in einem Medium umsetzen, in welchem die Menschen schnelle Schnitte und Schwenks gewohnt sind. Ein sonntäglicher Gottesdienst in der Gemeinde darf manchmal auch ruhige Passagen haben; seine Dauer wird nicht nach Minuten gerechnet. Ein Fernsehgottesdienst dagegen ist auf genau 45 voll gefüllte Minuten beschränkt.

So braucht der Fernsehgottesdienst eine besondere Vorbereitung. Und wer die Situation schon einmal miterlebt hat, der weiß: Da trifft das erfahrene Team derer, die Sonntag für Sonntag einen Fernsehgottesdienst organisieren auf eine Gemeinde, die zum ersten und vielleicht einzigen Mal einen solchen Gottesdienst gestaltet. Damit das gelingt, müssen bei der Vorbereitung Erfahrungen ausgetauscht und Grundregeln geklärt werden. Das Team muss die besondere Situation der Gemeinde kennen lernen, und die Mitwirkenden aus der Gemeinde müssen lernen, was das besondere Genre der Fernsehgottesdienste an eigenen Bedingungen und Möglichkeiten mit sich bringt.

Wenn dieses Zusammenspiel zwischen der technischen Verantwortung der Fernsehcrew, der theologischen Verantwortung des Teams der Rundfunkbeauftragten und dem Engagement der Gemeinde nicht immer wieder gelingen würde, könnten die Fernsehgottesdienste im ZDF nicht so erfolgreich sein, wie sie sind. Viel Erfahrung ist im Laufe der vergangenen 25 Jahre in diesem für das Gelingen so notwendigen Zusammenspiel gewonnen worden. Und doch ist jeder Gottesdienst ein neues Abenteuer, eine Herausforderung zu neuen Wegen und ein Anstoß, die eigene Arbeit zu reflektieren und weiter zu entwickeln.

Über diesen Weg der theologischen Reflektion, über den Schatz der gewonnenen Erfahrungen und über gelungene Beispiele der mediengerechten Umsetzung gibt dieses Buch Auskunft. Es bietet eine Zwischenbilanz nach 25 Jahren. Zugleich fragen die Autoren nach Erkenntnissen aus liturgiewissenschaftlicher Sicht, die die praktischen Erfahrungen in einen weiteren Zusammenhang stellen. Die Lektüre des Buches lohnt sich nicht nur für die, die am Sonntag für die Zuschauer des ZDF einen Fernsehgottesdienst planen, sondern insbesondere für all jene, die Verantwortung für Gottesdienste tragen. Denn: die meisten Gottesdienstbesucher sind auch Fernsehzuschauer.

Deshalb gehört auch das Fernsehen wie andere Medien zu den Kanzeln der Moderne. Weil es um Gottes Nähe geht, nutzen wir auch das Fernsehen als Kanzel für den ermunternden Zuruf: *Fürchte dich nicht, denn ich habe dich erlöst. Ich habe dich bei deinem Namen gerufen. Du bist mein.*

Bischof Dr. Wolfgang Huber
Vorsitzender des Rats der Evangelischen Kirche in Deutschland

Inhaltsverzeichnis

Einleitung 13

1. Kapitel: Gemeinsam feiern 19
Annäherung 19
Ausführung 20
   1. Die Bedeutung des Gottesdienstes 20
   2. Zum Profil der Gemeinde 25
   3. Die Chance der Verantwortung 27
   4. Der Prozess der Beteiligung 29
Beispiele 33

2. Kapitel: Ideen entwickeln 37
Annäherung 37
Ausführung 39
   1. Die Konzeption von Grundstruktur und Varianten ... 39
   2. Zur Entwicklung eines Spannungsbogens 40
   3. Gestaltungsräume 44
   4. Unverzichtbare liturgische Elemente 47
Beispiele 48

3. Kapitel: Verständlich reden 53
Annäherung 53
Ausführung 54
   1. Zum Potential der Sprache 54
   2. Die Herausforderung der öffentlichen Rede 58
   3. Die Nähe zum Alltag der Menschen 60
   4. Die Suche nach gerechter Sprache 62
Beispiele 63

4. Kapitel: Sich ganz einbringen 68
Annäherung 68
Ausführung 69
   1. Die Wahrnehmung des ganzen Menschen 69
   2. Vielfalt der Ausdrucksweisen 71

   3. Grenzen und Möglichkeiten 74
   4. Zur Entwicklung von Ausdrucksformen 76
Beispiele 80

5. Kapitel: Andere Kirchen und Religionen bedenken 84
Annäherung 84
Ausführung 85
   1. Wechselbeziehungen in der Ökumene 85
   2. Der Gewinn der ökumenischen Perspektive 88
   3. Dialog mit anderen Religionen 89
   4. Die Verbundenheit mit Israel 90
Beispiele 92

6. Kapitel: Dem Evangelium etwas zutrauen 98
Annäherung 98
Ausführung 99
   1. Zur Dynamik der Kommunikation 99
   2. Zur Perspektive der Rezipienten 103
   3. Die Motivation der Predigten 104
   4. Konsequenzen für das Predigen 109
Beispiele 112

7. Kapitel: Planen und gestalten 119
Annäherung 119
Ausführung 120
   1. Das Verständnis von Dramaturgie 120
   2. Inszenierung durch Grundstruktur und Varianten ... 122
   3. Zur Planung der Inszenierung 124
   4. Das Ziel der Inszenierung 127
Beispiele 129

8. Kapitel: Den Sonntag wertschätzen 133
Annäherung 133
Ausführung 134
   1. Der Stellenwert des Sonntags 134
   2. Die Herausforderungen der
      Säkularen Gesellschaft 136

3. DER KULTURELLE BEITRAG DES GOTTESDIENSTES 139
4. DER ÖFFENTLICHKEITSAUFTRAG 141
Beispiele 144

Anhang 148

Hinweise auf zitierte und weiterführende Literatur 211

Einleitung

Sind Fernsehgottesdienste eigentlich Gottesdienste? Warum macht man sie eigentlich? Wie unterscheiden sie sich von der Feier einer Ortsgemeinde am Sonntagmorgen? Und: Besteht nicht die Gefahr, dass der Gottesdienst im Modus einer Fernsehübertragung sein gottesdienstliches Proprium verliert? Mit diesen Fragen beschäftigten sich die Praktische Theologie und die Evangelische Fernseharbeit vor allem in den 80er Jahren des vergangenen Jahrhunderts. Die Diskussion war geprägt durch die Sorge, der Fernsehgottesdienst könne den evangelischen Gottesdienst beschädigen. Das protestantische Profil stand auf dem Prüfstand. Verkündigung und Auslegung des Wortes Gottes, so die weit verbreitete These, stünden der raschen Bildfolge eines Fernsehgottesdienstes entgegen. In der Anpassung an die Erfordernisse des Mediums Fernsehen sah man die größte Gefahr. In diesem Zusammenhang kommt der Praktische Theologe Karl-Fritz Daiber in seiner Analyse von Fernsehgottesdiensten zu dem Ergebnis, der in der Ortsgemeinde gefeierte Gottesdienst habe nur bedingt mit dem übertragenen Produkt Fernsehgottesdienst zu tun.

> Das Fernsehen lebt ... von „Aktion" und Spannung, ist ein hermetischer Kosmos und zugleich Konstrukt einer eigenen Bildrealität, indem es eine artifizielle Wirklichkeit zugrunde legt und auf diese Weise „virtuelle Realitäten" konstruiert. Bilder haben ihren eigenen Identifikations- und Faszinationsgehalt gegenüber der Wortverkündigung, die aufgenommen und reflektiert und somit auf die eigene Lebenssituation hin auszulegen ist.[1]

Entsprechend einzuordnen ist das Votum der Evangelischen Fernsehkommission aus dem Jahr 1979:

> Das Fernsehen kann das gottesdienstliche Geschehen nicht abbilden, sondern schafft eine neue Wirklichkeit. Das Medienereignis ist deshalb nicht identisch mit dem gottesdienstlichen Ereignis vor Ort.[2]

Der Fernsehgottesdienst erreiche bestenfalls den Zuschauer als „Film eines Gottesdienstes"[3] ohne jedoch selbst Gottesdienst zu sein. Somit wird er zum Kunstprodukt, das keine Entsprechung zum Ort der gottesdienstlichen Feier, der versammelten Gläubigen, hat.[4]

Bis Anfang der 90er-Jahre hing den evangelischen Fernsehgottesdiensten – auch für viele Pfarrer und Pfarrerinnen – der Geruch an,

---

[1] K.-F. Daiber, Gemeinde als Publikum?, S. 15. Genaue bibliographische Angaben zu zitierter und weiterführender Literatur finden sich im Literaturverzeichnis.
[2] Vgl. H. E. Thomé, Gottesdienst frei Haus?, S. 42.
[3] Vgl. H. E. Bahr in: P. Cornehl/H. E. Bahr (Hg.), Gottesdienst und Öffentlichkeit, S. 204.
[4] Vgl. H. Nemetschek, Kein Missionsinstrument.

keine richtigen Gottesdienste zu sein. Jede kleine, noch so geringe Abweichung von der agendarischen Ordnung, jeder Eingriff in die festgelegte Form wurde als Sakrileg empfunden. Viele sahen darin die Gefahr, sich dem Medium Fernsehen mit all seinen Gesetzmäßigkeiten ganz und gar auszuliefern. So diskutierte man leidenschaftlich darüber, inwieweit sich ein Fernsehgottesdienst, der ja schließlich auch nichts anderes als die Verkündigung Jesu Christi zum Inhalt haben sollte, einem Unterhaltungsmedium öffnen dürfe. Auch hier war die Diskussion geprägt von der Angst, eher dem Bild und weniger dem Wort die Ehre zu erweisen.

In dieser Zeit nahmen die Theologen die Fernsehgottesdienste im Wesentlichen kritisch wahr. Es ging ihnen eher darum, Grenzen festzulegen denn Chancen zu nutzen. Es gab aber auch Befürworter, die in der Übertragung eines Gottesdienstes eine gute Möglichkeit für die Kirche sahen, Mission im größeren Stil zu betreiben. An dieser Stelle kam Widerspruch aus den Sendern mit dem eindeutigen Hinweis: Der Sendeplatz für die Gottesdienste gehöre nicht der Kirche, sondern der Gesellschaft; deshalb dürfe der Fernsehgottesdienst auch nicht als „Kanzel der Nation" missbraucht werden.[5] Dass hier auf beiden Seiten ein Missverständnis über Wesen und Sache der Mission zu Grunde liegt, sei nur am Rande vermerkt. In diesem Gesprächszusammenhang machte der Begriff „Publikum" die Runde und die These, der Zuschauer zu Hause habe mit der Gemeinde vor Ort gar nichts zu tun. Daraus abgeleitet stellte sich den Theologen die grundsätzliche Frage: Kann bei den Fernsehgottesdiensten und den veränderten Kommunikationsbedingungen überhaupt noch so etwas wie *Verkündigung* stattfinden?

Damit stand der *Verkündigungsbegriff* auf dem Prüfstand. Erst Ernst Lange brachte ihn im Rahmen seiner *Kommunikation des Evangeliums* auch in Bezug auf die Fernsehgottesdienste und die sich anschließende homiletisch geführte Debatte positiv ein. Auch andere kommunikationstheoretische Ansätze, wie sie zum Beispiel Hans-Eckehard Bahr mit seiner Schrift „Verkündigung als Information" vorgelegte, waren hilfreich und haben einen wichtigen Beitrag dazu geleistet, die neue, indirekte Form christlicher Kommunikation grundlegend zu analysieren und zu verstehen. Wichtiger als die Klärung der kommunikationstheoretischen Zusammenhänge war jedoch, dass die publizistischen Medien als öffentlicher Austragungsort des Zeitgesprächs der Gesellschaft verstanden wurden. Damit ging die Forderung einher, die kirchliche Praxis müsse sich auch dort einbringen, wenn sie am Prozess öffentlicher Meinungsbildung weiterhin teilnehmen wolle. Dennoch kann das Plädoyer für die

---

[5] Vgl. ebd.

Öffentlichkeit der christlichen Kommunikation nicht darüber hinwegtäuschen, dass es im Wesentlichen nur darum ging, Verkündigung – und damit Gottesdienste – in den elektronischen Medien zu legitimieren. Folgerichtig haben einige Theologen auch den Versuch unternommen, neue homiletische und liturgiewissenschaftliche Entwürfe auf Gottesdienste im Fernsehen zu übertragen und damit neu zu hinterfragen.

Angeregt durch Manfred Josuttis' verhaltenswissenschaftlichen Ansatz, der das Augenmerk auf das symbolische Handlungsmuster eines Gottesdienstes bzw. das rituelle Kommunikationsschema der Agende legte,[6] stellte sich die Frage, ob das Konzept des rituellen Handelns auf das Medium übertragbar sein könne.[7]

Auch das von Hans-Christoph Schmidt-Lauber und Manfred Seitz herausgegebene homiletische Fachbuch zum Thema Gottesdienst[8] nahmen einige Theologen als Handreichung für die Gestaltung von Fernsehgottesdiensten, um daraus Kriterien für die Rundfunkansprachen abzuleiten. Und das, obwohl die Fernsehgottesdienste in den liturgiewissenschaftlichen und homiletischen Fachbüchern als eigenes Genre so gut wie nie erwähnt wurden. In dem neuesten liturgiewissenschaftlichen Kompendium findet sich immerhin ein Kapitel zu den Gottesdienstübertragungen im Fernsehen.[9] Sie werden in ihrem Erscheinungsbild als „abwechslungsreicher, lebendiger, experimentierfreudiger"[10] gewürdigt.

In den folgenden Jahren verlief die Diskussion weniger kontrovers. Anscheinend hatte man sich damit abgefunden, dass Gottesdienste im Fernsehen übertragen wurden. Auf der anderen Seite hatten die für die Fernsehgottesdienste verantwortlichen Theologen gelernt, ihre Arbeit auf die Zuschauerbedürfnisse auszurichten – ohne jedoch den Verkündigungsauftrag eines Gottesdienstes aufzugeben. Trotzdem hing an den Fernsehgottesdiensten nach wie vor der unausgesprochene Makel, dass *Verkündigung* und Quote sich im Grunde ausschließen und der Gottesdienst vor Ort das Eigentliche sei.

Dabei wurde jedoch immer übersehen, dass auch bei einer Übertragung die Gemeinde vor Ort ihren Gottesdienst ja feiert, denn dieser wird in der Regel live übertragen. Gänzlich ausgeblendet blieb, ob sich die Erfahrungen mit dem Medium Fernsehen ihrerseits womöglich positiv auf die Feier der Ortsgemeinde bzw. auf die Gestaltung anderer Gottesdienste auswirkten, oder ob Theologie bzw. Liturgie an dieser Stelle von

---

[6] Vgl. M. Josuttis, Der Weg ins Leben, 1991.
[7] Vgl. K.-F. Daiber, Gemeinde als Publikum?, S. 27.
[8] Vgl. H.-Chr. Schmidt-Lauber/M. Seitz, Der Gottesdienst, Stuttgart 1992.
[9] Vgl. Handbuch der Liturgik, S. 908.
[10] Ebd., S. 912.

den Medien sogar etwas lernen könnten. Der damalige Leiter der ZDF-Redaktion „Kirche und Leben ev.", Wolf-Rüdiger Schmidt, fragt genau in diese Richtung:

> Wie kommt es eigentlich, dass Fernsehgottesdienste, die wöchentlich etwa eine Million Zuschauer vor dem Bildschirm zusammenführen, so wenig als Anfrage an die Normalpraxis der Kirche und das theologische Denken und Reden wahrgenommen werden?[11]

Erst heute scheint sich ein Perspektivwechsel abzuzeichnen, denn viele Theologen beginnen, von den Medien zu lernen. So gibt es neben diversen handwerklichen Ratschlägen von Redakteuren ein Handbuch des Theaterregisseurs Thomas Kabel, das Pfarrer und Pfarrerinnen anleitet, die *liturgische Präsenz* zu verbessern.[12]

Aber auch wenn sich der Blickwinkel verändert hat, ist nie grundsätzlich theologisch begründet worden, was den Fernsehgottesdienst eigentlich ausmacht. Es ist bis heute noch nicht zu einer wirklichen Annäherung gekommen, zu einer Theologie der Gottesdienstgestaltung, die nicht nur die „normalen" Gottesdienste in der Gemeinde, sondern auch die Fernsehgottesdienste als originäre Wesens- und Lebensäußerung der Kirche mit berücksichtigt und einschließt.

Sicherlich, die Hinwendung zu den Medien ist positiv zu bewerten. Freilich kann es nicht Aufgabe der Medien sein, theologische Fragen und liturgiewissenschaftliche Erwägungen an dieser Stelle voranzubringen. Die Auseinandersetzung um den Stellenwert und die Einordnung der Gottesdienste im Fernsehen ist noch nicht zu Ende gebracht. Es fehlt ein ernst zu nehmender Dialog zwischen Senderbeauftragten und Praktischer Theologie, zwischen Liturgiewissenschaft und Homiletik, zwischen den Ausbildern im Predigerseminar und den Fernsehbeauftragten.

Einen interessanten Entwurf hat jüngst Martin Nicol vorgelegt, indem er seine Lernerfahrungen aus Nordamerika mit der „New Homiletic" für die deutsche homiletische Aus- und Fortbildung adaptiert und zu einem Umdenken und „Aufbruch" aufruft. Er greift dabei Erfahrungen aus dem Film- und Theaterbereich mit auf:

> Predigen heißt: einander ins Bild setzen. Wechselseitig. Das klingt nach purer Ironie angesichts einer Kanzelrede, die monologisch verfasst ist. Einer spricht, die anderen hören – daran hat sich bis heute nichts geändert. ... Das ist beim Theater ganz ähnlich ... und doch gehen Theatermacher davon aus, dass die *Zuschauer* mitmachen, auf ihre Weise.[13]

---

[11] Zitiert nach K. F. Daiber, Gemeinde, S. 126.
[12] Vgl. Th. Kabel, Handbuch Bd.1, 2002; H. Wöllenstein: Werkbuch Liturgische Präsenz nach Thomas Kabel, 2002.
[13] Martin Nicol, Einander ins Bild setzen, 2002.

Die Predigt trägt in sich das Potential einer „Live-Performance"[14], weil es nach Nicols Auffassung weniger zum Aufgabenbereich eines Predigers gehört, die Wahrheit des Glaubens zu erklären („deductive preaching"), sondern vielmehr darum, die Erfahrung des Glaubens zu teilen („inductive preaching"). Wenn man Predigt als „gestaltete Bewegung"[15] begreift, setzt das eine andere Annäherung bei der Predigtvorbereitung voraus und eine Neudefinition von Verkündigung in Richtung *Event*-Charakter, so Nicol.

Anregend sind die homiletischen Erwägungen Nicols auch in Bezug auf das Verständnis von Liturgie. Ausgehend von Jana Childers, die den Gottesdienst als ein dem Theater vergleichbares Geschehen begreift, schreibt er:

> Auch der Gottesdienst hat einen *plot*, ist also gestaltete Bewegung über Konflikt, Entfaltung der Handlung, Höhe- bzw. Wendepunkt und Lösung. Aufgabe der liturgischen Verantwortlichen ist es, den Gottesdienst in Fluss zu halten, ihm die Schwungkraft zu bewahren (to keep the service flowing or momentum building).[16]

Der notwendige Dialog zwischen Praktischen Theologen und Fernsehgottesdienstbeauftragten soll also noch einmal neu beginnen. Zentrale Fragen bleiben: Wo begegnen sich die gottesdienstliche Feier vor Ort und die live-übertragene Fernsehproduktion? Welches Gottesdienstverständnis erweist sich für beide als tragfähig? Und: Sind es womöglich die Fernsehgottesdienste, die ein neues und lebendiges Verständnis von Gottesdienst in die Gemeinde tragen, das sich auf die Gestaltung anderer Gottesdienste auswirkt? Wie sind die Beziehungen zwischen Gottesdienst vor Ort und Fernsehgottesdienst zu beschreiben?

Das vorliegende Buch will diesen Dialog führen und die praktischen Erfahrungen aus dem Bereich der ZDF-Fernsehgottesdienste in die aktuelle wissenschaftliche und praktische Diskussion einbringen. Die in den neuen praktisch-theologischen Ansätzen wieder hervorgehobene Bedeutung der Kategorie „Kommunikation des Evangeliums"[17] wird sich in homiletischer wie liturgischer Hinsicht als klärend und weiterführend erweisen. Durch die Berücksichtigung der liturgischen Kriterien des „Evangelischen Gottesdienstbuches" soll gleichzeitig eine Brücke zur agendarisch geprägten Gottesdienstpraxis geschlagen werden. Diese Kriterien beinhalten teils eine implizite Gottesdiensttheologie, teils sind sie sehr allgemein formuliert. Daher wird es erforderlich sein, sie zu konkretisieren. In den jeweiligen „Ausführungen" werden theologische

---

[14] Ebd., S. 71 ff.
[15] Ebd., S. 35.
[16] Ebd., S. 45.
[17] Im Anschluss an Ernst Lange jetzt wieder bei W. Engemann, C. Grethlein, M. Meyer-Blanck.

Reflexion und konkrete Gestaltungsmöglichkeiten zusammengeführt, wie sie sich aus journalistischer und praktisch-theologischer Perspektive ergeben. Der unterschiedliche Erfahrungshorizont der beiden Autoren scheint dabei auch innerhalb der Kapitel immer wieder durch. Bei den praktischen Gestaltungsfragen verweisen wir auf die ZDF-Fernsehgottesdienste („Beispiele"), und zwar sowohl hinsichtlich deren Vorbereitung und Durchführung in den Gemeinden vor Ort als auch hinsichtlich der Herausforderungen des Mediums Fernsehen. Unser Ziel ist, dadurch die wechselseitigen Lernchancen der Gottesdienste vor Ort und der Fernsehgottesdienste erkennbar zu machen und neue Impulse für Gottesdienst und Predigt zu entdecken und wenn möglich auch zu konkretisieren („Konkrete Planungsschritte").

1. Kapitel: Gemeinsam feiern

Kriterium

> Der Gottesdienst wird unter der Verantwortung und Beteiligung der ganzen Gemeinde gefeiert.

Annäherung

Es ist Sonntagmorgen, kurz vor neun. In der Kirche ist es bereits lebendig. Einige sitzen auf ihren Plätzen, andere stehen noch im Eingangsbereich. Man begrüßt und unterhält sich. Man lacht. Die Stimmung ist gelöst. Die Pfarrerin ist auch schon da, obwohl der Gottesdienst erst um 9.30 Uhr beginnt. Sie freut sich, dass so viele gekommen sind und begleitet eine Gruppe von Frauen nach vorne zum Altarraum. Das Interesse ist groß. Die Jugendlichen aus der Gemeinde haben eine Plakatwand vorbereitet. Andere kommen dazu. Eine Mutter sagt stolz: Mein Sohn hat auch mitgemacht! In der anderen Ecke des Chorraumes stellt sich jetzt der Kirchenchor auf. Mittlerweile ist es Viertel nach neun und die Kirche wird voller und voller. Noch sieht es gar nicht danach aus, dass hier gleich ein Gottesdienst beginnt. Auch dann nicht, als die Pfarrerin sich ans Mikrophon stellt und die Gemeinde begrüßt. Ein junger Vater versucht irgendwie seinen Kinderwagen unterzubringen. Eine ältere Dame hält Ausschau nach einem bekannten Gesicht. Die Kinder toben im Mittelgang. Ruhe ist noch nicht. Dann tritt der Kantor ans Mikrofon: Wir wollen schon einmal ein paar Lieder ansingen, um uns auf den Gottesdienst einzustimmen. Auch dann sitzen noch nicht alle auf ihren Plätzen. Einige singen aber schon fleißig mit. Der Chor hat etwas Neues eingeübt. Die Gemeinde kann sich daran beteiligen. Ein Mitglied des Presbyteriums stellt sich ans Mikrofon. Er bedankt sich bei allen, die für die Vorbereitung des heutigen Gottesdienstes verantwortlich waren – besonders für das Engagement der Jugendlichen, die heute den Gottesdienst mitgestalten. Ihre Namen werden einzeln genannt. Dann weist er noch auf die Plakatwand hin, die wirklich schön geworden sei. Das haben sie richtig gut gemacht, sagt er, worauf einige in der Gemeinde zu klatschen beginnen. Als der Presbyter sich wieder setzt, kehrt Ruhe ein. Gleich beginnt der Gottesdienst. Gleich wird es losgehen...

So kann ein lebendig gestalteter Gottesdienst beginnen, ein Gottesdienst, an dem sich die ganze Gemeinde beteiligt und Verantwortung trägt. Die Gottesdienstgemeinde, verschiedene Gemeindegruppen und unterschiedliche Amtsträger arbeiten Hand in Hand, so dass ein differenziertes Kommunikationsgeflecht entsteht. Kritiker könnten bei einem solchen Gottesdienst argwöhnen, dass eine dem Evangelium fremde und eher dem „Zeitgeist" geschuldete Kommunikation die weitere Feier prägt. Die Gefahr, dass Gottesdienste zur „Mitmachshow" verflachen, bleibt bestehen, ist aber nur eine Seite. Auf der anderen Seite besteht die Gefahr darin, dass Gottesdienste als Veranstaltungen der Hauptamtlichen oder des Pfarrers gefeiert werden, in denen die Gemeinde kaum mehr im Blick ist oder als bloße Adressatin von Verkündigung gedacht wird.

Gestaltungsfragen des Gottesdienstes lassen sich nie ausschließlich pragmatisch entscheiden, vielmehr sind Kriterien notwendig. Das oben genannte Kriterium ist nun zu reflektieren und zu konkretisieren.

Ausführung

1. DIE BEDEUTUNG DES GOTTESDIENSTES

Christlicher Gottesdienst ist die Feier der im Namen Jesu versammelten Gemeinde, die auf die Verheißung der Gegenwart des dreieinen Gottes vertraut. In dieser Versammlung ereignet sich lebendige Kommunikation mit den gottesdienstlichen Grundvollzügen Singen und Musizieren, Beten, Hören, Reden, Essen und Trinken, Segnen und Gehen. In, mit und unter diesen menschlichen Worten und Handlungen gewinnt Gottes Gegenwart Raum. Das bedeutet: Die Inhalte des Glaubens an Gott, die im Evangelium zur Sprache kommen, müssen den Gottesdienst so prägen, dass sie zur Erfahrung werden; dann lässt sich begründet annehmen, dass Gottes Gegenwart in einem Gottesdienst Raum gewonnen hat. Die Inhalte des Glaubens sind also in ihrer Funktion für die Menschen zu beschreiben, was natürlich umgekehrt nicht heißt, dass sie darauf reduzierbar wären. Um diese Funktion gebündelt zu beschreiben, wählen wir in Anlehnung an Peter Cornehl[1] die Begriffe Orientierung, Vergewisserung und Erneuerung: Gottes Gegenwart gewinnt im Gottesdienst Raum, sofern sie dem einzelnen Menschen wie der vielfältig zusammengesetzten Gemeinde zur Orientierung, Vergewisserung und Erneuerung dient, deren Medium das Evangelium ist. In dieser inhaltlichen wie funktionalen Bestimmung des Gottesdienstes als *Orientierung, Vergewisserung* und *Erneuerung* durch das Evangelium ist unser Gottesdienstverständnis in seiner theologischen und seelsorglichen Dimension zusammengefasst. Im Folgenden beschreiben wir dieses Verständnis anhand der Oster-, Karfreitags- und Pfingstbotschaft und verbinden so die funktionale mit der inhaltlichen Bestimmung, die trinitätstheologisch gefüllt ist.

---

[1] Vgl. auch K.-H. Bieritz, Liturgik, S. 9 f.

Der Sinn der Osterbotschaft: Orientierung und Ausrichtung

Ein Mensch, der sich ausrichten will, muss die Richtungen im Raum kennen. Im übertragenen Sinn begegnet er Lebenserfahrungen und Sinndeutungen unterschiedlicher Richtungen, prüft sie anhand eigener Erfahrungen und Überzeugungen und richtet sein Reden und Handeln an, mit oder im Unterschied zu ihnen aus. Orientierung durch das Evangelium vollzieht sich im Gottesdienst als Wahrnehmung und Angebot fremder Glaubenserfahrungen, die aus der Heiligen Schrift, aus Tradition und Gegenwart stammen und neu ausgelegt werden. In der Auslegung des Evangeliums bezeugen Christen einander und aller Welt, dass Gott in Christus sich allen Menschen zugewandt hat, Glauben weckt und ein Leben im Vertrauen auf unzerstörbares Heil ermöglicht. Dies ist der Sinn der Osterbotschaft, die die Menschen zur Ausrichtung auf das Leben einlädt.

Der Sinn der Karfreitagsbotschaft: Vergewisserung und Trost

Das Leben ist nicht nur durch den Tod bedroht, sondern ebenso, wenn Menschen Lebenschancen nicht verwirklichen – durch eigenes Versagen, durch schuldhaftes Verhalten gegenüber anderen, durch Angst und Zweifel. Wer nach innen blickt, wird die Bedrohungen des eigenen Lebens und die durch sich selbst entdecken. Der christliche Glaube radikalisiert diese Entdeckung: Die Bedrohungen entstehen, weil die Welt und der Mensch von Gott getrennt sind; sie gehören zum Macht- und Wirkungsbereich der Sünde. Gibt es Rettung aus diesem Machtbereich, die den Menschen befreit und heil werden lässt? Die Antwort des Glaubens darauf: Diese Rettung geschieht durch Gott selbst. Der einzelne Mensch ist durch Gott angenommen; weder seine Leistungen noch sein Versagen sind entscheidend, sondern das Geschenk der Gnade. Das ist der Sinn der Karfreitagsbotschaft: Am Ende hat nicht die Zerstörung, sondern die Liebe Gottes das letzte Wort und mit ihr Vergebung und Versöhnung. Diese Botschaft tröstet in der Angst vor dem Leben und dem Sterben, stärkt den Einzelnen in Zweifel und Anfechtung und wirbt um seine Liebe zu Gott und den Menschen. So geschieht im Gottesdienst Vergewisserung durch das Evangelium.

Der Sinn der Pfingstbotschaft: Erneuerung und Gemeinschaft

Das Evangelium will den Menschen erneuern. Es zielt auf die Entdeckung neuer Blickrichtungen, auf die Möglichkeit, alte Pfade zu verlassen, neue Wege auszuprobieren, auf die heilsame Kritik, die – in Wahrheit und Liebe geäußert – zu Veränderungen ermutigt. Auch hierbei bieten die fremden Glaubenserfahrungen im Evangelium Anstoß und Hilfe. Zuspruch und Einspruch des Evangeliums gehen jedoch über die individuelle Erfahrung hinaus. Die Erneuerung durch das Evangelium ist darauf aus, die Menschen als eine Gemeinschaft zu sammeln. Im Gottesdienst wirkt Gottes Geist gemeinschaftsstiftend. Die menschliche Gestaltungsaufgabe hat gemeinschaftsfördernd zu sein. Das ist der Sinn der Pfingstbotschaft: Gottes Geist verbindet die Einzelnen zur weltweiten, grenzüberschreitenden Kirche; gleichzeitig bestärkt er die Hoffnung des Einzelnen und der Kirche auf sichtbare und umfassende Erneuerung des Lebens der ganzen Welt und ermuntert zum Handeln in der Kraft dieser Hoffnung.

Im christlichen Gottesdienst gewinnt also der Glaube an den dreieinen Gott Gestalt, ja, Gott selbst ist gegenwärtig, orientiert, vergewissert und erneuert die Gemeinde durch das Medium des Evangeliums und weckt immer wieder neu Glauben, Liebe und Hoffnung. Dies geschieht nicht im Geheimen, sondern ist stets auf die Öffentlichkeit ausgerichtet. Im Blick auf die Predigt formulierte Hans-Eckehard Bahr bereits 1970:

Weil kirchliche Rede nicht eine andere Wirklichkeit meint als die, die unser aller Wirklichkeit ist; mehr noch: weil die Tragfähigkeit des Gepredigten sich gerade dort erweist, wo der Weltzusammenhang sich verdichtend zuspitzt, ergeht die Predigt tunlichst nicht seitab, sondern in größtmöglicher Öffentlichkeit.[2]

Es ist das bleibende Verdienst der Praktischen Theologen Hans-Eckehard Bahr und Peter Cornehl, auf den Öffentlichkeitscharakter der Verkündigung und des Gottesdienstes hingewiesen zu haben, als sie das Fach in den 1970er-Jahren neu bestimmten. In Aufnahme der Impulse Ernst Langes verorteten sie die Aufgabe der Predigt in der Spannung zwischen Tradition und Situation. Dies führte zu neuen Wahrnehmungen der *Chancen des Alltags* (Ernst Lange), zur Kritik an binnenkirchlicher Predigtsprache und zu liturgischen Gestaltungen, die jenseits der Agende neue Formen des Sich-Versammelns und Feierns entdecken ließen.

In der Folgezeit wurden manche Einseitigkeiten – z. B. die exklusive oder dominante Ausrichtung des Gottesdienstes auf Information und Aktion – erkannt und verändert. Formen festlichen Feierns, die sabbatliche Dimension der Ruhe und Unterbrechung des Alltags sowie die österliche Ausrichtung auf den gegenwärtigen Christus und die Befreiung von Todesmächten prägen die Gottesdienste, besonders diejenigen „in neuer

---

[2] H.-E. Bahr, Verkündigung, S. 104.

Gestalt". Die Vielfalt der Liturgien und die Pluralität gottesdienstlicher Kulturen kennzeichnen die gegenwärtige Praxis.

Die Fernsehgottesdienste sind ein Teil innerhalb dieser Vielfalt und stehen daher in wechselseitiger Beziehung zu anderen Gottesdienstformen, sowohl in formaler wie inhaltlicher Hinsicht. Öffentlichkeit herzustellen – das stellt die Fernsehgottesdienste nicht nur vor besondere Herausforderungen, sondern ist zugleich eines ihrer zentralen Anliegen. Während zum Gemeindegottesdienst vor Ort die Öffentlichkeit beispielsweise durch das Läuten der Glocken eingeladen wird, aber nur in Gestalt der Gottesdienstgemeinde tatsächlich präsent ist, ist die Öffentlichkeit eines Fernsehgottesdienstes allein schon durch die große Anzahl der Zuschauer gewährleistet. Dennoch ist der Öffentlichkeitscharakter eines Fernsehgottesdienstes nicht nur im Hinblick auf seine Quantität zu beurteilen. Die Öffentlichkeit eines Fernsehgottesdienstes ist komplexer: Die Präsenz der Zuschauer vollzieht sich in anderen Räumen als in der Kirche. Außerdem haben Zuschauer unterschiedliche Einstellungen zu Kirche und Gottesdienst, darüber hinaus unterschiedliche Beteiligungsformen samt der Freiheit zum Ab- oder Umschalten. Die Kommunikationsbedingungen sind durch das Medium Fernsehen also wesentlich verändert. Auf der anderen Seite hängt die Frage, ob die Zuschauer am Gottesdienstgeschehen teilhaben, wesentlich davon ab, inwieweit die Gemeinde vor Ort ihren Gottesdienst ansprechend gestaltet und auch glaubwürdig feiert. Die mitwirkenden Liturgen und die feiernde Gemeinde werden zu Identifikationsfiguren innerhalb eines medialen Kommunikationsgeschehens. Daher ist die Öffentlichkeitswirksamkeit eines Live-Gottesdienstes an die Situation und die Präsenz der Ortsgemeinde gebunden, denn das Fernsehen kann zunächst einmal keine andere Wirklichkeit abbilden als die ihr vorgegebene. Diese Wirklichkeit wiederum wird – in gewisser Hinsicht – den Bedingungen des Mediums Fernsehen angepasst. Diese Anpassung geschieht mit Rücksicht auf die Wahrnehmungsbedürfnisse der Zuschauer. Die reale Situation in der Gemeinde vor Ort bleibt jedoch Ausgangspunkt der Fernsehübertragung, wenn nach medialen Ausdrucksmöglichkeiten gesucht wird, um die Grundaussage und die Atmosphäre der aktuellen Gottesdienstfeier den Zuschauern zu vermitteln.

Öffentlichkeit ist also eine quantitative wie qualitative Größe. Darüber hinaus ist der Fernsehgottesdienst Teil eines Mediums, in dem heute vielfältige Diskurse inszeniert werden. Insofern präsentiert sich Kirche in und durch jeden Fernsehgottesdienst als eine Stimme im medial vermittelten Konzert der gesellschaftlichen Stimmen. Als eine Stimme neben zahllosen anderen ist sie Bestandteil im Prozess öffentlicher Meinungsbildung. Öffentlichkeit ist also auch eine kategoriale Größe. Der

Fernsehgottesdienst steht mithin vor den Herausforderungen des Öffentlichkeitsanspruchs in quantitativer, qualitativer und kategorialer Hinsicht. Dass er sich ihnen in expliziter Weise stellt, kann für die Gottesdienste vor Ort vorbildhaft werden.

Wenden wir uns den Gestaltungsfragen zu: Gottesdienst im Fernsehen hat den Anspruch, sich bei den Zuschauern vor dem Fernseher genauso zu bewähren, wie bei der Gemeinde vor Ort. Zu den Grundpfeilern der Arbeit der EKD-Senderbeauftragten für ZDF-Gottesdienste gehört es, sie als mitten im Leben stehende Menschen wahrzunehmen. Dabei geht es um den Öffentlichkeitsauftrag von Verkündigung, um die Wahrnehmung des Kasus *agora*, der – wie bei Paulus auch – nicht auf Eingeweihte und Spezialisten ausgerichtet ist, sondern den interessierten Menschen anspricht. Dieser Aspekt muss bei dem Verständnis von Gottesdienst mitbedacht werden. Er ist weitreichend und kann bereits bei den Vorüberlegungen zur Gestaltung eines Gottesdienstes zum Tragen kommen. Denn bei allem, was geplant wird, bei jedem liturgischen Teilstück, das in einen Gottesdienstablauf vorkommen soll, bei jedem Satz, der formuliert wird, muss im Vorfeld gefragt werden, ob und inwiefern das Geplante überhaupt nachvollziehbar und verständlich bleibt. Die Zielrichtung muss klar sein: Die ausgewählten liturgischen Elemente und die Mitwirkenden, die sie gestalten, müssen ankommen bei den Menschen, sie berühren und zum Mitfeiern anregen.

Von daher kann der Fernsehgottesdienst nicht „einfach" die klassische Kerngemeinde in den Blick nehmen, die sich regelmäßig am Sonntagmorgen in der Kirche trifft. Sie ist auch mehr und anders als die Gemeinde im weiter gefassten Sinne, sind doch viele Zuschauer nicht einmal kirchlich gebunden. Sie bringen auch kaum gottesdienstliche Erfahrungen mit, kennen sich selten in Liturgie und Ablauf aus und haben zum Teil keine religiöse Sozialisation. Sie nehmen den Sonntag vielleicht nicht unbedingt als besonderen Feiertag wahr. Es ist eine besondere Herausforderung für die Mitwirkenden bei einem Fernsehgottesdienst, auch diese Menschen anzusprechen, sie einzuladen, ohne sie vereinnahmen zu wollen. Wenn man auf den Erfahrungshorizont der Fernstehenden Rücksicht nehmen will, dann muss der Gottesdienst auf Verständlichkeit ausgerichtet sein.

Jede gottesdienstliche Feier stellt dem Wesen nach Öffentlichkeit her. Sie zielt darauf, die Verheißung des dreieinen Gottes für alle zugänglich zu machen. Die Mitteilung des Evangeliums muss daher öffentlichkeitswirksam gestaltet werden. Nur so kann die Bereitschaft geweckt werden, sich dem Zuspruch und Anspruch des Evangeliums auch zu öffnen. Erst dann entsteht der nötige Raum, in dem Orientierung, Vergewisserung und Erneuerung möglich und wirksam werden.

2. Zum Profil der Gemeinde

Der Gottesdienst ist das, was die Gemeinde zur Gemeinde macht. Gemeinde wird dadurch zur Gemeinde, dass sie sich zum Gottesdienst versammelt. Diese theologische Position markiert zunächst ein Verständnis von *communio sanctorum* als *communio* an den *sancta*, also, evangelisch interpretiert, an Wort und Sakrament. Während diese Position in landläufiger Deutung eine starke Konzentration des Gemeindeverständnisses nach sich zieht, die überdies mit volkskirchlichen Konzeptionen kollidiert, gewinnt sie – auf die Situation der Fernsehgottesdienste übertragen – eine Ausweitung, zumal wenn die Dimension des Wortgeschehens im Mittelpunkt steht.

Gemeinde ist keine nur äußerlich zu erfassende und beschreibbare, in sich abgeschlossene, homogene Größe. Auch ist sie nicht deckungsgleich mit der Kerngemeinde oder einem bestimmten binnenkirchlichen Milieu. Gemeinde kann deshalb auch nicht Gemeinde im konfessionellen Sinn sein. Auch katholische Gläubige können zur Gemeinde in einem evangelischen Gottesdienst werden, genauso wie die Mitglieder einer Freikirche oder Menschen aus anderen Kirchen oder Religionsgemeinschaften. Daher ist Gemeinde hier auch nicht mit getauften Christen gleichzusetzen. Allerdings ist Gemeinde auch nicht mit der beschriebenen Öffentlichkeit im quantitativen Sinn einfach identisch.

Vielmehr ist es so, dass Gemeinde im Verlauf eines Gottesdienstes erst dadurch zur Gemeinde wird, dass sie sich auf das Ereignis Gottesdienst einlässt. Hierfür muss die Gestaltung eines Gottesdienstes den nötigen Freiraum eröffnen, so dass die Zusage des Evangeliums die Menschen orientierend, Vergewisserung schenkend und erneuernd erreicht. In dieser Hinsicht können die Menschen, die am Bildschirm einen Gottesdienst verfolgen und mitfeiern, zur Gemeinde werden.

Was bedeutet das für die Praxis? Der Zusammenhang von *alltäglichem* und *sonntäglichem* Gottesdienst kann in Bezug auf das Profil der Gemeinde dahingehend ausgelegt werden, dass es sich bei der sich versammelnden Gemeinde um Menschen handelt, die sich mit ihrem spezifischen *Alltag der Welt* auf den Weg zum Gottesdienst machen. Der kommunikationstheoretische und auf Fernsehgottesdienste übertragene Begriff des *Publikums* kann an dieser Stelle hilfreich sein, weil er die öffentliche Identität des Rezipienten unterstreicht und der gewohnten Vorstellung einer räumlich definierten, in sich geschlossenen Gemeinde entgegenwirkt. Es ist eben nicht so, dass die Gemeinde am Sonntagmorgen ihren Alltag vor der Kirchentür lassen muss. Es ist auch nicht so, dass der Gottesdienst als Mitte der Gemeinde eine spezifische kirchliche Zone aufweist, die nur von Berufenen und Insidern ausgefüllt werden kann. Es geht vielmehr um eine dynamische Bewegung: Die Gemeinde macht sich mit ihren Alltagserfahrungen auf den Weg zum Gottesdienst und kehrt durch die Erfahrung von Gemeinschaft und der orientierenden, vergewissernden und erneuernden Kraft des Evangeliums gestärkt in ihren Alltag zurück.

Der Gottesdienst als *Mitte der Gemeinde* erhält gerade dadurch seinen spezifischen Sinn, dass Gemeinde sich auf diese Mitte ausrichten und sich ihr öffnen kann: „Wo zwei oder drei in meinem Namen versammelt sind, da bin ich mitten unter ihnen" (Mt. 18,20). Dieses Gemeindeverständnis wird auch durch das Eingangsvotum zu Beginn des Gottesdienstes markiert. Denn durch die Eröffnungsformel wird deutlich, dass nicht der Pfarrer oder die Pfarrerin, auch nicht die Liturgen und die anderen am Gottesdienst Beteiligten die Einladenden sind, sondern sie werden selbst zu Eingeladenen durch den, in dessen Namen der Gottesdienst beginnt.

Gemeinde wird also im und durch das Gottesdienstgeschehen immer wieder neu konstituiert. Eine wichtige Voraussetzung, die den Begriff von Gemeinde noch einmal in eine andere Perspektive rückt. Denn durch die Ausrichtung auf die eigentliche Mitte ermöglicht der Gottesdienst der Gemeinde eine lebendige Glaubenserfahrung: Die Feiernden begreifen den Gottesdienst nicht mehr als Verrichtung eines kultischen Dienstes, sondern sehen ihre eigentliche Hauptaufgabe darin, sich im Namen ihres Herrn zu versammeln, der sie zu einer lebendigen Gemeinschaft ausrichten kann. Die Gemeinde wird dann zu einer echten Gemeinschaftsaufgabe, die *communio sanctorum* wird zur *communio* der *sancti*, zu einer *Gemeinschaft der Heiligen*, die ernst damit macht, nicht nur den eigenen individuellen Glauben zu kultivieren, sondern im Glauben der Gemeinschaft Jesu Christi Gestalt gibt.

Die sich zum Gottesdienst versammelnden Menschen sollen keine Individualisten und Einzelgänger bleiben, keine vereinzelten Grüppchen oder Singles, die sich in langen Bankreihen verloren haben, auch keine gelangweilten Besucher, die sich nicht angesprochen fühlen. Wenn die Feiernden voneinander abrücken, wie sich das immer wieder beobachten lässt, oder teilnahmslos ins Gesangbuch blicken, ist Gemeinschaft (noch) nicht geglückt. Es geht um das Miteinander dieser Gemeinschaft, um die Erfahrung eines *Miteinander-Leidens* und *Miteinander-Freuens* im Sinne von „Wenn ein Glied leidet, dann leiden alle Glieder" (vgl. 1. Kor 12,26). Dadurch erreicht die Versammlung der Feiernden eine besondere Qualität, die sie sich allerdings nicht selbst zueignet, sondern die sich ihr im Tun entfaltet.

Diese Gemeinschaftsdimension entfällt – zumindest als direkte Erfahrung – für die Fernsehgottesdienstzuschauer. Dennoch bleibt diese Erfahrung nicht „unvermittelt". Aus den zahlreichen Rückmeldungen der Zuschauer via Telefon, Brief und E-Mail lässt sich schließen, dass viele Menschen sich persönlich angesprochen, auch aufgehoben und in das medial vermittelte gottesdienstliche Geschehen integriert fühlen. Dass die räumlich-physische Dimension der Gemeinschaftserfahrung fehlt, wird in den wenigsten Fällen als belastend wahrgenommen. Es scheint so etwas zu geben wie eine *communio medialis*, eine vermittelte Teilhabe, die eine geistliche Beheimatung ermöglicht und von vielen Zuschauer als ausreichend empfunden wird. Wer mehr möchte, nimmt die für die ZDF-Fernsehgottesdienste angebotene Zuschauerberatung für ein persönliches Gespräch in Anspruch oder sucht den direkten Kontakt zur Ortsgemeinde. Die geistliche Anteilnahme via Fernsehen kann eine personale Gemeinschaft zwar nicht ersetzen, das gemeinschaftsfördernde Potential eines medial-geistlichen Zuspruchs darf jedoch auch nicht unterschätzt werden. Daher ist die bloße Unterscheidung in personale und apersonale Kommunikationsakte ein zu einfaches Modell, zumal wenn es die Fernsehgottesdienste als defizitäre apersonale Kommunikation einordnet. Wahrnehmung, Nutzung und Deutung medialer Botschaften geschehen sowohl kritisch wie identifikatorisch – eine Herausforderung für jede Kundgabe der *guten Botschaft*!

3. Die Chance der Verantwortung

Gemeinde trägt für den Gottesdienst Verantwortung, das gehört zum evangelischen Profil. Ausgehend vom Priestertum aller Gläubigen erhält das ordinationsgebundene Amt auch im Blick auf das Gottesdienstverständnis einen nachgeordneten Stellenwert. Das Amt ist eine Funktion der Gemeinde. Daraus ergeben sich zahlreiche praktische Konsequenzen für die Arbeit vor Ort. An der Art und Weise, wie die Gemeinde mit ihrer Verantwortung für den Gottesdienst umgeht, lässt sich ablesen, welchen Stellenwert die gottesdienstliche Feier in der Gemeinde hat. Ob sie in die übliche Routine verfällt und die Gestaltung im Wesentlichen dem Pfarrer bzw. der Pfarrerin und den Kantoren überlässt oder sog. Laien dazu einlädt, die mit der nötigen Zeit, Ruhe und Sorgfalt Gottesdienste vor- und auch nachbereiten.

Wenn der Gottesdienst als Mitte und Herzstück der Gemeinde ernst genommen wird, müssen Menschen aus dem kleineren oder größeren Umfeld der Ortsgemeinde gewonnen werden. Je nach Vorhaben und inhaltlicher Ausrichtung des Gottesdienstes können aber auch Menschen außerhalb des kirchlichen Umfelds für die Beratung und Planung eines Gottesdienstes angefragt werden. Warum nicht einmal einen Intensivmediziner, der nicht unbedingt zur Ortsgemeinde gehört, in die Vorbereitungen eines Gottesdienstes einbeziehen und mit ihm über Grenzen der Medizin und ethische Fragestellungen reden? Oder mit einen Geschäftsmann über Stellenabbau und Einsparungen im Sozialwesen? Es wäre sogar denkbar, sie in die Gottesdienstgestaltung zu integrieren. Ihre Ängste und Sorgen ließen sich sicherlich authentischer in eine Kyrie-Bitte einbauen als allgemeine Formulierungen von Gemeindegliedern, denen das Thema nicht so sehr auf der Seele liegt.

Oft genug scheitert die Frage, wer sich beteiligt und Verantwortung übernimmt, jedoch schon daran, dass die Vorbereitung mit einer gewissen Freudlosigkeit „erledigt" wird: Gottesdienste müssen jeden Sonntag auch „gemacht" werden. Das hat mehr mit Arbeit als mit Freude und Kreativität zu tun. Gern wird jedoch auch die Verantwortung abgeschoben, weil sie als Aufgabe der Hauptamtlichen angesehen wird.

Das, was die Menschen alltäglich gesellschaftlich, politisch oder auch menschlich betrifft, gerät dadurch zwangsläufig aus dem Blick. Die alltäglichen Situationen des Lebens können mit dem sonntäglichen Evangelium nicht ins Gespräch kommen. Man könnte sogar sagen, dass dem Evangelium nicht genügend ernst begegnet wird, wenn man die Erfahrungen und Nöte von Frauen und Männern, Alten und Jungen, Kranken und Gesunden, Eingesessenen und Fremden, Sorglosen und Bedrückten nicht entsprechend berücksichtigt. Das Gleiche gilt, wenn keine verantwortliche Einstellung zu Fragen der Umwelt, von Arbeit und Arbeitslosigkeit, „Dritter Welt", Asyl und anderen wichtigen Themen erarbeitet wird.

Aus diesem Grund ist eine Arbeitsgruppe zur Vorbereitung eines Gottesdienstes wesentlich und wichtig. Das gemeinsame Erarbeiten einer Position und die Auslegung biblischer Texte, die Auswahl von liturgischen „Bausteinen" und die Suche nach kreativen Gestaltungsmöglichkeiten ist Voraussetzung für das Gelingen eines lebendigen Gottesdienstes. Bei der gemeinsamen Aufgabenstellung ist ein Miteinander wesentlich. Darüber hinaus ist gegenseitiges Vertrauen hilfreich, damit es ein jeder wagen kann, sich in die Gruppe einzubringen. Es braucht eine offene Gesprächsatmosphäre und die Bereitschaft, sich mit Liturgie und biblischen Texten, mit aktuellen Fragestellungen und Themen in der Gemeinde auseinander zu setzen. Diese Form der gemeinsamen Vorbereitung könnte dann auch im Hinblick auf den Gemeindeaufbau Früchte tragen. Die neu gewonnene Ausrichtung auf die *Mitte der Gemeinde* wird sich um das Wesentliche bemühen und verschiedene Glaubenspositionen ins Gespräch bringen.

Über den Glauben zu reden, gehört ja heute in vielen Gemeinden leider zu einem Tabu. Natürlich gehört Mut dazu, sich zu öffnen und damit der Gefahr auszusetzen, dass andere in der Gemeinde wissen, was man denkt und glaubt. Aber gehört dieser Austausch über Fragen des Glaubens nicht zu den ureigensten Aufgaben in einer Gemeinde? Fordern die biblischen Texte und die liturgischen Formen nicht zu einer intensiven Beschäftigung und Auseinandersetzung geradezu heraus?

Die gemeinsame Vorbereitung für einen Gottesdienst schult die Gemeinde auch in Umgangs- und Arbeitsformen. Natürlich ist in solch einer Vorbereitungsgruppe Toleranz ebenso notwendig wie Respekt vor dem Anderen und die Fähigkeit, sich selbst einmal zurücknehmen zu können, auch als Pfarrer und Pfarrerin. Darüber hinaus ist der Mut zur Grenzüberschreitung maßgebend. Ein bloßes Bewahren hilft da oft nicht weiter. Bewähren ist der bessere Ansatz. Das fängt schon in der Vorbereitung eines Gottesdienstes an: Ob man es anderen Gemeindegliedern wirklich zutraut, einen gemeinsamen Gottesdienst zu gestalten, oder ob man lieber auf bewährte Muster und Kräfte zurückgreift, auf die, die es schon immer machen oder sich dazu berufen fühlen. Mit „Bewährung" kann jedoch nicht nur die eigene Motivation oder das Zutrauen der Gruppe gemeint sein. Die Mitwirkung in einer Vorbereitungsgruppe und die Beteiligung am Gottesdienst sollte ein hohes Maß an Verantwortung fördern. Das schließt die inhaltliche und formale Auseinandersetzung mit rituellen Formen und liturgischen Texten ein. Darüber hinaus ist diese Arbeit an die eigene Person gebunden. Ein persönliches Profil muss erarbeitet werden, woraus sich eine personenspezifische Präsentation entwickeln kann. Die Art und Weise des Vortrags wird wesentlich dazu beitragen, ob die Aussage eines Textes und die liturgische Handlung auch glaubwürdig und annehmbar erscheinen. Die persönliche Ausdrucksfähigkeit kann im Bereich von Gestik, Mimik und anderen Ausdrucksformen geschult und erweitert werden.

4. Der Prozess der Beteiligung

Die Partizipation der Gemeinde gehört zu den grundlegenden Forderungen christlicher Gottesdienste und ist auch im II. Vatikanischen Konzil erkannt worden. Partizipation vollzieht sich nicht nur in Aktionen, sondern auch beim Mitbeten und -singen, beim Zuhören und Still-werden. Gleichzeitig sind auch die Potentiale innerhalb der Gemeinde zu entdecken und zu fördern, die der Vorbereitung und der Feier eines Gottesdienstes zugute kommen, denn auf diese Weise wird die Verantwortung der Gemeinde für den Gottesdienst konkretisiert. Die Erfahrung aus der Vorbereitung von Fernsehgottesdiensten ist, dass es viel mehr solcher Potentiale gibt, als es zunächst scheint. Viele haben Lust mitzudenken, kommen aber in ihren Gemeinden einfach nicht immer zum Zug. Von daher kommt es wesentlich darauf an, die Menschen zu motivieren. Möglicherweise muss man dabei auch Mehrarbeit investieren und von eingespielten Mustern lassen, wie dem, samstagabends noch schnell den Sonntagsgottesdienst vorzubereiten.

Es gibt sogar die Möglichkeit, Mitarbeiter und Interessierte für die Vorbereitung eines Gottesdienstes zu schulen. Dabei können liturgische Arbeitskreise entstehen, die auch ohne die Beratung von Pfarrern und Pfarrerinnen auskommen. Bei den Fernsehgottesdiensten haben die Vorbereitungsgruppen jedoch eher Projektcharakter. Diese Arbeitsform lässt sich auf eine Gemeindesituation vor Ort aber leicht beziehen. Eine Gruppe konstituiert sich auf Zeit. Danach übernimmt eine andere die Verantwortung. Natürlich wären einzelne verbindliche Ansprechpartner hilfreich, die eine gewisse Kontinuität gewährleisten und nach neuen Ansprechpartnern Ausschau halten. Nach einer Fernsehgottesdienstübertragung hat sich in vielen Gemeinden diese Vorgehensweise durchgesetzt und bewährt.

Darüber hinaus ist es für die Vorbereitungsgruppe wichtig, sich eine gewisse Offenheit zu bewahren und die Vorbereitung eines Gottesdienstes als eine sich immer neu darstellende, eben prozesshafte Herausforderung zu begreifen: Vielleicht braucht man dazu die Einstellung, dass man von Anfang an noch nicht genau weiß, worauf es beim geplanten Gottesdienst hinausläuft. Die Liturgie muss sich erst noch entwickeln. Die Annäherung an die biblischen Texte benötigt Zeit. Die Auslegung und Auswahl der liturgischen Elemente geschieht ohne Druck. Die Textvorschläge aus der Leseordnung werden mit Bedacht ausgewählt und mit der eigenen Glaubensgeschichte ins Gespräch gebracht. Es ist notwendig, sich persönlich mit der biblischen Botschaft auseinander zu setzen, sonst geht die Authentizität verloren, die bei der Feier des Gottesdienstes unverzichtbar ist. Dadurch wird auch ein Freiraum eröffnet, aktuelle politische und gesellschaftliche Themen aufzunehmen und die Fragen der Menschen von heute aufzugreifen. Es kommt ein Prozess in Gang, bei dem sich neue, kreative liturgische Elemente entdecken lassen, aber auch eigene Texte und Gebete eingebracht werden können.

Viele Impulse und Vorschläge für eine interessante Gottesdienstgestaltung können sich im Gespräch der Mitarbeitenden entwickeln, wenn man es wagt, sich auf Augenhöhe zu begegnen. Die Rückmeldungen aus der Gemeinde sind jedoch genauso wichtig. Daraus lassen sich Anregungen und neue Vorschläge entwickeln. Die folgenden Fragenkataloge haben sich bei den Fernsehgottesdiensten bewährt und können bei der Vorbereitung eines Gottesdienstes hilfreich sein. Sie sind kein Patentrezept, können aber die konkrete Planung erleichtern:

Konkrete Planungsschritte zur Vorbereitung

1. Themenfindung

> Welchen thematischen Schwerpunkt geben die Schrifttexte des jeweiligen Sonntags vor und können zum Leitfaden werden?
> Welche existentiellen Fragen lösen sie aus?
> Wie sind sie auf die Ortsgemeinde zu beziehen?
> Was wird in der Gemeinde zur Zeit diskutiert?
> Welche Fragestellungen sind aktuell und beschäftigen die Menschen auch im Alltag?
> Welche politischen und gesellschaftlichen Themen werden berührt?
> Wie ist der thematische Schwerpunkt theologisch zu bedenken und biblisch auszulegen?

2. Beteiligung und Verantwortlichkeit

> Welche kirchlichen Handlungsfelder und Arbeitsfelder können oder sollen eingebunden werden?
> Welche Menschen können angesprochen werden, um einen Gottesdienst vorzubereiten?
> Welche Möglichkeiten bieten sich, einen Vorbereitungskreis aufzubauen?
> Welche Glaubenserfahrungen sind wichtig, um an die Erfahrungen der Gemeinde anzuknüpfen?

3. Entwicklung eines *roten Fadens* und verschiedener Gestaltungsideen

> Welche Gottesdienstelemente kommen bei der Gemeinde gut an oder lassen sich weiterentwickeln?
> Welche Gestaltungsideen sind schon einmal aufgetaucht, aber noch nie umgesetzt worden?
> Wie sieht der *rote Faden* in Bezug auf den Gemeindegottesdienst und seine Liturgie aus?
> Welche Teile in der Liturgie können kreativ ausgestaltet werden, um die Grundaussage des Gottesdienstes zu erhellen und zu verdeutlichen?
> Wie kann der Kirchenraum mit seiner Symbolik aufgegriffen und entfaltet werden?
> Wie ist ein Spannungsbogen zu entwickeln?
> Welche Funktionen übernehmen dabei die einzelnen Teile der Liturgie?

Bei den Fernsehgottesdiensten gehört die Beteiligung der Gemeinde zum Standard der Vorbereitung unbedingt dazu. Bei besonderen Gottesdiensten sind das Presbyterium, der Ältestenkreis oder die Gemeindeversammlung gefragt. Der liturgische Entwurf wird in der Vorbereitungsgruppe gemeinsam erarbeitet. Darüber hinaus wird die Gemeinde über den Stand der Arbeit im Gemeindebrief regelmäßig informiert. Die Gesprächsebene ist offen. Jeder kann sich einbringen.

Jede gestalterische und inhaltliche Entscheidung muss sich in der Vorbereitung daran messen lassen, ob sie geeignet ist, den Zuschauern am Bildschirm die Teilhabe und damit Gemeinschaft zu ermöglichen. Die Partizipation am Bildschirm folgt anderen Gesetzmäßigkeiten als in der Kirche selbst. Sie vollzieht sich nicht unmittelbar, wie man das bei den Gottesdienstbesuchern in einer Ortsgemeinde voraussetzen kann. So muss man bei den Fernsehzuschauern ebenso mit intentionaler Teilnahme als Ergänzung oder Ersetzung des bisherigen, langjährigen Gottesdienstbesuchs rechnen wie mit zufällig einschaltenden und in Gottesdienst und Liturgie ungeübten Zuschauern.[3] Die Partizipation wird der ersten Gruppe in der Regel leichter fallen; manche singen die angezeigten Lieder, manche beten mit der Gemeinde wenigstens das Vaterunser. Dass das Medium per se die Distanzierung erleichtert und letztlich den Menschen die Beteiligungsintensität ebenso wie das Beenden der Beteiligung überlässt, mag aus Sicht engagierter Pfarrerinnen und Liturgen betrüblich sein. Gleichzeitig schärft es die Wahrnehmung, auch in den Gemeindegottesdiensten vor Ort mit neuer Öffentlichkeit, also mit Suchenden, Randsiedlern, Kritikern zu rechnen, die – wie alle anderen – den Grad der eigenen Beteiligung samt Nähe zu den übrigen Menschen selbst bestimmen. Solches Bestimmen ist selten vorher festgelegt; daher besteht die Gestaltung der Feier auch aus der Kunst, eine angemessene Balance zwischen Nähe und Distanz, innerer und äußerer Beteiligung zu ermöglichen und die Einladung des Evangeliums in Freiheit weiterzugeben.

Leitsatz

> Gottesdienst unter Verantwortung und Beteiligung der ganzen Gemeinde wird öffentlich gefeiert. Er fordert und fördert den Aufbau der Gemeinde aus dem Gottesdienst und findet Beachtung, wenn die Kommunikation des Evangeliums der Orientierung, Vergewisserung und Erneuerung heutiger Menschen dient.

---

[3] Vgl. C. Grethlein, Kommunikation, S. 78 f.

Beispiele

Die folgenden Kriterien und zitierten Texte entstanden für Fernsehgottesdienste im ZDF. Sie sind Beispiele der gemeinsamen Arbeit am und für den Gottesdienst. Die aufgeführten ZDF-Fernsehgottesdienste sind unter www.zdf.fernsehgottesdienst.de abrufbar.

Offene Einladung

Für eine Kommunikation des Evangeliums, die sich in der Öffentlichkeit bewähren will, kann die religiöse Zugehörigkeit kein Kriterium für Gemeinschaft und Gemeinde sein. Eher die Bedürftigkeit des Menschen, seine Suche und Sehnsucht nach einer besseren Welt. Wie lässt sich die Solidarität mit anderen in einem Gottesdienst bezeugen und konkretisieren? Und was kann die feiernde Gemeinde dazu beitragen? Sie ist solidarisch, indem sie andere einlädt, Anteil nimmt an den Sorgen und Nöten anderer Menschen und für andere betet. Wie kann das Einladen anderer aussehen?

Die Briefe im Neuen Testament belegen, dass die Gemeinden untereinander im Kontakt standen. Es gibt eine große Besuchstradition. Es wird aber auch darüber berichtet, dass es immer darum ging, andere einzuladen und im besten Sinne *Mission* zu betreiben. Evangelische Fernsehgottesdienste leben ebenfalls davon, dass sie Menschen aus anderen Bereichen zum Gottesdienst einladen, sich am Gottesdienst und dessen Planung zu beteiligen. Eine inhaltliche Auseinandersetzung über Fragen des Glaubens bleibt nicht aus. Aus den Einladungen ergeben sich intensive Begegnungen. Das verändert den eigenen Blickwinkel und die Wahrnehmung. Daraus entstehen neue Ideen und Möglichkeiten der Gottesdienstgestaltung. Oft bringen Gäste Interessantes mit und ein: eine Darstellung des Laubhüttenfestes (Gottesdienst aus Worms-Hochheim), ein Theaterstück, das gelesen oder gespielt wird (Gottesdienst aus Stuttgart-Degerloch), ein paar Dias (Gottesdienst aus Gartow). Die Einladung über die Gemeindekreise hinaus spielt in der Vorbereitung der Fernsehgottesdienste eine besondere Rolle. Im Anhang finden sich einzelne Beispiele für die Einladung zu den Gottesdiensten*.

---

* Siehe Anhang, S. 148.

Anteilnahme an Sorgen und Leiden der Menschen

Für die Vorbereitenden und die Teilnehmer sind aber die neuen Erfahrungen, die sich aus der Begegnung mit anderen Menschen ergeben, am wichtigsten. Die Gäste haben etwas zu sagen. Die Anteilnahme am anderen kommt in der Bibel durch *Mitleiden* und *Mitfreuen* (1. Kor. 12,26) zum Ausdruck. Das Wissen um den anderen ist dabei eine wichtige Voraussetzung. Nur so kann echte Solidarität gelingen. Das sollte nicht in einer herablassenden Geste geschehen. Auch nicht ausschließlich sachlich dargestellt werden oder so unverständlich und allgemein gehalten, dass die Anteilnahme ausbleiben muss. Leidenschaft und Passion lässt sich auf die Ortsgemeinde wie auch auf die „Zuschauergemeinde" übertragen. Das erfordert, auch die eigene Erfahrung zur Sprache zu bringen. Die persönliche Formulierung kann anderen helfen.

Die Besitzerin eines Blumengeschäfts aus Bremen, Helga Grave, berichtete, als 1983 die Werftarbeiter der AG „Weser" kurzfristig entlassen wurden, im Gottesdienst über die Stimmung unter den Werftarbeitern und ihre eigenen Sorgen:

Mein Blumengeschäft, das liegt ca. 400 m von der Werft entfernt, und so mancher Kunde, der schon morgens früh bei mir Blumen kauft, sind die Leute von der Werft. Das ist so mancher Strauß zum Jubiläum oder eine Schale oder ein Geburtstag oder was sonst so aus der Freud- und Leidkasse alles anfällt. Auch diese Kunden werden mir sehr fehlen. Nun hat sich durch die Vergangenheit ein gutes Vertrauensverhältnis zwischen den Leuten aufgebaut und während dieser ganzen Zeit, besonders die Aktivitäten auf der AG „Weser" im September, als es hieß, wird das nun noch was, wird das nichts, da hatte jeder noch Hoffnung, da kamen auch die von der Belegschaft so zu mir herein mal auf einen Klönschnack, und man hatte wirklich immer gehofft, auch die Bürger in Gröpelingen haben gehofft. Jetzt, wie der „Tag der Offenen Tür" war, dort waren sehr viele aus dem Stadtteil, und da war man so erschrocken, wie groß das Gelände ist und was da eigentlich abläuft, das wurde den Leuten dort erst klar durch den „Tag der Offenen Tür". Und als es dann nun hieß, jetzt ist endlich zu: Diese Bedrückung wirkt sich im ganzen Kundenkreis aus. Jeder wartet ab, jeder hält sein Geld zusammen, was ja auch verständlich ist. Denn der große Strauß, der sonst gekauft wurde, der endet jetzt sehr häufig mit einer Rose in Folie. Und das werden wir alle merken, nicht nur geschäftlich, sondern auch sonst. Was da auf uns zukommt, das können wir noch gar nicht absehen.

(Gottesdienst aus der Andreaskirche in Bremen-Gröpelingen am 13.11.1983 mit Pastor Peter Walter)

In seiner Begrüßung sagte Pfarrer B. Keimling am 24. Dezember 1982:

Und wenn Sie heute Abend allein sein sollten, dann dürfen Sie wissen, wir denken an Sie. Wir beten für Sie jetzt, hier in dieser Kirche in Finsterbergen und überall, wo heute Weihnachtsglocken geläutet haben. Und wenn Sie diesen Abend vielleicht krank oder allein verbringen, dann dürfen Sie wissen, Sie sind nicht einsam, wenn Sie sich auf Jesus einlassen. Bei ihm sind Sie geborgen

(Gottesdienst aus der Dreifaltigkeitskirche in Finsterbergen/Thüringen)

Sonja Zadler äußerte sich in einem persönlichen Statement im Gottesdienst am 27. November 2003:

Von wegen das Alter ausschöpfen! Ich habe Angst vor dem Alter. Rentenkürzungen, Gesundheitsreform, Arbeitszeitverlängerung! Wo soll das alles noch hinführen? Das klingt doch nicht nach schönem Lebensabend! Und selbst, wenn das Geld stimmt – bin ich mit 100 überhaupt noch fähig, das Alter zu genießen? Oder nur noch eine leere Hülle, die anderen zur Last fällt?

(Bartholomäuskirche in Lütgendortmund, Gottesdienst mit Pfarrerin Elke Rudloff)

Beten für andere

Indem eine Gemeinde andere in ihre Fürbitte einschließt, geht sie einen wichtigen Schritt der Solidarität. Schon die neutestamentliche Gemeinde hat ihren Blick nicht nur für die Bedürftigen aus der eigenen Reihe geschärft. Kranke (Jak. 5,14) und Gefangene (Hebr. 13,3) aus anderen Gemeinden standen im Mittelpunkt. Man betete für die Regierungen und „für alle Menschen" (1. Tim. 2,1), ja sogar für die Verfolger. (Mt. 5,24). Auch heute kann das auf sehr konkrete Weise geschehen. Die Fürbitten aus den Fernsehgottesdiensten lassen auch die eigene Bedürftigkeit anklingen.

Hans Ziegenfuß betete:

Wir denken an die Kolleginnen und Kollegen der AG „Weser", an die fast 40 000 anderen Arbeitslosen in Bremen und an die Kolleginnen und Kollegen bei Engelhardt & Förster, MBB (Messerschmitt-Bölkow-Blohm) und ATLAS COPCO, deren Arbeitsplätze in Gefahr sind vernichtet zu werden. Für die vielen, die den unmenschlichen Mechanismen dieses Wirtschaftssystems zum Opfer fallen, denken wir auch an die Kolleginnen und Kollegen bei HDW in Hamburg (Howaldt-Werke/Deutsche Werft), bei den Nordsee-Werken in Emden und bei der Arbed-Saarstahl, wo Ähnliches geschieht, wie vor Jahren hier auf dieser Werft. Wir spüren unsere Wut, unsere Hilflosigkeit und Trauer.
(Andreaskirche in Bremen-Gröperlingen am 13. 11. 1983 mit Pastor Peter Walter)

F. Timme betete am 6. Juli 1986:

Lieber Herr, lass unsere Selbstgespräche verwandelt werden in das Reden mit Dir. Und auch, dass wir Sprache finden für unsere Mitmenschen. Oft sind wir wie verkapselt in uns selbst. Und wir reden uns ein, dass wir von den Dingen leben. Und es sind viele, die uns heute faszinieren. Aber das Leben kommt nicht aus den Dingen. Es kommt aus Dir. Wecke uns auf, wo wir das vergessen haben, und warne uns. Du möchtest doch nicht, dass wir unser Leben verfehlen, sondern dass es gelingt. Denn Du hast gesagt: Ich will, dass Menschen die Fülle und alles Genügen haben. Und wenn Du uns viel anvertraut hast in unserem Leben, dann mache uns frei zum Hergeben und Teilen, damit wir wissen, wozu wir haben, was uns gegeben ist: Um reich zu sein für Dich, und das heißt doch für die, die Du uns schickst.
(Gottesdienst aus der Versöhnungskirche in Stuttgart-Degerloch mit Pfarrer Kuhn)

Für-andere-da-sein ist die neue Wirklichkeit, die durch die Geschichte Jesu Christi im Gottesdienst und in der Welt angekommen ist. Denn er selbst ist gekommen „zu suchen und zu retten, was verloren ist" (Lk. 19,10), er hat sich über Samariter und Heiden erbarmt, hielt Tischgemeinschaft mit Zöllnern und Sündern, setzte sich für Verfolgte und Sünder ein und starb den Sühnetod „für viele" (Mk. 14,24), das heißt „für alle Menschen" (Röm. 5,18), um in seiner Erhöhung zur Rechten Gottes der Herr „aller Völker" (Mt. 28,19) zu sein: eine mögliche Irritation für Insider, wenn Gemeinschaft und Solidarität auch andere mit einschließt, eine wichtige Voraussetzung, wenn die Kommunikation des Evangeliums für alle zugänglich ist!

2. Kapitel: Ideen entwickeln

Kriterium

> Der Gottesdienst folgt einer erkennbaren Grundstruktur, die vielfältige Gestaltungsmöglichkeiten erfordert und eröffnet.

Annäherung

Während die Organistin mit dem Vorspiel beginnt, schauen sich einige Gottesdienstbesucher die Liedblätter genauer an. Der Küster hat die von der Vorbereitungsgruppe extra für den Gottesdienst vorbereiteten Faltblätter im Eingangsbereich der Kirche verteilt. Jeder Besucher erhielt ein persönliches Exemplar. Für alle, die schon länger nicht mehr im Gottesdienst waren, eine freundliche und willkommene Geste. So brauchen sie keine Angst zu haben, irgendetwas in der Kirche falsch zu machen, zum Beispiel sitzen zu bleiben, wenn alle anderen aufstehen, oder das Glaubensbekenntnis nicht richtig zu sprechen. Auf dem Liedblatt ist alles aufgeschrieben. Alles, Punkt für Punkt. Jedes Lied, jedes Gebet, jedes noch so kleine liturgische Stück, an dem die Gemeinde beteiligt werden soll. Es enthält den vollständigen Gottesdienstablauf mit allen liturgischen Anweisungen. Das gibt den Gottesdienstbesuchern Sicherheit und vor allem das Gefühl, dazu zu gehören. So können sie unbeschwert mitfeiern.
Die regelmäßigen Kirchgänger sind am Liedblatt weniger interessiert. Einige legen es deshalb recht schnell zur Seite. Schließlich wissen sie genau, was sie erwartet. Mit den liturgischen Abläufen und Ritualen sind sie vertraut. Wie immer wird die Pfarrerin gleich aufstehen und nach vorne gehen. Danach kommt das Eingangsvotum. Und dann geht es weiter mit dem Psalm, den die Pfarrerin mit der Gemeinde üblicherweise im Wechsel betet.
Doch kaum hat die Organistin mit dem Spielen aufgehört und die Pfarrerin den Gottesdienst wie immer mit „Im Namen des Vaters und des Sohnes und des Heiligen Geistes" begonnen, tritt auf einmal ein Mitglied der Vorbereitungsgruppe auf und gibt eine kurze Einführung: Er sagt, was sich die Vorbereitungsgruppe in diesem Gottesdienst vorgenommen hat, erzählt, welche Fragen sich für die Gruppe aus dem vorgegebenen Evangelium ergeben haben, und skizziert das Thema. Man merkt, dass sich die Gruppe mit der Liturgie und den biblischen Texten intensiv beschäftigt hat, spürt aber auch die Begeisterung und die Freude, diese Erfahrung mit der Gemeinde zu teilen und Gottesdienst zu feiern. Die Gemeinde hört gespannt zu, selbst die Insider der Gemeinde sind von den persönlichen Worten angetan. Jetzt würde die Gemeinde sonst einen Psalm beten. Aber mal sehen, wie der Gottesdienst weiter abläuft ...

Unabhängig davon, ob man die Begriffe *Struktur* und *Varianten* verwendet oder nicht, spielen sie bei der Vorbereitung jedes Gottesdienstes eine Rolle.[1] Denn jeder Gottesdienst folgt einer Struktur und besitzt wech-

---

[1] Vgl. W. Ratzmann, Struktur, S. 419 f.

selnde liturgische Stücke (Varianten). Die oben beschriebene Sequenz konkretisiert eine der vielfältigen Gestaltungsmöglichkeiten in der Eingangsliturgie. Diese ergänzt eine thematische Einstimmung, was einen freien Umgang mit der Agende dokumentiert. Die thematische Einstimmung erfüllt die Orientierung an einer Grundstruktur. Das mag für einige Gottesdienstbesucher zunächst einmal überraschend erscheinen, weil sie mit einer Veränderung in der liturgischen Abfolge nicht rechnen. Ihre Erwartungshaltung wird zunächst einmal enttäuscht. Das muss jedoch nicht dazu führen, dass sie dem weiteren Gottesdienstgeschehen nicht mehr folgen können und die Variante im Gottesdienstablauf als Störung empfinden. Im Gegenteil, es scheint eher so zu sein, als könnte bei diesen Gottesdienstbesuchern gerade dadurch die Aufmerksamkeit erhöht werden.

In traditionellen agendarischen Gottesdiensten beruhten bisher Aufbau und liturgische Stücke auf dem Prinzip von *Ordinarium* und *Proprium de tempore:* Das Ordinarium kennzeichnet den Aufbau durch die feststehenden und wiederkehrenden Teile (z. B. Kyrie, Gloria, Credo), während die nach dem Kirchenjahr wechselnden Stücke variieren (Proprium, z. B. Gebete und Lieder, Lesungen und Auslegung). Der Aufbau im Einzelnen wird durch eine Liturgieform mit den markanten Ordinariumsteilen als Merkposten vorgegeben. Dabei besitzt diese Liturgieform durch die jeweils eingeführte Agende Gültigkeit für eine Landeskirche oder einen Zusammenschluss von Landeskirchen. Gemäß den regionalen und konfessionellen Traditionen unterscheiden sich auch die jeweils gültigen Liturgieformen mehr oder weniger stark von denen anderer Landeskirchen.

Durch das „Evangelische Gottesdienstbuch" für die Kirchen der EKU und der VELKD wurde nun eine Agende neuen Typs verabschiedet, die auch die Agendenreformen anderer Landeskirchen prägte. Der neue Ansatz dieser Agende besteht u. a. darin, dass nicht mehr eine Liturgieform, sondern eine Struktur, dort *Grundstruktur* genannt, verbindlich sein soll. Sie erfordert eine Ausformung durch liturgische Stücke, ohne dass deren Reihenfolge oder deren Ausführung bereits starr festgelegt wäre. Nicht nur die Ausformung der einzelnen Stücke, sondern auch deren Reihenfolge ist also im Rahmen der Grundstruktur variabel. Dadurch ist der Gestaltungsspielraum sehr groß, und jeder Gottesdienst wird zur Gestaltungsaufgabe.

Ausführung

1. Die Konzeption von Grundstruktur und Varianten

Aus liturgiewissenschaftlicher Sicht ist das Struktur-Kriterium so bedeutend wie umstritten. Es ist bedeutend, weil hier die Konzeption der evangelischen Agendenreform in Deutschland, vor allem die in den Gliedkirchen der EKU und der VELKD, seit den 70er-Jahren des 20. Jahrhunderts konzentriert vorliegt: Auf dem Hintergrund von Liturgievergleichen wurde eine feststehende Grundstruktur – Eröffnung und Anrufung, Verkündigung und Bekenntnis, Abendmahl, Sendung und Segen – festgelegt, die die meisten christlichen Gottesdienste prägt. Auf diese Weise sollten die Unterschiede der agendarischen Gottesdienste lutherischer, unierter und reformierter Tradition und ebenso der *Gottesdienste in neuer Gestalt* als (bloße) Ausformungsvarianten innerhalb der Grundstruktur erkennbar werden. Diese Konzeption führt zu einer weit reichenden Konsequenz: Die Abqualifizierungen anderer Liturgietraditionen und -gestaltungen auf Grund der je eigenen, häufig unbewusst zur Norm erhobenen Gottesdienstgestalt haben sich dadurch als unsachgemäß erwiesen, denn was an der Oberfläche (gefeierte Liturgie) als unterschiedlich erscheint, ist doch in der Tiefe (Struktur) verbunden; die verschiedenen Liturgien sind zwar nicht gleichförmig, aber gleichrangig. Die neue Einsicht in Begrenzung wie Bedeutung der verschiedenen Ausformungen verflüssigte manche erstarrte Auseinandersetzung, z. B. zwischen Vertretern von „Agende I" und solchen der kirchentagsbewegten „Lebendigen Liturgie". Das ist – zumal im Kontext der damaligen Fragestellungen und Konflikte – ein nicht zu unterschätzender Gewinn.

Umstritten ist das Struktur-Kriterium, weil in einer aktuellen wissenschaftlichen Debatte sowohl die theoretische Grundlage als auch, daraus erwachsend, die praktische Reichweite des Strukturverständnisses kritisiert wurden. Diese Debatte samt Konsequenzen für die Agendenreform ist bereits an anderer Stelle detailliert nachgezeichnet worden.[2] Zwei Resultate, ein kritisches und ein konstruktives, sind hier wichtig: Gegenüber einer normativen Verwendung der einen *Grundstruktur*, die für alle Gottesdienste maßgeblich sein soll und daher als neues *agendarisches Gesetz* betrachtet werden müsste, ist kritisch zu betonen, dass es faktisch nach wie vor eine Mehrzahl von Strukturen gibt. Außerdem muss aus der Rezipientenperspektive eine Vielzahl von Strukturierungen samt einer Vielzahl von Bedeutungszuschreibungen angenommen werden. Konstruk-

---

[2] Vgl. H. Schwier, Erneuerung, S. 107–159.181–293.389–392.409–470.

tiv hervorzuheben ist, dass das Strukturmodell einen heuristischen Wert besitzt, weil es ein handhabbares Instrumentarium zu Verständnis wie Gestaltung des Gottesdienstes darstellt, das immer wieder kreative Potentiale freisetzen wird.

Deshalb unterscheidet sich die obige Formulierung des Kriteriums an zwei Stellen von der Formulierung im Evangelischen Gottesdienstbuch: Eine Grundstruktur soll unseres Erachtens *erkennbar* sein – zumindest für diejenigen, die die Liturgie erarbeitet haben – und sie *erfordert und eröffnet* Varianten. Demgegenüber votierte man im Gottesdienstbuch konservativer und legte auf die erkennbare „und stabile" Grundstruktur Wert, die Varianten bloß „offen hält". Hierbei liegt ein zu großes, aber theoretisch nicht fundiertes Gewicht auf der Grundstruktur, während Varianten nur als randständige Ausnahmen erscheinen. Dagegen votieren wir für ein Strukturmodell, das Varianten als Ausformungen unbedingt benötigt, und wenden uns gegen eine konservative Interpretation des Struktur-Kriteriums, nach der die feststehende Grundstruktur im Grunde doch zu einer im Großen und Ganzen feststehenden Liturgieabfolge führt. Das Strukturmodell, das die Struktur als eine funktionale Größe versteht, die aus den jeweiligen liturgischen Elementen und ihren Zuordnungen zu erschließen ist, will für einen offenen Umgang mit liturgischen Elementen eintreten. Es kann ein kreatives Potential eröffnen und die Liturgen zu einem eigenständigen, verantwortungsvollen Umgang mit liturgischen Texten und Handlungsweisen motivieren. Welcher kreative Gestaltungsspielraum durch unsere Interpretation eröffnet wird, soll im Folgenden gezeigt werden.

2. Zur Entwicklung eines Spannungsbogens

Aus liturgiepraktischer Perspektive entsteht die Einsicht, dass die Orientierung an einer Gottesdienstordnung nach wie vor sehr wichtig ist. Sie gibt dem Gottesdienstverlauf zunächst einmal einen äußeren Rahmen: So gibt es einen Eröffnungsteil, einen Anrufungs-, einen Verkündigungs- bzw. Bekenntnisteil und am Ende des Gottesdienstes schließlich den Sendungsteil. Diese Struktur spielt bei der Entwicklung einer Gesamtdramaturgie eine wichtige Rolle, ein Spannungsbogen kann aufgebaut werden.

Welche genaue Gestalt und inhaltliche Ausformung die einzelnen Teile im jeweiligen Gottesdienst haben, sollte jedoch eine offene Fragestellung bleiben, die je nach Gottesdienstthema und Hauptaussage von Mal zu Mal immer wieder neu diskutiert werden muss. Jeder Gottesdienst erhält dadurch eine gewisse Originalität und Einzigartigkeit. Die Gemeinde ist nicht mehr in einem agendarischen Korsett gefangen, sondern hat die nötige Offenheit und Freiheit, die Liturgie flexibel zu gestalten. Das Evangelische Gottesdienstbuch ermöglicht diese Arbeitsweise, die unserem Verständnis nach unverzichtbar ist.

Für „Fernsehmacher" ist ein Drehbuch notwendiges Handwerkszeug, weil dann alle an einer Produktion Beteiligten wissen, wer was wann wie wo tut und spricht. Auch für jede Gottesdienstübertragung muss ein Drehbuch gemeinsam erstellt werden, das für die Gemeinde ebenso verbindlich ist wie für das technische Team. Diese Notwendigkeit unterstützt die Gruppe darin, während der Vorbereitungsphase über Struktur und Aufbau des jeweilig geplanten Gottesdienstes eingehend und genau nachzudenken. Weil das Drehbuch jede Handlungsanleitung bzw. Rollenzuweisung beinahe sekundengenau angibt, kommt die Vorbereitungsgruppe nicht umhin, sich mit den einzelnen liturgischen Elementen intensiv zu beschäftigen. Daraus entwickelt sich dann eine Struktur für den Gottesdienst, die als dramaturgisches Gesamtkonzept beschrieben werden kann. Im Rahmen beispielsweise der Durchführung von Familiengottesdiensten in der Gemeinde ist es durchaus sinnvoll, sich den genauen Ablauf des Gottesdienstes zu vergegenwärtigen, um Längen, Wiederholungen oder Ungereimtheiten zu erkennen.

Durch die Arbeit am Drehbuch kann die Funktion der einzelnen liturgischen Bausteine hinterfragt werden und damit der Stellenwert, der ihnen im liturgischen Gesamtablauf zukommen müsste, um den Spannungsbogen aufzubauen. Des Weiteren kann es darum gehen, welche Schwerpunkte zu setzen sind, damit die Grundaussage des Gottesdienstes weiterentwickelt werden kann. Dazu sind zeitliche Vorgaben sehr hilfreich. Womöglich könnte der Gottesdienst an einer bestimmten Stelle ins Stocken geraten, nur weil ein Punkt zu lang ausgefallen ist. Die Vorbereitungsgruppe wird zudem für Übergänge sensibilisiert. Je genauer der Ablauf eines Gottesdienstes in Form eines Drehbuchs geplant wird, umso deutlicher werden Brüche erkennbar. Wo und wie kreative Elemente Sinn machen, entscheidet sich anhand der inhaltlichen Ausrichtung des Gottesdienstes. Formale und ästhetische Gründe sind hier nicht allein ausschlaggebend.

Für jeden Fernsehgottesdienst entwickelt die Vorbereitungsgruppe das Drehbuch jeweils neu. Es gibt kein Muster-Drehbuch. Sie wählt die einzelnen liturgischen Bausteine mit Bedacht aus. Dazu gehören auch die musikalischen Beiträge im Gottesdienst und die Gemeindelieder. Sie sind ein wichtiges Element der Verkündigung. Der Gottesdienst erhält dadurch einen inneren Spannungsbogen, der entlang des *roten Fadens*, der inhaltlichen Hauptaussage des Gottesdienstes, entsteht. Meist setzen die ersten Strukturüberlegungen am vorgeschlagenen Perikopentext an. Man kann jedoch auch einen wichtigen Arbeitsbereich der Gemeinde, der sich als Schwerpunkt entwickelt hat, zur Grundlage nehmen oder ein wichtiges gesellschaftspolitisches Thema, das gerade aktuell diskutiert wird und sich im liturgischen Ablauf weiterentwickeln lässt. Bei aller Planung und Vorbereitung bleibt jedoch entscheidend, ob sich die Gesamtdramaturgie, die für einen bestimmten Gottesdienst entwickelt wurde, der Gemeinde auch „von selbst" erschließt und sie zum Mitfeiern anregen kann.

Immer wieder wird argumentiert, dass sich die Gemeinde durch eine bestimmte, immer wiederkehrende Ordnung eher zu Hause fühle. Das kann aus dem Erfahrungshorizont der Fernsehgottesdienste nicht bestätigt werden. Es ist eher so, dass die Zuschauergemeinde ein großes Sensorium dafür entwickelt, ob der Gottesdienst als Ganzes einen einladenden Charakter hat, eine gelungene Gesamtatmosphäre aufgebaut wird, die einzelnen liturgischen Bausteine stimmig und aufeinander bezogen sind, und ob die Menschen, die den Gottesdienst gestalten, authentisch und glaubwürdig erscheinen. Diese Aspekte sind auch für den Sonntagsgottesdienst in der Gemeinde bedeutsam und sollten stärker berücksichtigt werden.

Diese liturgiepraktischen Überlegungen werfen noch einmal ein verändertes Licht auf die Strukturfragen des Gottesdienstes. Die Vorbereitenden entwerfen die Struktur eines Gottesdienstes im Laufe eines Arbeitsprozesses, wobei sie sich an Vorgaben aus der biblischen oder liturgischen Tradition anlehnen. Sie planen den Gottesdienst strukturbewusst. Die Gottesdienststruktur ist kein abstrakter Plan, sondern eine Struktur, die – im Drehbuch ausgeführt – die Dramaturgie wiedergibt, die theologisch verantwortet und gemeindegemäß zu sein hat. Die Gemeinde erlebt und feiert den Gottesdienst strukturgeleitet.

Es hat sich bewährt, für die Fernsehgottesdienste einen präzisen Ablaufplan in Form eines Drehbuchs zu erstellen. Das Drehbuch dient allen Mitwirkenden als Arbeitsgrundlage. Die Vorbereitungsgruppe erarbeitet es als Resultat eines gemeinsamen Arbeitsprozesses. Das Drehbuch enthält am Ende alle ausformulierten Texte und Lieder, die im Gottesdienst vorkommen, dazu die Zeitangaben und die Sprechplätze bzw. die genaue Beschreibung der Handlungsabläufe und die Mitwirkenden. Dem fertigen und endgültigen Drehbuch geht ein sog. Kurzdrehbuch voraus, das dazu dient, sich grob über den Ablauf des Gottesdienstes zu verständigen und die Dramaturgie festzulegen. Der gemeinsam erarbeitete Ablaufplan mit den einzelnen liturgischen Passagen, bei den ZDF-Kurzdrehbüchern auch „Positionen" genannt, orientiert sich im Wesentlichen an der Grundstruktur eines Gottesdienstes, der je nach thematischer Ausrichtung und biblischem Schwerpunkt ergänzt und variiert wird. Die Vorbereitungsgruppe, die sich dieser Aufgabenstellung gemeinsam stellt, benutzt keine

Agende als Vorlage. Es gibt auch keine Fernsehliturgie, die sich aus der 25-jährigen Erfahrung mit dem Medium bewährt hätte. Vielmehr wird der Gottesdienstentwurf jeweils neu erarbeitet mit dem Ziel, die kreativen Möglichkeiten in der konkreten Gemeinde voll auszuschöpfen.

Konkrete Planungsschritte zur Struktur

1. Eine Vorbereitungsgruppe bildet sich:

> Einberufung eines verbindlichen Vorbereitungskreises
> - Anfrage durch Pfarrer oder Pfarrerin, Presbyter oder durch einen liturgisch geschulten Laien, der oder die den Vorbereitungskreis leitet
>
> Information über Arbeitsweise der Gruppe, Zeithorizont und Zielsetzung
> - Vorstellung der Mitarbeitenden, ihrer Kompetenzen und Erfahrungen
> - Vorstellung der einzelnen Arbeitsschritte vom *roten Faden* zum Drehbuch
> - gemeinsame Verständigung über das Engagement: Wer kann/ will wie viel Zeit und Energie aufwenden?
>
> Arbeitsgrundlage:
> - Namensliste, Struktur eines Drehbuchs, Terminplanung
>
> Am Ende dieses ersten Schrittes formuliert die Gruppe ein gemeinsam getragenes *Ziel*.

2. Der rote Faden wird gesucht:

> allgemeines Brainstorming
> - ein Thema und seine konkrete Formulierung
> - Grundlage: biblische Texte des jeweiligen Sonntags bezogen auf Themen in der Ortsgemeinde
> - aktuelle gesellschaftliche Themen und existentielle Fragestellungen
>
> zusätzliche Beteiligung
> - einzelne Personen oder Gruppen aus der Gemeinde, aus den Nachbargemeinden, aus dem privaten/beruflichen Umfeld
> - Gastprediger
> - Musiker oder Künstler aus der Gemeinde oder von außen
>
> Am Ende skizziert ein *Exposé* den roten Faden.

3. Eine Grobstruktur kristallisiert sich heraus:

> Die Erarbeitung einer Grobstruktur erfolgt durch
> - Orientierung an den Strukturvorschlägen des neuen „Evangelischen Gottesdienstbuchs" (Grundstruktur)
> - Formulierung von drei Aussagen, die zur Grundaussage des Gottesdienstes führen
>
> Am Ende sind *Grundstruktur* und dramaturgischer Aufriss erarbeitet.

4. Liturgische Bausteine werden zusammengetragen:

> textliche Vorschläge
> - Agenda als Ausgangspunkt
> - alternative liturgische Materialien
> - eigene Ideen
>
> musikalische Vorschläge
> - Gemeindegesang
> - Gesang von Chor, Einzelinterpreten
> - Instrumentalstücke
>
> kreativ-künstlerische Gestaltungsideen
> - benötigte Materialien, räumliche Möglichkeiten, Umsetzungschancen
> - Engagement Externer und Finanzierungsfragen.
>
> Am Ende ist die Auswahl *liturgischer Bausteine* fixiert.

5. Ein Kurzablauf entsteht:

> Aus der Auswahl liturgischer Bausteine wird ein Ablauf gefügt
> - in einzelne „Positionen" mit Längenangabe gliedern
> - Reihenfolge liturgischer und kreativer Bausteine entscheiden
>
> Die Mitwirkung ist festzulegen und Aufgaben werden verteilt.
>
> Am Ende steht der liturgische Ablauf mit Zeitangabe und Benennung der Mitwirkenden (*Kurzablauf*).

6. Die redaktionelle Arbeit in der Gruppe beginnt:

> Textelemente
> - Vorstellen und erste spontane Veränderungsvorschläge

Musikalische Beiträge
- Vorstellen und erste spontane Veränderungsvorschläge

kreativ-künstlerische Formen
- Vorstellen im Detail und erste spontane Veränderungsvorschläge

Am Ende ist ein erster Entwurf für einen *liturgischen Ablauf* mit Text- und Liedbausteinen, liturgischen Bewegungen, Zeitangaben (Drehbuch) erarbeitet worden.

7. Die Endredaktion sorgt für die endgültige Gestalt:

Überarbeitung und Festlegung der Texte
Überarbeitung und Festlegung der Lieder
Überarbeitung und Festlegung der kreativen Ideen

Am Ende dieses Schrittes steht ein *zweiter Entwurf* für einen liturgischen Ablauf mit Text- und Liedbausteinen, liturgischen Bewegungen, Zeitangaben (Drehbuch).

8. Ein Drehbuch wird erstellt:

Festlegung eines genauen Ablaufplans mit allen Elementen, Mitwirkenden und Zeitvorgaben

Am Ende haben alle Mitwirkenden ein verbindliches *Drehbuch* in Papierform.

9. Nachbesprechung mit allen Beteiligten:

Rückmeldungen und Resonanz?
Schwierigkeiten und Probleme?
Verbesserungsvorschläge?

In einem *Protokoll* werden am Ende die Erfahrungen festgehalten.

3. Gestaltungsfreiräume

Der strukturbewusste Umgang mit liturgischen Elementen erweitert den Spielraum für die Gestaltung eines Gottesdienstes und überwindet den unkritischen Umgang mit einer Agende, wie er vielerorts immer noch anzutreffen ist und zum Teil auch von kirchenamtlicher Seite gefordert wird. Nehmen wir als Beispiel den oben beschriebenen Überraschungseffekt (vgl. Annäherung) in der Eingangsliturgie. Ein unkritischer Umgang mit der Agende führt zu Einhaltung der als vorgeschrieben betrachteten Abfolge liturgischer Stücke; variiert würde dann höchstens die Text- und Liedauswahl. Der strukturbewusste Umgang, der sich an einer *Grundstruktur* ausrichtet und orientiert, versteht die Eingangsliturgie dagegen nicht als (kaum veränderbare) Abfolge von liturgischen Stücken (z. B. Musik – Lied – Votum – Psalm – Kyrie – Gloria – Tagesgebet), sondern funktional, also als die Sequenz, die den Gottesdienst *eröffnet* und Gott *anruft*. Die Funktionen *Eröffnung und Anrufung* können dabei auf unterschiedliche Weise, mit unterschiedlichen liturgischen Stücken, durch verschiedene Liturgen, die keinesfalls nur Pfarrer sein müssen, gestaltet und erfüllt werden. Die Funktion *Eröffnung* kann beispielsweise durch ein Orgelpräludium, das organisch zum gemeinsamen Lied führt, ebenso erfüllt werden wie durch eine thematische Einstimmung. Der Psalm kann je nach Gestaltung, Aussage oder liturgischer Gewohnheit als Teil der Eröffnung oder aber als Gebet oder sogar als Lesung fungieren. Die Funktion *Anrufung* kann, um nur wenige Beispiele zu nennen, durch das Kyrie im traditionellen liturgischen Wechselgesang, durch Kyrie als Bußgebet mit anschließender Absolution und Gotteslob, durch eine Kyrielitanei (Fürbitten), durch eine Kyrieakklamation, durch zeitgenössische „Gegentexte", durch Lobgesänge mit Choralstrophen, vierstimmigen Liedrufen (Taizé) oder Klangimprovisationen, durch ein kirchenmusikalisch anspruchsvolles Gloria oder durch ein Eingangsgebet ausgeformt werden.

Die strukturbewusste Gestaltung führt also durch die funktionale Sichtweise zu mehr Spielraum. Dabei ist nicht alles und jedes gegeneinander austauschbar oder miteinander kombinierbar. Vielmehr muss die Auswahl zu einer stimmigen Dramaturgie führen, in der ihrerseits liturgische Traditionen der Landeskirche oder Ortsgemeinde, die aktuelle Situation, künstlerische wie gestalterische Möglichkeiten, der Kirchenraum, die (Kirchen-)Jahreszeit bedacht und ausgewertet werden. Dazu ist es nahe liegend – wie in allen Fernsehgottesdiensten erprobt und bereits mehrfach erwähnt – eine Vorbereitungsgruppe zu bilden, in der Menschen ihre unterschiedlichen Erfahrungen und Kompetenzen einbringen. Auf diese Weise wird die Vorbereitung des Gottesdienstes zu einem lebendigen Prozess. Die Vorbereitungsgruppe trägt ein Höchstmaß an theologischer und liturgischer Verantwortung. Es bedeutet aber auch eine relativ große Freiheit, die die Vorbereitungsgruppe von einer falsch verstandenen Verpflichtung entbindet und ihr die Möglichkeit gibt, sich selbst mit Fragen der Liturgie auseinander zu setzen. Dabei kann sie sich von der Einsicht tragen lassen, dass Gottesdienst zu Orientierung, Vergewisserung und Erneuerung zu führen in der Lage ist, weil in, mit und unter menschlichen Worten, Zeichen und Handlungen Gottes wirksamer Gegenwart zuverlässig vertraut werden darf.

4. Unverzichtbare liturgische Elemente

Die Diskussion der Frage nach der Unverzichtbarkeit von liturgischen Elementen wird viel zu oft zu pauschal und engstirnig geführt. Auf der einen Seite führen Traditionalisten an, wie einzig über die hergebrachte Struktur geschichtliche Kontinuität und christliche Identität im Gottesdienst bewahrt werden kann. Auf der anderen Seite stehen die, die in jeder noch so kleinen Festlegung eine Bevormundung vermuten und auf ein liturgisches Formular grundsätzlich verzichten wollen. Beide Positionen sind unsachgemäß.

Aus den Rückmeldungen und Kontaktaufnahmen nach Fernsehgottesdiensten wissen wir, dass viele Menschen heutzutage keine Kenntnis mehr darüber haben, wie ein Gottesdienst genau gefeiert wird. Das liegt sicher daran, dass immer weniger Menschen zum sonntäglichen Gottesdienst kommen und deshalb auch keine eigene Gottesdiensterfahrung mehr mitbringen. Deshalb ist die Erwartungshaltung, dass zum Beispiel das Glaubensbekenntnis an einer bestimmten Stelle im Gottesdienst vorkommen muss, viel geringer ausgeprägt, als das vermutet wird. Die meisten können das Glaubensbekenntnis nicht mehr mitsprechen. Sie können auch nicht nachvollziehen, warum es in manchen Gottesdiensten gesprochen werden muss und in anderen nicht. Bei einigen Gottesdienstbesuchen gab es kein Glaubensbekenntnis. Es wurde auch nicht vermisst. Möglicherweise würde ein Fehlen der Sequenz „Im Namen des Vaters und des Sohnes und des Heiligen Geistes" schon eher eine gewisse Skepsis hervorrufen. Genauso wenn Gebete, eine Lesung und die Predigt fehlen würden. Oder die Fürbitten und das Vaterunser am Ende. Diese Elemente gehören auch in einem säkularen Umfeld noch zum Standardwissen über eine evangelische Gottesdienstfeier, so wie der Segen am Ende. Aber die anderen liturgischen Elemente, die darüber hinaus in der Agende stehen? Wer kennt die liturgischen Abläufe und Rituale schon genau?

Bei den Zuschauern, die den Fernsehgottesdienst in Kontinuität zu ihrer (vorherigen) regelmäßigen Gottesdienstteilnahme betrachten, ist die Erwartung wohl im Unterschied zum Gottesdienstbesuch vor Ort weniger auf die Einhaltung einer genauen Abfolge gerichtet als auf die genannten markanten liturgischen Stücke. Möglicherweise ist die Bereitschaft, neue Liturgien und Feierformen kennen zu lernen – und zwar nachweisbar die der anderen Konfessionen – größer, als kirchenamtlich gewollt wird.

Ein weiterer Aspekt ist ebenfalls aus den Rückmeldungen ersichtlich: Dem *Beheimatet-sein* der Liturgen und Liturginnen in den Gottesdienstordnungen kommt eine wesentliche Schlüsselfunktion für eine gelingende Kommunikation zu. Hier entscheidet sich häufig, ob ein Gottesdienst mitgefeiert werden kann. Nur wenn der Liturg als authentisch wahrgenommen wird, wird die Gemeinde – auch die vor den Bildschirmen – angesprochen und zum Mitfeiern angeregt. Seine Authentizität lässt sich sogar auf solche Gottesdienstbesucher übertragen, die gar keine Gottesdiensterfahrung mitbringen.

Wenden wir diese Aspekte noch einmal abschließend auf die Strukturfrage an, so wird deutlich, dass strukturbewusstes Handeln auf strukturgeleitetes Erleben zielt und die Dramaturgie eines Gottesdienstes einen in sich stimmigen Ablauf erfordert, in dem die Ausformungsvarianten theologisch und ästhetisch sachgemäß gestaltet werden müssen. Es erscheint sinnvoll, markante liturgische Stücke wie das Eingangsvotum, das Vaterunser und den Segen beizubehalten und die Sequenzen thematische Hinführung, Gebet, Lesung, Predigt als Strukturmerkmale so zu variieren, dass sie die Funktionen *Eröffnung*, *Anrufung* und *Verkündigung* ausfüllen.[3]

Leitsatz

> Evangelische Gottesdienste besitzen eine erkennbare Grundstruktur (Eröffnung und Anrufung – Verkündigung und Bekenntnis – Sendung und Segen), die funktional zu verstehen ist und inhaltlich ausgeformt werden muss. Dadurch wird ein großes Potential kreativer Gestaltungsmöglichkeiten eröffnet (Varianten), das eine stimmige Dramaturgie im Auge behalten muss.

Beispiele

Im Folgenden wollen wir die neun Schritte zur Erstellung eines Drehbuchs an zwei Beispielen konkretisieren.

Erstes Beispiel:
Evangelischer Gottesdienst in lutherischer Tradition
Gottesdienst aus der evangelischen Kirche in Gartow am
12. September 1982

1. Eine Vorbereitungsgruppe bildet sich:

Leitung des Vorbereitungskreises: Pfarrer H. Mahlke
Am Vorbereitungskreis sind beteiligt:

---

[3] Auf die Frage, inwieweit das Abendmahl ein unverzichtbares Strukturelement ist, kann hier nicht eingegangen werden (vgl. vorerst Schwier, Erneuerung, S. 526 ff.).

Text: Hermann Junack, Karl Heinz Michaelis, Brunhilde Reinicke,
Martha Wirth und Gräfin Bernsdorff
Musik: Gemeindechor, Bläserchor, Orgel

2. Ein roter Faden wird gesucht:

Ausgangspunkt für einen *roten Faden* ist der Predigttext aus Ez. 18,3, in dem es um den Ruf zur Umkehr des im Exil lebenden Volkes Israel geht. Der prophetische Ruf zur Umkehr soll auf die aktuelle Situation vor Ort bezogen werden: Zerstörung der Schöpfung durch den Menschen. Der Spannungsbogen beginnt bei einem *Lob der Schöpfung*, wie er in der Schöpfungsgeschichte (1. Mose 1,1 ff.) zum Ausdruck kommt. Auf diesem Hintergrund wollen einzelne Gemeindeglieder von ihren persönlichen Erfahrungen erzählen, wo und wie Menschen in ihrem direkten Umfeld, also in der Nähe von Gartow, Wasser und Boden verschmutzen. Die theologische Hauptaussage des Gottesdienstes soll in der Predigt über Ez. 18,31 ff. liegen, die das Thema Umkehr und Buße sorgsam entfalten wird. Die Perspektiven, die sich aus dem Ruf zur Umkehr ergeben, schließen die Gottesdienstfeier ab.

3. Eine Grobstruktur kristallisiert sich heraus:

Eröffnung und Anrufung
  Gottes gute Schöpfung und die Gefährdung durch den Menschen
Verkündigung und Bekenntnis
  Der biblische Ruf zur Umkehr ist notwendig, damit der Mensch Verantwortung übernimmt und seinen Auftrag zur Bewahrung der Schöpfung für die nachfolgenden Generationen auch erfüllt.
Sendung und Segen
  Aus dem Bußruf des Propheten Ezechiel neue Perspektiven für die Bewahrung der Schöpfung gewinnen: Die Solidarität mit der Erde und den Menschen als Aufgabe wahrnehmen. Die Mitverantwortung als neue Perspektive aktiv leben. Die Erhaltung von Lebensgrundlagen als Voraussetzung für die nachfolgenden Generationen erkennen.

4. Liturgische Bausteine werden zusammengetragen:

- Einführung: Bildmeditation mit Rede des Indianerhäuptlings Seattle von 1852
- Begrüßung mit Bezug auf Einführung
- Schöpfungsbericht als Lesung
- Ansprache 1: Bezug zum Schöpfungslied und Problemansage
- Persönliche Statements als Kyrieanliegen

- Ansprache 2: Bibelauslegung Ez. 18,31 ff.
- Kreative Gestaltungsideen: Dias; Zündhölzer als symbolisches Element für Mahnung und Ruf zur Umkehr („Es brennt!")

5. Ein Kurzablauf entsteht[4]:

Aus diesen Ideen wird ein Kurzablauf erstellt. Er umfasst die Dauer der einzelnen Positionen und ihnen jeweils zugeordnet den Verantwortlichen samt dem, was er tut, und die jeweiligen Texte (kurzer Hinweis). Der Kurzablauf zu diesem Gottesdienst findet sich im Anhang.

6. Die redaktionelle Arbeit in der Gruppe beginnt:

In der Redaktionssitzung stellen die Vorbereitenden ihre Ideen vor (Texte, Lieder, kreative Gestaltungsmöglichkeiten) und holen spontane Änderungsvorschläge aus der Gruppe ein. Daraus ergibt sich eine erste überarbeitete Fassung, die in den Ablaufplan eingetragen wird. Die kreativen Ideen werden auf ihre Umsetzungsmöglichkeiten abgeklopft. Bei dem Gottesdienst aus Gartow ging es beispielsweise darum, wo die Leinwand in der Kirche angebracht werden könnte, damit die Dias für die Gemeinde sichtbar sind. Darüber hinaus wird nach konkreten Möglichkeiten gesucht, das Symbol der Zündhölzer am besten zur Geltung zu bringen.[5]

7. Die Endredaktion sorgt für die endgültige Gestalt:

Bei der Endredaktion werden die Texte noch einmal genauer überarbeitet. Ein besonderes Augenmerk liegt auf der Sprache. Die Texte sollen verständlich sein und ansprechen.[6] Die Überarbeitung betrifft aber auch die Ausdrucksweise und die Ausdrucksform. Es geht darum, die einzelnen Texte glaubwürdig und authentisch zu präsentieren.[7] Hinzu kommt die Berücksichtigung der Zeitvorgaben. Alle einzelnen liturgischen Bausteine (Lieder, Texte, kreative Gestaltungen) werden festgelegt und anschließend ins Drehbuch eingearbeitet.

8. Ein Drehbuch wird erstellt:

Das erarbeitete Drehbuch ist die gemeinsame Vorlage für den Gottesdienst. Es erhält alle einzelnen Schritte und Handlungsanweisungen, die für den Gottesdienst maßgeblich sind, und beinhaltet alle Texte und Lieder, die von der Vorbereitungsgruppe erarbeitet wurden. Die einzelnen

---

[4] Siehe Anhang, S. 149 ff.
[5] Vgl. Kapitel 7: Planen und gestalten.
[6] Vgl. Kapitel 3: Verständlich reden.
[7] Vgl. Kapitel 4: Sich ganz einbringen.

„Positionen" werden noch einmal dahingehend überprüft, ob die Übergänge und Anschlüsse stimmen, damit der Gottesdienst die Spannung hält und eine geschlossene Dramaturgie aufweist.

9. Nachbesprechung mit allen Beteiligten:

Die Vorbereitungsgruppe wertet die Erfahrungen gemeinsam aus. Die Rückmeldungen aus der Gemeinde kommen dabei zum Tragen. Die Verantwortung der Gemeinde soll Berücksichtigung finden.[8]

Zweites Beispiel:
Evangelischer Gottesdienst in reformierter Tradition
ZDF-Gottesdienst aus der Dorfkirche St. Arbost in Muttenz am 11. September 1994 (Übernahme vom Schweizer Fernsehen)

1. Eine Vorbereitungsgruppe bildet sich:

Leitung des Vorbereitungskreises: Pfr. Sabine Blocher und Pfr. Hansjakob Schibler
Vorbereitungskreis:
   Text: Jugendliche aus der Gemeinde
   Musik:
      Flöte: Sandra Rudin und Jeaninne Kissling
      Orgel und Klavier: Heinz Waldmann
      Klavier: Rebecca Brönimann
      Gitarre: Luc Monitini
      ad-hoc-Chor von Jugendlichen

2. Ein roter Faden wird gesucht:

Den Ausgangspunkt bildet ein biblischer Text aus dem Alten Testament (2. Mose 3,1 ff.: Erscheinung am brennenden Dornbusch), der auf aktuelle und persönliche Glaubenserfahrungen bezogen werden soll. Dazu sollen Jugendliche aus ihrem Erfahrungshorizont einen Beitrag leisten.

3. Eine Grobstruktur kristallisiert sich heraus:

Eröffnung und Anrufung:
   Die Gottesbegegnung des Mose und das Staunen über Gottes gute Schöpfung

---

[8] Vgl. Kapitel 1: Gemeinsam feiern.

Verkündigung und Bekenntnis:
Die Gottesbegegnung des Mose steht im Kontext der Verheißungsgeschichte Gottes mit seinem Volk. Durch den Glauben an Jesus Christus wird diese Heilsgeschichte auch den Christen zugesagt: Sie ist bis heute im Glauben erfahrbar und kann neu bezeugt werden (vgl. Glaubenserfahrungen der Jugendlichen).
Sendung und Segen:
Aus den persönlichen Glaubenserfahrungen kann man Kraft schöpfen und Lebensperspektiven gewinnen: Die Schöpfung ist eine gute Gabe Gottes, die der Mensch zum Leben braucht. Die Familie ist eine gute Gabe Gottes, die den Menschen stützen kann. Freundschaften sind eine gute Gabe Gottes, die einen durch das Leben tragen.

4. Liturgische Bausteine werden zusammengetragen:

Offene Begrüßung (Hinführung zum Thema)
Entfaltete Lesung: Stimme des Lebens
Hinführung zur Predigt: Das Wichtigste und Schönste (persönliche Glaubenserfahrungen von Jugendlichen)
Fürbittengebete sollen persönliche Glaubenserfahrungen weitergeben
Schöpfungslieder; junge und moderne Glaubenslieder

5. Ein Kurzablauf entsteht[9]:

Aus den oben genannten thematischen und strukturellen Orientierungspunkten wurde ein Kurzablauf für den Gottesdienst erarbeitet. Er enthält, wie im ersten Beispiel Positionen, zeitliche Planung, Verantwortliche und ihre Aufgaben, sowie einen Verweis auf die geplanten Texte. Der Kurzablauf findet sich im Anhang des Buches.

Für die Schritte 6 bis 9 (Redaktionsarbeit, Endredaktion, Drehbuch und Nachbesprechung) gilt das oben bereits Gesagte.

---

[9] Siehe Anhang, S. 151.

3. Kapitel: Verständlich reden

Kriterium

> Die Wirklichkeit erschließende Kraft der Sprache muss sich bei der Feier des Gottesdienstes in der Öffentlichkeit bewähren.

Annäherung

Die Jugendlichen stehen jetzt auf und gehen an die Plakatwand, die sie für den Gottesdienst selbst gestaltet haben. Auf der Wand sind Fotografien angeheftet. Es gibt aber auch einige Zeichnungen und Collagen, die aus Zeitungsausschnitten zusammengeklebt sind. Die zwölfjährige Kathrin tritt an die Plakatwand, nimmt ein Foto und stellt sich ans Lesepult. „Das war eines meiner schönsten Erlebnisse ..." sagt sie und beginnt, ganz persönlich darüber zu erzählen: Über ihre Ferienreise nach Amerika und die Fahrt mit ihrer Gastfamilie zum Grand Canyon. Dabei verweist sie immer wieder auf das Foto in ihrer rechten Hand. Sie beschreibt, wie es zu diesem Foto kam: Erst die vertrockneten Wälder – und dann, ein paar Meter weiter, dieser großartige Blick. Diese unberührte Natur: Sie erzählt, wie sie sich fühlte, als sich ganz plötzlich und unerwartet dieser Blick eröffnete, als sie am Fuß des Grand Canyon stand. „Ein unbeschreibliches Gefühl ...". Man kann ihre Begeisterung spüren. Sie strahlt über das ganze Gesicht. So als ob sie gerade noch einmal dort stehen würde. Dabei deutet sie mit ihren Händen immer wieder auf das Foto und erzählt jedes noch so kleine Detail. Man spürt: Sie möchte die Gemeinde unbedingt an diesem großartigen Erlebnis teilhaben lassen. Sie will ihren ganz persönlichen Eindruck vermitteln und tut alles, damit es auch gelingt. Ihre Mimik und Gestik ist ganz darauf ausgerichtet. Und so wundert es auch nicht, dass einige aus der Gemeinde genau nachvollziehen können, wie es ihr bei diesem Anblick ergangen sein muss und eigene Erinnerungen wach werden. So sagt eine Frau in der letzten Bankreihe ganz leise zu ihrem Mann: „Weißt du noch damals auf unserer Urlaubsreise in Florida?".
Dieses Gefühl, der Eindruck, den die Erfahrung bei dem Mädchen hinterlassen hat, kann zu einer gemeinsamen Erfahrung werden. Auch dann, als sie ganz leise und nachdenklich von dem Frieden und der Ruhe erzählt, die der Anblick bei ihr danach auslöste. Man hätte eine Stecknadel in der Gemeinde fallen hören können. Später, als die Pfarrerin von Mose und seinem Erlebnis mit dem Feuer im Dornbusch predigt, weiß jeder, was damit gemeint war. Jeder kann sich mit seiner persönlichen Lebensgeschichte eintragen. Die Stimme des Lebens ist einzigartig, aber teilbar! ...

Die Sprache ist das wichtigste Kommunikationsmedium im Gottesdienst: Die Gemeinde spricht in traditionellen und neuen Gebeten zu Gott, Lektorinnen und Lektoren verlesen die Heilige Schrift in älteren oder neuen Übersetzungen, Predigerinnen und Liturgen reden die Gemeinde in Form von persönlichen Texten an. Dabei geht es jedoch nicht nur um die Vermittlung von Inhalten und Informationen. Denn wer spricht, der zeigt sich selbst und konstituiert eine Beziehung zum Gegenüber. Trotz dieser zentralen Bedeutung besitzt die Reflexion über Sprache im Rahmen gottesdienstlicher Kriterien häufig nur einen merkwürdig formal bleibenden Charakter. Im Evangelischen Gottesdienstbuch wird sie in zwei Kriterien berücksichtigt: Es wird der gleiche Stellenwert von traditionellen und gegenwärtigen Texten betont und die Forderung erhoben, dass die Sprache niemanden ausgrenzen darf. Das bleiben jedoch vor allem Postulate. Der gleiche Stellenwert alter und neuer Texte wird zu Recht mit den Hinweisen begründet, dass geprägte Texte aus der Tradition oft eine besonders eindrückliche Ausstrahlungskraft besitzen, weil sie für die heutige Gemeinde fremde Erfahrungen bewahren. Gleichzeitig soll die gegenwärtige Lebenswelt der Menschen und ihre persönlichen Erfahrungen auch in heutiger Sprachgestalt zum Ausdruck gelangen.[1] Dass daraus ein gleichwertiges Nebeneinander gefolgert wird, ist deutlich. Wie dies geschehen kann, bleibt unklar. Ebenso, dass die Begründung nicht ausreicht. Die Hinweise auf die nicht-ausgrenzende Sprache lassen noch die Debatten um die *inclusive language* seit den 80er-Jahren des 20. Jahrhunderts erkennen, die im evangelischen Bereich mit einiger Verzögerung, aber großer Emphase geführt wurden. Innerhalb des Gottesdienstbuches wird allerdings diese Debatte nicht als grundlegende *Gender-Frage* diskutiert, sondern im Grunde durch Verweis auf weitere Gruppierungen im Gottesdienst nivelliert.[2] Immerhin wird an der Forderung festgehalten, „eingeschliffene Sprachgewohnheiten zu durchdenken und gemäß den unterschiedlichen Lebens- und Glaubenserfahrungen von Männern und Frauen zu verändern".[3]

Sprache hat eine Wirklichkeit erschließende (oder verschließende) Kraft. Im Gottesdienst muss sie sich zudem als öffentliche Sprache bewähren, die der Kommunikation des Evangeliums dient. Sowohl die Begründungs- als auch die Gestaltungsfragen sollen hier diskutiert und beantwortet werden.

Ausführung

1. Zum Potential der Sprache

Angesichts leerer Kirchenbänke am Sonntagmorgen hat sich in den Kirchenleitungen, aber auch unter Pfarrerinnen und Pfarrern die Einsicht

---

[1] Vgl. Ev. Gottesdienstbuch, S. 15.
[2] Vgl. Ev. Gottesdienstbuch, S. 16.
[3] Ebd.

durchgesetzt, an der Professionalisierung der Gottesdienstgestaltung zu arbeiten und das handwerkliche Defizit im Bereich von Sprache durch zusätzliche Schulungen und Fortbildungen auszugleichen: Sprechen will gelernt sein, so das neue Credo.

Die Erfahrung des geringen Gottesdienstbesuches legt nahe, dass Pfarrer und Pfarrerinnen es häufig nicht schaffen, die Gemeinde anzusprechen, sie mit ihrer Predigt zu überzeugen und für den Glauben zu gewinnen. Dies ist nicht nur ein Vorurteil oder eine Unterstellung, auch wenn es weitere Differenzierungen erforderte. Hierzu nur ein Schlaglicht: In Hamburg wurde am Himmelfahrtstag 2003 ein spannendes Experiment durchgeführt. Der Leiter der dortigen Journalistenschule schickte die jungen Journalistinnen und Journalisten zur Predigtrezension in Hamburger Kirchen. 31 Predigten wurden gehört und rezensiert – einige Äußerungen: „Die Fragen der Menschen fangen da an, wo die Predigt aufhört" – „Der Himmel soll auf die Erde kommen, aber er kommt nicht" – „Nichts ist spürbar, nichts ist fühlbar" – „langweilige Rhetorik, Monotonie im Tonfall, kein Wechsel von laut und leise, wenig spürbare Leidenschaft, fehlende Körpersprache".[4] Auch diese Sicht von außen markiert die vielfältigen Grenzen gegenwärtiger Predigtpraxis im Bereich der Sprache.

Die schulische Allgemeinbildung und die fundierte wissenschaftlich-theologische Ausbildung an einer Hochschule oder Universität scheinen nicht auszureichen, um Menschen für die Kirche gewinnen zu können. Die homiletischen Seminare, die zukünftige Pfarrerinnen und Pfarrer in Studium und Vikarskursen belegen, tragen wenig aus für die gottesdienstliche Praxis, für eine verständliche Sprache in Gottesdienst und Predigt. Hatte man jahrelang darauf verzichtet, die Schulung von Sprache und das Erlernen von Ausdrucksformen ernst zu nehmen, so wurde das in den letzten Jahren auffällig stark nachgeholt. In vielen landeskirchlichen Gottesdienst-, Aus- und Fortbildungsinstituten – z. B. in Braunschweig, Hamburg, Hildesheim, Nürnberg und Villigst – wird versucht, Pfarrer und Pfarrerinnen auch im Bereich von Sprache und Präsentation zu schulen: Beim Theater kann man viel lernen für liturgische Bewegungsabläufe, beim Handwerk der Journalisten für eine ansprechende Rede, bei Meditation und Körperwahrnehmung für den eigenen Atem, bei Rhetorikern für sprachliche Ausdrucksformen. Die redaktionelle und journalistische Begleitung der Fernsehgottesdienste im ZDF durch den damaligen Redaktionsleiter Dr. Wolf-Rüdiger Schmidt zielte bereits in die gleiche Richtung.

Diese Entwicklung zur Professionalisierung war notwendig. Schließ-

---

[4] Vgl. I. Drost von Bernewitz/G. Zietlow, Metaphern S. 187.

lich ist es nicht nachzuvollziehen, warum ein Berufsstand, der wesentlich mit Sprache zu tun hat, weder in seiner wissenschaftlichen Ausbildungsphase, also im Theologiestudium, noch in seiner praktischen Ausbildung im Predigerseminar eine angemessene Schulung der Sprache erhalten soll. Ein Dichter wird nicht als Dichter geboren. Ein Journalist nicht als Journalist. Genauso wenig ein Pfarrer. Mit Sprache umzugehen, will gelernt sein.

So zeigt sich auch seit einigen Jahren bei der Vorbereitung von Fernsehgottesdiensten, dass man ohne eine professionelle handwerkliche Schulung nicht auskommt, weil nicht wenige Pfarrerinnen und Pfarrer bei der Erarbeitung von Texten sprachliche und stilistische Hilfen benötigen. Sie sprechen Schriftsprache, keine Alltagssprache und halten an einem Sprechduktus fest, der eher im akademischen Milieu zu finden ist. Die Folge: Sie können nur wenige Menschen ansprechen und schaffen es deshalb nicht, auf alle Gemeindeglieder einzugehen. Ihr akademisch geschulter *elaborierter Code* baut eine Sprachbarriere auf, die nur schwer zu überwinden ist. Hinzu kommt ein verschobenes Wirklichkeitsbewusstsein. Der Pfarrer, die Pfarrerin scheint von etwas zu reden, was im Leben der meisten Menschen so gar nicht vorkommt. Es werden Fragen beantwortet, die kaum jemand stellt.

Kann aber die handwerkliche Schulung und Qualifizierung von Sprache die Möglichkeit religiöser, „inspirierter", also geistvoller Sprache wirklich ausschöpfen? Reicht die Professionalisierung der Form wirklich aus, um die biblische Botschaft authentisch weiterzugeben und damit die Menschen zum Glauben einzuladen?

Sprache hat ein weit reichendes Potential. In der Kommunikationsforschung wird hierbei auf die elementare Unterscheidung von Inhalts- und Beziehungsaspekt und auf die Sprechakte verwiesen.[5] Jede (gesprochene) Mitteilung besteht nicht nur aus einem Austausch von Informationen oder Inhalten, sondern es werden immer auch Beziehungen konstituiert. Dies schließt auch den Aspekt der Selbstkundgabe ein. Wer spricht, zeigt sich selbst und seine Beziehung zum Gegenüber. Wer betet, zeigt sich selbst und sein Gottesverständnis. Wer nur in formelhaften oder traditionell geprägten Worten betet, zeigt sich selbst als erfahrungsarmer Beter und versteht Gott als bloß traditionsgemäß Handelnden. Die gelungene Kommunikation im obigen Gottesdienstbeispiel resultiert aus der Übereinstimmung von Inhalts- und Beziehungsaspekt.

Verstehen wird erschwert oder scheitert sogar, wenn sich z. B. Inhalts- und Beziehungskundgabe widersprechen. Wenn ein Liturg von der Freude über Gottes Wirken spricht und dabei seine Worte mit ernster Miene

---

[5] Vgl. die Zusammenfassung bei K.-H. Bieritz, Liturgik, S. 246–258.

abliest, wird diese Mitteilung kaum verstanden werden, bzw. es wird allein die Diskrepanz als Kommunikationsstörung wahrgenommen. Kommunikationsstörungen entstehen außerdem dann, wenn die Sprechakte nicht klar sind, wenn z. B. ein als Bitte verkleideter Appell (häufig in Gebeten), eine als Einladung getarnte Aufforderung (häufig bei „Einladungen" zum Beten oder Singen) oder eine falsche Erlaubnis (häufig in Predigten: „Ihr braucht euch Gottes Gnade nur schenken zu lassen.") geäußert werden. Wenn die Empfänger solcher Mitteilungen nicht gleich erbost oder frustriert innerlich abschalten, könnten sie noch zu der Schlussfolgerung gelangen, dass in der Kirche immer so geredet wird (man meint nicht wirklich, was man sagt, bzw. man muss über längere Zeit im binnenkirchlichen Sprachmilieu sozialisiert worden sein, um das Gemeinte hinzunehmen) und dass hier offenbar im Übermaß solche Sprechakte ihren Ort finden, die aus Behauptungen oder vermeintlichen Feststellungen bestehen. Eine mit ernster Miene geäußerte Mitteilung über die Freude an Gott wird eben höchstens noch als Behauptung oder leere Aussage gehört und nicht als eine zu eigenen Gefühlen und Haltungen der Freude anstiftende Rede. Im erwähnten, akademisch geprägten elaborierten Code dominieren solche Sprechakte, die konstatieren und sich über Sachverhalte distanziert äußern. Das oben diagnostizierte verschobene Wirklichkeitsbewusstsein ist häufig verursacht durch einen erfahrungsarmen Zugriff, der sich sprachlich distanziert kundtut, aber dadurch gerade nicht nur Inhalte mitteilt, sondern auch Beziehungen konstituiert, die dann eher als distanzschaffend, langweilig oder bedeutungslos wahrgenommen werden. Die Dominanz solcher Sprache muss in unseren Gottesdiensten dringend beseitigt werden. Die gottesdienstliche Sprache in Gebeten und Predigten ist nicht zu kognitiv oder intellektualisiert – das wäre wohl ein vordergründiges Urteil, das der nicht selten banalen Praxis gerade nicht gerecht würde. Die verwendeten Sprechakte sind vielmehr zu unklar und wirken als bloße Behauptungen und leere Aussagen. Es wird, um eine der obigen Rezensentenäußerungen aufzunehmen, eben nur behauptet, dass der Himmel komme, aber er kommt nicht. Solche Sprache erschließt nur eine mehrfach distanzierende Wirklichkeit.

Die Sprache im theologischen Kontext hat noch einmal ein eigenes Potential. Denn der inspirierten Sprache geht trotz allen handwerklichen Könnens zunächst einmal ein Hören voraus. Das ist ihr hauptsächliches und wesentliches Potential. Die durch die Reformation wieder entdeckte biblische Einsicht, dass der Glaube aus dem Hören komme (Röm. 10,17), hat eine kaum zu überschätzende kulturgeschichtliche, dogmatische und praktisch-theologische Bedeutung. Kulturgeschichtlich epochal ist die Ablösung des Bildes durch das Wort als das nun entscheidende Medium von Welt- und Lebensdeutung. Dogmatisch wird das Wortgeschehen als zentrale Kategorie für das Verständnis Gottes, der Offenbarung und des Menschen entfaltet. Praktisch-theologisch relevant ist, dass vor allem Beten und Predigen das Hören auf das Evangelium erforderlich ist; daraus entsteht eine nicht auflösbare Wechselbeziehung, die ständiges Hören immer neu erfordert. Das Evangelium in seiner erneuernden, vergewissernden und orientierenden Funktion muss gehört und verkündet werden, da dadurch Glaube geweckt und Spiritualität gebildet wird, die aus der Sprache der Bibel schöpfen und deren Grundmotive zur eigenen Lebens- und Weltdeutung und zum eigenen Handeln fruchtbar machen kann.[6]

Diese Erkenntnis kann jedoch nicht nur auf die in einem Gottesdienst befindliche Gemeinde bezogen werden, sondern muss auch auf den Pfarrer und die Pfarrerin bzw. die mitwirkenden Gemeindeglieder, die sich in einer Vorbereitungsgruppe für die Gestaltung eines Gottesdienstes engagieren, angewendet werden. Denn das Hören auf die biblischen Zeugnisse bzw. überlieferten Texte aus der Tradition, die zum Teil auch in die Agenden eingeflossen sind, trägt entscheidend zur Entwicklung der eigenen Sprachfähigkeit bei: Das Hörverhalten darf jedoch nicht auf die biblische Sprachwelt reduziert werden. Diese kommt vielmehr dadurch zur Wirkung, dass sie in den gegenwärtigen Lebenswelten zu einem neuen Verständnis führt, Einspruch und Zuspruch des Evangeliums als *Erneuerung*, *Vergewisserung* und *Orientierung* erfahren lässt. Die Wirklichkeit erschließende Kraft der Sprache zielt im Gottesdienst auf nichts weniger und nichts anderes als auf die Wirklichkeitserschließung durch das Evangelium. Dazu ist sowohl eine traditionell geprägte wie neue Sprache notwendig und brauchbar. Sie vermittelt Inhalte und konstituiert Beziehungen – im Gottesdienst die Beziehung zur Mitwelt, zu sich selbst und zu Gott.

2. Die Herausforderung der öffentlichen Rede

Die Bibel bezeugt eine große Tradition des gesprochenen und prägnanten Wortes. Die Weisheitsliteratur besteht aus sehr authentischen und lebensnahen Sprichwörtern. Die Psalmen überzeugen durch ihre poetische Sprache. Weite Teile der Bibel sind erzählte Geschichten, sehr spannend formuliert. Die Propheten waren große Redner. Auch Jesus war ein Meister darin. Er konnte die Menschen überzeugen, sie sogar veranlassen ihr Leben zu ändern und sich mit ihm auf den Weg zu machen. Schließ-

---

[6] Vgl. G. Theißen, Bibel, S. 131 ff.

lich hat auch Paulus mit seiner Sprache in Wort und Schrift zur Ausbreitung des Christentums maßgeblich beigetragen.

Es wäre wünschenswert, wenn die Gottesdienste, vor allem aber die Predigten etwas von der Aktualität, der Klarheit und Eindeutigkeit des Apostels Paulus beinhalten würden, der nicht müde wurde, den frühchristlichen Gemeinden deutlich zu machen, warum er so und nicht anders kommen und reden, handeln und sein muss. Und das sogar in einem öffentlichen Kontext, zum Beispiel auf dem Marktplatz von Athen, der *Agora*. Auch hier bleiben seine Reden mühelos verständlich, eindeutig, glaubhaft und, was noch wichtiger ist: für die einen überzeugend, andere zum Widerspruch reizend. Hier hat Paulus Pionierarbeit geleistet. Seine Form der Rede, seine Anschaulichkeit und Prägnanz hat maßgeblich dazu beigetragen, dass sich das Evangelium weiter verbreiten ließ und in Zustimmung wie Ablehnung wahr- und ernst genommen wurde.

Diese Kultur von schriftlicher und mündlicher Überlieferung muss heute wieder neu entdeckt werden, diese Kommunikationsfähigkeit wieder neu entwickelt werden, diese Ausdrucksfähigkeit, „den Juden ein Jude, den Heiden ein Heide", neu erarbeitet werden, diese Bereitschaft zur Auseinandersetzung neu gewagt werden. Fernsehgottesdienste sind gezwungen all das zu tun. Sie müssen sich auf die Situation einlassen, sich damit einer großen Öffentlichkeit stellen und mit aktuellen Fragestellungen auseinander setzen. Denn was ist das öffentliche Medium anderes als eine *mediale Agora*? Ein Platz, an dem viele Stimmen, Meinungen und Überzeugungen zusammenkommen und tatsächlich nur derjenige verstanden wird, der auch verständlich redet? In den Fernsehgottesdiensten wird einfach und verständnisvoll, aber auch persönlich geredet. Ihr Erfolg ermuntert dazu, auch in den Gemeindegottesdiensten vor Ort solche Sprache zu verwenden.

Gegenüber persönlicher Rede im Gottesdienst wird manchmal der Vorwurf erhoben, sie gerate leicht in Gefahr, zu persönlich zu werden, andere dadurch auszuschließen und daher den Öffentlichkeitsanspruch zu verfehlen. An diesem Vorwurf ist berechtigt, dass öffentliches Reden und Beten nicht der Ort privater oder intimer Geständnisse ist; das wäre peinlich oder voyeuristisch. Davon ist allerdings die persönliche Rede zu unterscheiden. Weil jeder sprachliche Kommunikationsakt den Beziehungsaspekt stets in sich hat, ist jede Rede im weitesten Sinne persönlich. Kommunikationshemmend sind solche sprachlichen Äußerungen, die nur unbewusst und indirekt persönlich sind, denn sie partizipieren ungewollt an den persönlichen und sprachlichen Grenzen der Sprechenden und lassen beispielsweise einen Prediger „scheußlich richtige" Allgemeinplätze im „Wir- oder Man-Stil" vereinnahmend oder distanziert vertreten. Persönliche Rede ist dagegen konkret und dadurch gut verständlich. Sie meidet die „scheußlich richtigen" Allgemeinplätze und ermöglicht dadurch Zustimmung und Widerspruch. Persönliche Rede im Gottesdienst braucht Mut, denn sie äußert eine erkennbare Position und setzt sich dadurch auch der Kritik aus. Sie ist vor allem in der Predigt und im Fürbittengebet unverzichtbar.

Bei der Vorbereitung der Fernsehgottesdienste steht die Entwicklung einer lebendigen Sprache im Mittelpunkt. Die Verantwortlichen wollen dem *öffentlichen Anspruch* eines Gemeindegottesdienstes gerecht werden. Die folgenden Aspekte haben sich bei der Vorbereitung von Fernsehgottesdiensten im Hinblick auf die Ortsgemeinde bewährt:

Konkrete Planungsschritte zur Sprache – Kriterienkatalog

1. Die Sprache muss *klar* und gleichzeitig *abwechslungsreich* sein, d. h. die Dominanz bloßer Aussagen vermeiden und vielfältige Beziehungen eröffnen.
2. Die Sprache muss auch für Außenstehende *einladend* und *verstehbar* sein, d. h. theologische Fachausdrücke und dogmatische Formulierungen vermeiden.
3. Die Sprache sollte *authentisch* sein, d. h. persönliche und gewohnte Sprachwendungen verwenden.
4. Die Sprache sollte *alltäglich* sein, d. h. Dinge ansprechen, die die Öffentlichkeit im politischen und gesellschaftlichen Bereich gerade bewegt.
5. Die Sprache sollte *demokratisch* sein, d. h. auf dem Hintergrund biblischer Texte und aktueller Fragestellungen einen offenen Diskurs anbieten.
6. Die Sprache sollte *herausfordern*, d. h. zum Umdenken anstecken und zum Handeln motivieren.
7. Die Sprache sollte *eindeutig* sein, d. h. Position beziehen und Zeitansage bieten.
8. Die Sprache sollte *ermutigen*, d. h. Trost und Zuspruch vermitteln.

3. DIE NÄHE ZUM ALLTAG DER MENSCHEN

Eine Sprache mit einer offenen und verständlichen Ausdrucksweise hat das *alltägliche* Gemeindeleben im Blick. Damit kommt der Zusammensetzung der Gemeinde letztendlich eine geringe Rolle zu, denn der Gottesdienst vollzieht sich *im Alltag der Welt*. Das, was die Menschen persönlich, gesellschaftlich oder politisch beschäftigt, fließt in die offene

Form der Ansprache ein, auch wenn das alltägliche Leben durch die Feier am Sonntag in ein neues Licht gesetzt wird. Von daher können die unterschiedlichsten Personenkreise in den Blick kommen. Ob bei einem Gottesdienst nun die Gemeinde aus mehr alten als jungen Menschen besteht, aus Männern und Frauen, Frommen oder Skeptikern wird nicht entscheidend sein, wenn die Sprache auf Verständlichkeit ausgerichtet ist und sich die Inhalte auf aktuelle gesellschaftliche und politische Fragestellungen beziehen, wie Aids, Bioethik oder der Krieg im Irak, um nur einige Themen zu benennen. Aber auch die menschlichen und existentiellen Fragestellungen, wie Angst, Schuld oder Verlust sind durchaus für alle kommunizierbar. Die Qualität eines Gottesdienstes wird sich daran messen lassen müssen, inwieweit die Mitwirkenden aus einer nachvollziehbaren Nähe zum Alltag sprechen können und ihre realen Lebenserfahrungen einbringen.

Das Zugehen auf die alltägliche Lebenssituation der Gemeinde schafft für die verantwortlichen Gemeindeglieder den nötigen Freiraum, ihre eigene Sprache und ihre ganz eigenen, spezifischen Themen zu entwickeln, die sie in ihrer Vorbereitung aus den biblischen Texten gewonnen haben. Dazu ist es sicherlich notwendig, den Blick über den eigenen Tellerrand, d. h. über die sich regelmäßig einfindende Kerngemeinde hinaus zu wagen. Solange Pfarrer und Pfarrerinnen sich aber an der quantitativ ständig schrumpfenden Mitgliederzahl orientieren oder, besser gesagt, sich damit abfinden, werden die Gottesdienste auch keinen öffentlichen Charakter erhalten.

Interessant ist, dass viele Gemeinden durch ein Angebot von Zielgruppen orientierten Gottesdiensten versuchen, dem geringen Gottesdienstbesuch entgegenzutreten und neue Gottesdienstbesucher durch besondere Angebote dazuzugewinnen. Im Prinzip spricht nichts dagegen, auf bestimmte Gruppen in der Gemeinde zuzugehen und Kinder oder Jugendliche, Biker oder Haustierbesitzer durch die besondere Gestaltung eines Gottesdienstes im Jahreszyklus anzusprechen. Die Regelmäßigkeit würde jedoch einem Miteinander entgegenstehen, das alle Probleme, Bedürfnisse und Lebensstile bedenkt. Der „normale" Gottesdienst sollte ja gerade die Verschiedenheit und Vielfalt der Gemeindeglieder ernst nehmen und die Solidarität und die Verantwortung der Gemeindeglieder fördern.

Für den Fernsehgottesdienst jedoch gilt: Eine grundsätzliche Ausrichtung auf einen bestimmten Personenkreis würde nicht nur dem offenen und öffentlichen Charakter des Gottesdienstes entgegenstehen, sondern auch für den Gemeindeaufbau eine unnötige Einschränkung bedeuten.

4. Die Suche nach gerechter Sprache

Eine verständliche und damit auf Öffentlichkeit ausgerichtete, lebendige Sprache kann die Gemeinschaft von Männern und Frauen, von Jugendlichen und alten Menschen, von Menschen aus den unterschiedlichsten Gruppierungen innerhalb und außerhalb der Kirche fördern und bestärken. Sie hat das Potential, im Gottesdienst Gemeinschaft zu stiften, weil sie an der Vielfalt und Verschiedenartigkeit ihrer Mitglieder festhält, damit die verschiedenen Überzeugungen und Glaubensrichtungen, die unterschiedlichen Lebenssituationen und Sichtweisen ernst nimmt und dadurch die Vielfalt der Charismen unterstreicht. In Anlehnung an das „Apostelkonzil", wie es zum Beispiel in Apg. 15 beschrieben wird, kann der Sprache dadurch eine „konziliare" Bedeutung zukommen: Nämlich beieinander zu bleiben, trotz unterschiedlicher, auch gegensätzlicher Auffassungen!

So gesehen kommt der lebendigen Sprache nicht nur eine wichtige Bedeutung in Bezug auf Verständlichkeit und Authentizität zu. Es geht ihr auch nicht nur um inhaltliche, thematische Fragestellungen, also um ein angemessenes Verhältnis zum alltäglichen Leben. Ein weiterer wichtiger Aspekt kommt noch hinzu. Die Entwicklung einer offenen Sprachfähigkeit ist in der Lage, eine herrschaftsfreie Kommunikationsstruktur zu entwickeln, die die Gemeinde in Fragen der Toleranz und Akzeptanz schulen kann. Sie unterstützt und fördert ihre Integrationsfähigkeit. Denn wie ist die Gemeinde anders zu verstehen als eine Versammlung von Ungleichen? Das alltägliche Gemeindeleben mag sich wohl durch gleiche oder ähnliche Interessenlagen auszeichnen, wodurch sich die Gruppenbildung auch in einer Art Clubmentalität vollziehen kann. Aber im Hinblick auf eine Gemeindeversammlung, die sich in einem Gottesdienst nach dem Wort Gottes ausrichtet und sich als „ein Leib und viele Glieder" beschreibt, können die Gesichtspunkte der Gruppen und Kreise und damit auch des Unter- und Nebenordnens keine Rolle spielen.

Besonders gilt das Gesagte für eine „gerechte" Sprachverwendung. Es ist nur schwer nachzuvollziehen, dass Frauen ihre eigene Sprache, ihre Vorstellungen und Bezeichnungen von Gott immer noch einklagen müssen, wenn sie in Gebeten ihre Beziehung zu Gott poetisch ausdrücken, wenn sie auf einen ganzheitlich gestalteten Gottesdienst Wert legen, ihn durch Bewegungen und Gebärden bereichern, wenn sie auf Formen, wie liturgischen Tanz oder andere Symbolhandlungen zurückgreifen, um so ihrem Glauben Ausdruck zu verleihen. Kritisch muss frau sich natürlich auch fragen lassen, ob die in den letzten Jahren entstandenen feministische Liturgieentwürfe dazu geeignet sind, die ganze Gemeinde anzusprechen, ob die von Frauen entwickelten Formen und auch sprachlichen

Ausdrucksweisen nicht genauso in der Gefahr stehen, exklusiv statt inklusiv zu wirken.

Die Entwicklung einer inklusiven und Gemeinschaft stiftenden Sprache kann keine Aufgabe einer bestimmten Gruppe innerhalb der Gemeinde sein. Sie muss vielmehr Ausdruck einer von Männern und Frauen zu leistenden gemeinsamen Suchbewegung bleiben, die der Frage nach einer Erneuerung oder auch Kritik von Sprache in der Weise begegnen möchte, dass keiner und keine sich ausgeschlossen fühlt, sondern sich alle angesprochen wissen. Wenn dieser Kommunikationsprozess in einer offenen und herrschaftsfreien Gesprächsatmosphäre geschieht, kann sich das in Bezug auf die Gestaltung von Gottesdiensten nur positiv auswirken.

Unterschiedliche Sprachfähigkeit kann vielmehr als Reichtum der Gemeinde gewertet werden, als Ausdruck der Vielfalt der Charismen, die in der jeweiligen Gemeinde vorhanden sind. Im besten Fall ist es sogar so, dass sich gerade aus dem Bemühen der Frauen neue Impulse und Perspektiven für einen von Männern und Frauen gemeinsam gestalteten Gottesdienst entwickeln lassen, woraus dann ganz neue Worte, Beschreibungen und Bilder resultieren. Denn das Ziel sprachlicher Korrekturen und Neuschöpfungen ist letztlich nicht eine gruppenspezifische Sondersprache, sondern die Suche nach *gerechter Sprache*.

Leitsatz

> Im Gottesdienst wird Wirklichkeit durch das Evangelium im Medium der Sprache öffentlich erschlossen. Das erfordert eine lebendige Sprache, die verständlich, konkret und persönlich ist und sich durch den Reichtum der biblischen Sprachwelt immer neu anregen lässt.

Beispiele

Der sprachlichen Ausgestaltung eines Eröffnungsteils kommt bei einem Gottesdienst, besonders bei einem Fernsehgottesdienst, eine wesentliche Bedeutung zu. Die ersten Wörter im Gottesdienst entscheiden oft darüber, ob der Kommunikationsprozess gelingt. Das „Evangelische Gottesdienstbuch" sieht unterschiedliche Formen für die Gestaltung einer Einganslitugie vor. In der Regel wird bei einem Fernsehgottesdienst die Form der „offenen" Begrüßung gewählt, der ein anschließender liturgischer Gruß folgt. Es ist aber auch denkbar, mit einem liturgischen Gruß zu beginnen, der durch eine Gemeindeantwort *interaktiv* gestaltet wird.

Bei der sprachlichen Ausgestaltung der „offenen" Begrüßung sollte die integrative Funktion der Eingangssequenz bedacht werden. Dies kann durch kognitive sprachliche Elemente erreicht werden, indem man z. B. Informationen über das Thema des Gottesdienstes vermittelt oder auf Besonderheiten im liturgischen Ablauf hinweist. Es geht aber auch darum, die Gemeinde einzuladen, zum Mitfeiern anzuregen. Dazu sind affektive sprachliche Elemente notwendig, die darauf angelegt sind, einen Kommunikationsprozess zu eröffnen, um die Gemeinde auf den Ort und die gemeinsame Feier einzustimmen. Die affektiven sprachlichen Elemente verfolgen folgende Zielsetzung:

- **A**ufmerksamkeit erlangen, Spannung erzeugen, neugierig machen
- **I**nteresse wecken, den Interessen-, Bedürfnis-, Erfahrungsbereich der Gemeinde ansprechen
- „**D**ranbleiben", das Verlangen hervorrufen, mehr zu erfahren und mitzumachen d. h. mitzufeiern
- **A**ktion erreichen, Beteiligung durch eine aktive Teilnahme erreichen

Für die sprachliche Ausgestaltung einer „offenen" Begrüßung eröffnet das AIDA-Konzept folgende Möglichkeiten:

Konkrete Planungsschritte zur Sprache – Praktische Vorschläge für einen spannenden Anfang

1. Mit einem Ereignis oder einer Geschichte anfangen, bei dem die Gemeinde unter dem Eindruck eines gemeinsamen solidarischen Erlebnisses steht
  (vgl. unten den Gottesdienst aus Muttenz)
2. Mit einem Votum anfangen, das eine persönliche Erfahrung kennzeichnet und Betroffenheit zum Ausdruck bringt
  (vgl. unten den Gottesdienst aus Sylt)
3. Mit einem Lied anfangen
  (vgl. unten den Gottesdienst aus Göttelborn)
4. Mit einem Gedicht oder einem literarischen Text anfangen
5. Mit einer These beginnen, die so etwas wie eine Ausgangsposition für das Folgende bedeutet
  (vgl. unten den Gottesdienst aus Stuttgart)
6. Den *Sitz im Leben* (das Profil) der Gemeinde mit dem Thema verbinden oder den Anlass des Gottesdienstes thematisieren
  (vgl. den Gottesdienst aus dem Berliner Dom)
7. Mit einer Schlagzeile beginnen, eine Paukenschlagmethode mit plakativem Charakter

> 8. Die Neugier der Gemeinde wecken
> 9. Mit einem Eventualfall, der von vornherein fiktiv verstanden wird, beginnen
> 10. Mit einer Aussage beginnen und eine erste These entwickeln
> 11. Mit einem Bild oder einem Symbol anfangen, das im Gottesdienst eine tragende Rolle spielt
> (vgl. den Gottesdienst aus Worms)
> 12. Die Gemeinde direkt ansprechen
> 13. Mit den Erfahrungen der Vorbereitungsgruppe anfangen

Gottesdienst aus der Dorfkirche St. Arbost in Muttenz am 11. September 1994, Begrüßung durch Pfarrer Schibler:

„Ich will doch hinübergehen und diese wunderbare Erscheinung ansehen, warum der Dornbusch nicht verbrennt. Und der Herr sah, dass er herüberkam, um nachzusehen. Und der Herr rief ihm aus dem Dornbusch zu: Mose! Mose! Er antwortete: Hier bin ich."

Liebe Gemeinde hier in der Kirche und zu Hause am Bildschirm, mit diesen Versen aus einer bekannten Geschichte möchte ich unsern Fernsehgottesdienst einleiten und Sie dazu alle herzlich begrüßen. Wahrscheinlich beginnt nicht nur das Denken, sondern auch der Glaube mit dem Staunen. Wie Mose vor dem brennenden Dornbusch steht, ist das zunächst einfach ein überwältigendes Erlebnis. *Fascinosum et tremendum*, anziehend und erschreckend zugleich. Er kann es nicht einordnen, aber – und das ist entscheidender – kann es wahrnehmen und bestaunen, er kann sich davon berühren und herausfordern lassen. Vorwitzig und gleichzeitig doch voller heutiger Scheu nähert er sich dem Naturwunder. Und so kommt es, dass aus diesem Erlebnis etwas wird, das ihn in seiner ganzen Existenz betrifft und aus seiner bisherigen Geschichte herausruft zu einem neuen Selbstverständnis. Die Bibel bringt solche grundlegenden Erfahrungen mit Gott in Zusammenhang. Und zwar geschieht das mit einer erstaunlichen Selbstverständlichkeit. Aber das ist gerade der Punkt, wo es für viele heutige Menschen schwierig wird. Wieso sollen solche Erfahrungen etwas mit Gott zu tun haben? Was ändert sich denn oder woran lässt es sich erkennen, wenn aus einem Sinnerlebnis eine Gotteserfahrung wird?

In unserem Gottesdienst wollen wir dieser Frage nachgehen. Wir haben Jugendliche gebeten, ein besonders wichtiges oder schönes Erlebnis aufzuschreiben und vorzulesen. Was dabei herauskommt, wird Sie wahrscheinlich überraschen, genau gleich, wie es uns überrascht hat. Frau Pfarrer Blocher und ich werden versuchen, den religiösen Dimensionen dieser Erlebnisse nachzuspüren. Sind das nun auch Gotteserfahrungen oder ist es etwas ganz anderes?

Gottesdienst aus der St. Severin-Kirche zu Keitum auf Sylt am 8. August 1983, Begrüßung durch Pfarrer Traugott Gießen:

Jeder hat die Woche auf seine Weise erlebt und hat Freude und Mühe und Sehnsucht gespürt und Nähe und Ferne Gottes erfahren. Jetzt feiern wir zusammen, dass wir leben im Namen Gottes, väterlicher, mütterlicher Grund und im Namen Jesu, der uns von der Angst zu Vertrauen führt und im Namen des Heiligen Geistes, der uns sammelt, erleuchtet und heiligt.

Ja, Gott, sammle die zerstreuten Sinne aus der Vielheit in das Eine, dass wir wieder Raum gewinnen, nur von Dir erfüllt zu sein. Lobe den Herrn, meine Seele, und vergiss nicht, was er dir Gutes getan hat und tun wird.

Dieser Psalm ist umgefüllt in ein Lied, wohl eines der intensivsten unseres Gesangbuches: „Lobe den Herren". Zu den Höhepunkten des Lebens haben wir es gesungen, wünschen es noch viele Male von Herzen mit vielen zu singen. Vielleicht haben Sie ja heute Geburtstag oder Hochzeitstag, oder ein Jubiläum, dann nehmen Sie es noch persönlicher, ganz für sich.

Aber jeder und jede wird gleich, wenn die Kantate erklingt, in seinem Lebenslauf zurückgehen und die wichtigsten Stationen des Lebensbogens auftauchen sehen: Taufe, Konfirmation, Hochzeit, vielleicht auch nicht, aber vielleicht kommt sie noch. Und Silber-, Goldhochzeit, hohe Geburtstage der Eltern, als Ihr in großer Familie schmettertet: „Lobe den Herren". Lasst uns dies Lied der Lieder singen!

Gottesdienst aus dem Zechensaal der Steinkohlegrube Göttelborn-Reden/Saarland am 25. April 1998, Begrüßung durch Pfarrer Karl Wolff:

„Wir richten, eh wir niederfahren, den Blick, o Gott, empor zu dir", Worte aus dem Chorsatz, den eben der Saarknappenchor vorgetragen hat. Ein Gebet, ein Einfahrtsgebet, das zum Glockenschlag gehört, hier im Zechensaal jeden Morgen vor der Frühschicht.

„Wenn der Himmel aus Stein ist ..." so haben wir diesen ökumenischen Gottesdienst überschrieben. Zusammen mit den Bergleuten, die diesen Gottesdienst mit eigenen Texten und Bildern vorbereitet haben, begrüße ich Sie hier im Zechensaal der Grube Göttelborn und Sie, die an ihren Fernsehgeräten diesen Gottesdienst miterleben. Wenn der Himmel aus Stein ist, 400 m oder 700 m oder 1000 m tief unter der Erde, müssen sich Bergleute aufeinander verlassen können; aber sie wissen sich eben auch angewiesen auf den, der die Welt in seiner Hand hält. Die heilige Barbara auf dem Mosaik im Eingang zum Zechensaal ist dafür Symbolfigur. Von ihrer Grubenlampe fallen Lichtstrahlen dorthin, wo das schwarze Gold gebrochen wird. Davon leben die Bergleute und ihre Familien. Wird es hell bleiben auf den anderen Strecken, die die Bergleute gehen müssen in zwei Jahren, wenn ihr Bergwerk geschlossen wird? Manchmal ist der Himmel ganz schwer über uns, lastend, wie aus Stein.

Wir bringen unsere Lasten in diesen Gottesdienst, stellvertretend auch für die, die an anderen Orten wegen Betriebsstilllegungen eine neue Perspektive für ihr Leben finden müssen. Wir suchen nach Orientierung und bitten um Licht auf unserem Weg.

Gottesdienst aus der Bergkirche St. Peter in Worms-Hochheim am 7. Oktober 1990, Begrüßung durch Pfarrer Hannes-Dietrich Kastner:

Schalom!
Der Friede Gottes sei mit Euch allen!
Willkommen zum Gottesdienst am Erntedanktag an diesem reich gedeckten Tisch in der Bergkirche St. Peter.
Vor uns: Blumen, Zweige, Ähren.
Vor uns: Früchte, Brot, Wein und ein Krug mit frischem Wasser, etwas von dem, was wir auf dem ausgeliehenen Planeten Erde ernten, etwas von dem, was uns in unserem Land noch immer zuwächst und zufließt.
Hinzu kommen natürlich auch all unsere Lebensernten, unser Erleben, unsere Freude, auch die Freude über die wiedergewonnene Einheit unseres Landes.

Wir halten heute inne, gedenken, schauen, staunen – und wir fragen:
Woher nur nimmt Gott die Geduld, dass er uns noch immer so reich mit Ernten beschenkt? Woher nur Gottes Geduld und Nachsicht, wo wir Menschen doch zunehmend Unfrieden im Haus des Lebendigen stiften, Lebensgrundlagen zerstören und die Lebensmöglichkeiten unserer Nachkommen gefährden?
Verwundertes Fragen prägt diesen Tag. Verwunderung und Fragen und Dank.
Und schließlich werden wir heute auch Gäste am Tisch des Herrn sein. Wir werden Brot und Wein schmecken und miteinander das Heilige Abendmahl feiern.
Alle, die uns an diesem Morgen nur zuschauen können, werden da einen Mangel empfinden, müssen sich im Grunde ausgeschlossen vorkommen. Liebe Zuschauer, ich kann diesen Mangel nicht aufheben. Ich wage es aber, zu sagen: Erlauben Sie sich den Hunger nach Brot und Wein, diesen Hunger nach Gemeinschaft dort, wo Sie wohnen in Ihrer Gemeinde.
Selig, wer diesen Hunger noch verspürt und auch äußert.
So sind wir – denke ich – alle an diesem Tisch miteinander verbunden: Im Namen des Vaters und des Sohnes und des Heiligen Geistes. Amen.

Gottesdienst aus der Versöhnungskirche in Stuttgart-Degerloch am 6. Juli 1986, Begrüßung durch Pfarrer Johannes Kuhn:

Herzlich willkommen, liebe Gemeinde, liebe Zuschauer, zu diesem Gottesdienst.
Unser Anfang und unsere Hilfe stehen im Namen des Herrn, der Himmel und Erde gemacht hat. Der Wort und Treue hält ewiglich und der nie fahren lässt die Werke seiner Hände. Amen.
Wenn das wahr ist, liebe Gemeinde, liebe Zuschauer: Wir, Werke seiner Hände, die er nicht fallen lässt, dann verdanken wir uns ihm allein. Dann ist auch das Leben, das wir führen, geliehenes Leben.
Manche bestreiten das. Denn nichts scheint einem Menschen so direkt zu gehören wie sein Leben und was er daraus macht. Wie man sein Leben verfehlen kann, aber auch wie es gelingen kann, das ist Thema dieses Gottesdienstes.

Gottesdienst aus dem Berliner Dom zum *Dialog der Religionen* am 31. Dezember 2000, Begrüßung durch Bischof Dr. Wolfgang Huber:

Unsere Zeit steht in Gottes Händen. In dieser Gewissheit feiern wir Gottesdienst am letzten Tag des Jahres 2000. Wir feiern voller Erwartung einen besonderen Gottesdienst. Wir wollen nach den Zukunftsperspektiven unseres Glaubens fragen. Wir nehmen wahr, dass zu diesem Fragen auch das Gespräch zwischen den Religionen gehört. Dieses Gespräch ist ein noch kaum gehobener Schatz; es ist eine für viele noch verborgene Quelle der eigenen Glaubensgewissheit.
Aber es ist zugleich ein Wagnis. Ja, in der Fremdheit anderer kann uns fraglich werden, was wir bisher für sicher hielten.
Mein herzlicher Gruß gilt denen, die als Gäste diese Stunde mit uns gestalten: der Muslima Ekin Deligöz, die Mitglied des Deutschen Bundestags ist, dem Buddhisten Jürgen Manshardt, Sprecher des tibetisch-buddhistischen Zentrums in Berlin, dem jüdischen Rabbiner und Historiker Andreas Nachama, der mir als Vorsitzender der Jüdischen Gemeinde in Berlin zu einem wichtigen Gesprächspartner geworden ist.
Ich danke Ihnen sehr dafür, dass sie sich haben einladen lassen. Ich danke Ihnen für den gemeinsamen Weg, der zu diesem Gottesdienst geführt hat.

4. Kapitel: Sich ganz einbringen

Kriterium

> Liturgisches Handeln und Verhalten bezieht den ganzen Menschen ein.

Annäherung

Die Pfarrerin steht jetzt hinter dem Altar. Sie bittet die Gemeinde, zum Beten aufzustehen. Es dauert ein wenig bis alle stehen. Die alte Frau aus der ersten Reihe hat einige Mühe sich von ihrem Platz zu erheben. Als sie es endlich geschafft hat, muss sie erst noch den Stock zur Seite legen. Und der junge Vater ganz hinten links hat Probleme mit der vierjährigen Tochter. Sie quengelt. Erst als sie ihre Puppe unter der Kirchenbank wieder gefunden hat, gibt sie Ruhe. Die Pfarrerin wartet geduldig. Sie nimmt sich die nötige Zeit, bis alle zur Andacht bereit sind. Noch ein paar Sekunden, noch ein Husten hier und ein Nasenputzen dort, dann kehrt Ruhe ein. Konzentrierte Ruhe, man könnte jetzt eine Stecknadel fallen hören. Die Pfarrerin beginnt: „Gott, viele von uns haben Ängste, die sie nachts nicht schlafen lassen ...". Klar und deutlich sind ihre Worte. Aber auch voller Mitgefühl und Sorge. Man hat den Eindruck, sie weiß um die Probleme der Menschen in ihrer Gemeinde. Sie kann sich in sie hineinversetzen, wirkt mitfühlend und glaubwürdig. Aber als sie dann in sehr persönlichen Worten weiter betet, schwingt in ihren Worten so etwas mit, als ginge es ihr im Moment auch um die eigenen Probleme. „Wir beten", das hatte sie auch von Anfang an gesagt. Sie schließt sich in das Gebet mit ein und betet nicht nur vor. In der Bitte, dass Gott nun die Sorgen und Nöte der ganzen Gemeinde erhöre, erwächst eine Art gemeinsame und gemeinschaftliche Aussage: Diesem Gott kann man trauen und er will, dass Menschen geholfen werde! Diesen Zuspruch, diese Kraft im Gebet kann nun jeder in der Gemeinde erfahren – auch die Pfarrerin. Am Ende des Gebetes: Zuversicht und Gewissheit. Gott hört auf die Sorgen und Ängste seiner Gemeinde ...

Das Kriterium der Ganzheitlichkeit wurde erst in jüngster Zeit in der evangelischen Liturgik (wieder) entdeckt. In gewisser Weise bewahrten die hochkirchlichen Bewegungen (z. B. die Michaelsbruderschaft) diesen Ansatz. Seit der Wiederentdeckung in den 80er-Jahren des 20. Jahrhunderts prägt er in eigener Zuspitzung Frauenliturgien und Kirchentage und seitdem viele Gottesdienste – zumeist allerdings Zielgruppengottesdienste – vor Ort. In der letzten Phase der Agendenreform wurde er dann auch im „Evangelischen Gottesdienstbuch" berücksichtigt.[1] In Korrektur zur ausschließlichen Dominanz der kognitiven Dimension

---

[1] Vgl. Schwier, Erneuerung, 400–402,483–488.

wurden Mimik, Gestik und Bewegung, Stille, Musik und Raum als Sinn tragende Sprachen und Zeichen erkannt. Dazu gehören traditionelle Verhaltensweisen, z. B. beim Segnen und Beten oder beim gegenseitigen Friedensgruß, ebenso wie experimentelle Ausdruckshandlungen. Nicht alle neuen Formen und Ideen erwiesen sich als wiederholbar oder längerfristig brauchbar, aber insgesamt ist zu begrüßen, dass das Verhaltensrepertoire erweitert wurde, damit Gottesdienst mit Herz, Mund, Händen und mit dem Verstand gefeiert werden kann.

Ausführung

1. Die Wahrnehmung des ganzen Menschen

Unser Gottesdienstverständnis geht davon aus (vgl. Kapitel 1), dass sich die Verheißung des dreieinen Gottes in einer Gottesdienstfeier in der Weise vollzieht, dass sie dem Menschen zur *Orientierung*, *Vergewisserung* und *Erneuerung* dient. Die inhaltliche und funktionale Bestimmung des Gottesdienstes ist auf den Menschen in seiner Ganzheitlichkeit zu beziehen. Die gottesdienstlichen Grundvollzüge und ihre Ausdrucksmöglichkeiten haben sich danach auszurichten. Denn die Zuwendung Gottes im lebendig-gegenwärtigen Christus im Ostergeschehen zielt auf eine Ausrichtung auf den ganzen Menschen, die sein gesamtes Leben umfasst und daher nicht auf einen bestimmten Aspekt des Menschseins zu reduzieren ist. Die Heilszusage des auferstandenen Christus ist ohne die Begegnung mit dem Lebendigen nicht zu verstehen. Wenn Christus als ein Mensch unter Menschen lebte und seinen Passionsweg nach Jerusalem ging, bereit, alles zu erleiden, was ihm in Gestalt von Hass, Verachtung, Angst und Gewalt begegnete, dann kann sich die Vergewisserung des Menschen nur auf seine Inkarnation und Leibwerdung beziehen, woraus Trost und Zuspruch für das eigene Leben mit all seinen Lebensvollzügen entstehen: Im Glauben geschieht die Rettung des ganzen Menschen. Am Ende hat nicht die Zerstörung das letzte Wort, sondern die Liebe, die sich in alle Lebensbereiche auswirken wird. Pfingsten bezeugt die Erneuerung des Menschen. Der vom Geist Gottes ergriffene Mensch wird sein Leben auf das Evangelium ausrichten und die dem ganzen Menschen zugesprochene Liebe und Hoffnung in seinem persönlichen Leben zur Entfaltung bringen, die neue Perspektive aber auch weitergeben und andere Menschen dazu ermutigen.

Bezogen auf die Wahrnehmung des Menschen im Gottesdienstgeschehen heißt das, der Verheißung des dreieinen Gottes den nötigen

Raum zu geben, damit sie dem Menschen zur Orientierung, Vergewisserung und Erneuerung dienen kann. Dies geschieht, wenn die Gottesdienstvollzüge und Ausdrucksweisen auf den ganzen Menschen bezogen sind, damit er in seiner Ganzheit, die körperliches Erleben, Gefühle und Verstand umfasst, auch angesprochen wird.

Ohne die inhaltliche und funktionale Bestimmung des Gottesdienstes ist die Frage nach der Wahrnehmung des ganzen Menschen im gottesdienstlichen Geschehen also nicht zu verstehen. Die Antwort ergibt sich aus dem Gottesdienstverständnis, das wiederum auf die Frage nach dem biblischen Menschenbild zielt. Nach Paulus ist der Leib des Menschen für die christliche Existenz gerade nicht bedeutungslos. Er beschreibt ihn als einen Tempel des Heiligen Geistes: An unserem ganzen Leibe sollen wir Gott preisen (1. Kor. 6,13–20 oder Röm. 12,1). Das ebenfalls bei Paulus begegnende Begriffspaar „Fleisch – Geist" hat in der Folgezeit auch dazu geführt, den leiblichen Aspekt des Menschen mit seinem Fleisch gleichzusetzen und die negativen Aussagen über das Fleisch auf den Leib zu übertragen. Daher ist eine, mitunter massive, Leibfeindlichkeit propagiert worden, die sich in vielen Bereichen der Kirche in Geschichte und Gegenwart wiederfindet, nicht zuletzt bei der Feier des Gottesdienstes.

Die Zuwendung des dreieinen Gottes bezieht sich auf den Menschen in seiner Ganzheitlichkeit, auf sein körperliches Erleben, auf seine Gefühle, auf seinen Verstand. Das erfordert eine ganzheitliche Kommunikation im Gottesdienst. Eine der wichtigsten Begründungen für eine leibliche und geistliche Durchdringung bestimmter gottesdienstlicher Formen liefert die Praxis der Gottesdienstfeier: Gerade im Abendmahl begegnet Christus seiner Gemeinde in leibhafter Gestalt und schließt sie dadurch zu seinem Leib zusammen.

Das ist jedoch nicht nur auf die Feier des Abendmahls zu beziehen, denn die gottesdienstliche Feier ist bereits durch ihre Struktur mit den unterschiedlichen liturgischen Elementen auf die vielfältige Wahrnehmungsfähigkeit des Menschen angelegt: Das Evangelium wird durch Menschenwort weitergegeben, das Hören geschieht mit dem Ohr. Dennoch kommen dabei auch seelische Komponenten zum Tragen. Im Gottesdienst wird Gott durch die Sprache gelobt. Wer jedoch mit dem ganzen Herzen singt, bei dem geschieht auch eine geistliche Durchdringung. Die Gemeinschaft mit Christus im Abendmahl ist leiblich bedingt. Trotzdem geschieht die Austeilung nicht gedankenlos, weder bei dem, der die Gaben austeilt, noch bei dem, der sie empfängt. Die Art und Weise, wie jemand Brot und Wein reicht, kann entscheidend für die Bereitschaft der Annahme sein.

Daher muss eine den Menschen ansprechende Liturgie und Gottesdienstgestaltung auf den ganzen Menschen ausgerichtet sein und somit über eine sprachliche, und damit kognitive und intellektuelle Rezeption hinausgehen. Die reformatorische Erkenntnis, dass der Glaube allein durch das Wort Gottes geweckt wird, kann sich in einem gottesdienstlichen Geschehen nur dann bewahrheiten, wenn der Zuspruch des Evangeliums in Wort und Sakrament die Durchdringung des ganzen Menschen im Blick hat. Eine emotionslos gesprochene Lesung wird dies genauso wenig erreichen, wie die in Schriftsprache formulierte Predigt. Ebenso wenig wird ein Gebet im Vortragsstil einen Zuhörer ansprechen können oder ein Gemeindelied, das von Orgel, Bläsern oder Combo so begleitet wird, dass es niemanden zum Singen ermuntert. Oder ein lieblos gefeiertes Abendmahl, das der neuen Gemeinschaft in Christus gerade nicht Ausdruck verleiht. Die Erfahrungen bei Fernsehgottesdiensten zeigen: Allein durch die Nähe der Kameras und die Übertragung der jeweiligen Sprecher durch sehr nahe Bildausschnitte wird hier auf die Art und Weise des Vortrags oder der Handlung besonders geachtet. Die Einstellung schärft die Sensibilität des Agierenden genauso wie die Sensibilität derer, die vor dem Bildschirm sitzen und einen Gottesdienst mitverfolgen bzw. mitfeiern. Diese besondere Beachtung von Ausdrucksweise und Aussageform ist für jede Gottesdienstfeier notwendig.

2. Vielfalt der Ausdrucksweisen

Die Frage nach den unterschiedlichen Ausdrucksformen in einer Gottesdienstfeier bezieht sich auf die Wahrnehmung des ganzen Menschen, der mit Leib und Seele Gottesdienst feiert und in all seinen Sinnen angesprochen werden möchte. Sie sind in einem Gottesdienst zunächst einmal durch die verschiedenen gottesdienstlichen Grundvollzüge, wie Singen und Musizieren, Beten, Reden und Hören, aber auch Essen und Trinken, Segnen und Gehen bereits vorgegeben. Darüber hinaus können sich auch weitere Ausdrucksweisen, wie Tanzen, Darstellen und Bewegen als Varianten oder Ergänzungen zu den traditionellen Ausdrucksweisen eines Gottesdienstvollzugs ergeben.

In Bezug auf die grundlegenden Ausdrucksweisen kann man zunächst sagen, dass allein schon durch die Grundvollzüge ein großer Gestaltungsspielraum vorgegeben ist, woraus sich vielfältige Ausdrucksmöglichkeiten ergeben. Denn neben unterschiedlichen Bewegungen und Handlungsabläufen sind in einer Gottesdienstfeier auch verschiedene sprachliche Ausdrucksformen und Gebärden durchaus vorgesehen. Der wechselseitige Friedengruß besteht beispielsweise aus Alltagsgebärden (einander anschauen, aufeinander zugehen, einander die Hand reichen) und Worten. Daher, so könnte man meinen, ist ein lebendiger Kommunikationsprozess innerhalb einer Gottesdienstfeier bereits agendarisch vorgegeben, korrespondieren die Ausdrucksformen doch auch mit den alltäglichen Ausdrucksweisen eines Menschen, der sich und seine Umwelt auf sinnliche und kognitive Weise begreift.

Trotzdem scheint diese Analyse der Erfahrung vieler Gottesdienstbesucher zu widersprechen, die den Gottesdienst im Wesentlichen nur als ein Hör- und Redeereignis wahrnehmen, wobei dem Hören, vor allem dem *Zuhören*, der größte Stellenwert zukommt. Diese auf das Sprechen und Hören reduzierte Kommunikationsform wird von vielen Gottesdienstbesuchern als Defizit empfunden. Nimmt man ihre Aussagen ernst, dann lassen sich daraus unterschiedliche Schlussfolgerungen ziehen: Entweder wird der große Reichtum von Ausdrucksmöglichkeiten innerhalb der gottesdienstlichen Grundvollzüge von Liturginnen und Liturgen nicht richtig wahrgenommen und sein Potential nicht ausgeschöpft. Oder aber die gottesdienstlichen Ausdrucksmöglichkeiten müssen durch neue Ausdrucksformen ergänzt und erweitert werden, weil die „normale" Gottesdienstfeier wesentliche Kommunikationsformen des menschlichen Lebens nicht berücksichtigt und deshalb auch nicht richtig „ankommen" kann.

Die letzte Schlussfolgerung hat nicht nur zu unzähligen neuen Gottesdienstformen geführt, sondern auch zu solchen Ausdrucksformen, die in sonntägliche Gottesdienstfeiern mit dem Ziel integriert wurden, sie als „ganzheitlich gestaltete Feiern" ernst zu nehmen und auf die Wahrnehmung des ganzen Menschen zu beziehen, sicher auch, um sie interessanter und attraktiver zu machen und womöglich dadurch sogar den Gottesdienstbesuch zu erhöhen. Im Hinblick auf eine gute „Quote", so könnte man meinen, müsste die Frage nach originellen Formen und neuen Ausdrucksweisen bei den Gottesdienstübertragungen im Fernsehen besonders berücksichtigt werden.

Interessanterweise ist dies jedoch kein Ansatz, der im Bereich der Fernsehgottesdienste entdeckt, ja noch nicht einmal vorangetrieben worden wäre. Vielmehr probierten viele Gemeinden die Entwicklung der neuen Ausdrucksformen, z. B. durch Impulse aus der Frauenliturgiebewegung, aus. Sie haben sich in den sonntäglichen Gottesdienstfeiern, wenigstens zum Teil, bereits etabliert. Aus Sicht der EKD-Senderbeauftragten führte diese Entwicklung jedoch in vielen Gemeinden zu eher ungewöhnlichen, wenig nachvollziehbaren Formen und Ausprägungen innerhalb der Gottesdienstfeier: Vom Bewegungstanz bis zu Gottesdiensten mit Zeichen und Symbolen wird vielerorts zwar der gut gemeinte Versuch unternommen, den sonntäglichen Gottesdienst ansprechender zu gestalten und die Gottesdienstbesucher für eine moderne Umsetzung zu begeistern. Er scheitert jedoch zum größten Teil daran, dass viele Gestaltungsformen zwar über eine sprachliche Gestaltungsweise hinausgehen, diese aber, unabhängig vom dramaturgischen Ablauf, beliebig in die Liturgie eingefügt werden und zudem einen Mangel an Professionalität aufweisen. Das bedeutet nicht, dass Formen wie Tanz, Bewegung, auch Kunst und Performance in einer gottesdienstlichen Feier nicht integriert werden können. Auch Fernsehgottesdienste haben schon oft mit diesen Ausdrucksformen gearbeitet. Sie sollten jedoch nicht aus vermeintlichen Attraktivitätsgründen in die Liturgie eingeplant werden. Voraussetzung ist vielmehr, dass sich in der Gemeinde Personenkreise finden, die sich als ausreichend professionell erweisen, so dass deren Begabungen für eine Gottesdienstfeier auch fruchtbar gemacht werden können. In dieser Weise geschieht das auch bei der Vorbereitung eines Fernsehgottesdienstes, wenn man die kreativen und professionellen Potentiale im inneren und äußeren Umfeld der Gemeinde auslotet oder einen professionellen Pantomimen, einen Sänger, einen Tänzer oder einen Künstler zur Mitwirkung an einem Gottesdienst gewinnen kann. Diese Erfahrung sollte für die Gemeindegottesdienste fruchtbar gemacht werden: Auch wenn es aktuell immer eine schwere Entscheidung ist, was der angemessene Maßstab für Professionalität in einer Gemeinde von Ehrenamtlichen ist, sollten gerade neue Ausdrucksformen wie Tanz und Performance nicht nur „gut gemeint" sein; denn sie werden im Gottesdienst nicht in einer geschützten Gruppenatmosphäre, sondern öffentlich aufgeführt und zielen auf Kommunikation. Die Botschaft jeder nur „gut gemeinten", aber handwerklich missratenen Aufführung erschöpft sich im „Gut-gemeint-sein". Diese Erfahrungen sollte man Aufführenden wie Gottesdienstbesuchern ersparen.

Bei der Vorbereitung der Fernsehgottesdienste arbeitet man vorrangig an den spezifischen liturgischen Elementen eines Gottesdienstes und deren Ausdrucksmöglichkeiten, die in der Gemeinde vor Ort entwickelt werden können. Die Vielfalt der Ausdrucksmöglichkeiten kann sich aus der Funktion der jeweiligen Elemente ergeben, die innerhalb des liturgischen Ablaufs vorgegeben sind, aber auch aus einer intensiven inhaltlichen Beschäftigung und Begegnung mit den liturgischen und biblischen Texten, den Ritualen oder den Handlungsweisen eines Gottesdienstes. Auf dieser Grundlage lassen sich auch neue, ergänzende Ausdrucksformen entwickeln. So kann das große Potential von Ausdrucksmög-lichkeiten, das innerhalb der gottesdienstlichen Grundvollzüge bereits vorgegeben ist, kreativ ausgeschöpft werden.

3. Grenzen und Möglichkeiten

Der von den Fernsehjournalisten verwendete und auf die Fernsehgottesdienste übertragene Begriff der *Inszenierung* ist hilfreich, um die Grenzen und Möglichkeiten einer auf den ganzen Menschen ausgerichteten Gottesdienstfeier auszuloten. Dazu muss man jedoch die Rezeptionsgeschichte kennen, die dieser Begriff seit der Einführung der ZDF-Gottesdienste ausgelöst hat, weil die Vorstellungen über das, was Inszenierung ist, soll und sein darf, gerade in theologischen Kreisen zu unzähligen Diskussionen geführt hat. Diese Auseinandersetzung ist bis heute noch nicht abgeschlossen. Sie soll an dieser Stelle kurz skizziert werden, um die unterschiedlichen Positionen zu verstehen, die sich aus den Interpretationsmöglichkeiten und Deutungsmustern dieses Begriffs ergeben, und die für die Frage nach den Grenzen und Möglichkeiten einer präsenten Liturgie hilfreich sind.

Die verschiedentlich in kirchlichen Kreisen geführte Diskussion entzündete sich an der Vorstellung, dass es bei der Inszenierung eines Gottesdienstgeschehens weniger um die Frage nach der Professionalisierung der liturgischen Ausdrucksweisen und Ausdrucksformen geht, sondern hauptsächlich um die inhaltliche und damit theologische Aussage, nämlich die Frage nach der *Inszenierung des Evangeliums*. Der von den Fernsehjournalisten eingeführte, und zunächst einmal auf ein Kommunikationsgeschehen bezogene, praxisorientierte Begriff wurde so auf eine grundsätzliche, theologische Fragestellung übertragen, woraus sich dann ein dogmatisches, introvertiertes Fernsehgottesdienstverständnis entwickelte, das die größte Gefahr darin sah, sich den Gesetzen des Mediums unterzuordnen. Im Hintergrund steht hier ein Gottesdienstverständnis, das von einer Selbstwirksamkeit des Wortes Gottes ausgeht, dem sich menschliches Handeln und Wirken unterzuordnen hat. Die Folge: Die kommunikative Kompetenz und Ausdrucksfähigkeit des Liturgen, sein liturgisches Reden und Handeln wurde auf ein Minimum reduziert.

Die Gegenbewegung zu dieser Position entwickelte sich erst Jahre später: Die Inszenierung wurde jetzt nicht mehr auf ein Gottesdienstverständnis bezogen, sondern lediglich auf die Frage der *Präsentation* reduziert. So wurde den handwerklichen Ratschlägen von Theaterwissenschaftlern, Journalisten oder Rhetorikern ein größerer Stellenwert beigemessen als der inhaltlichen und theologischen Frage. Hilfreich an dieser Diskussion und der Entwicklung war und ist, dass durch die unterschiedlichen Positionen, die Grenzen und Möglichkeiten von Ausdrucksweisen und Gestaltungsmöglichkeiten etwas besser in den Blick geraten: Bei der Frage nach der Inszenierung eines Gottesdienstgeschehens und der Präsentation von liturgischen Formen und Handlungsweisen darf es sicherlich nicht darum gehen, das kommunikative Potential der Verkündigung völlig aus dem Auge zu verlieren. Es darf jedoch auch nicht dazu führen, die Gesetzmäßigkeiten der Kommunikationstheorie und deren praktische Anwendung völlig außer Kraft zu setzen. Das gottesdienstliche Geschehen vollzieht sich nicht von selbst. Dennoch kann eine Inszenierung nicht so verstanden werden, als spiele man beim Gottesdienst nur Theater oder mache eine Fernsehshow. Das Genre „Gottesdienst" verpflichtet den Liturgen eher zu einer präsenten Ausdrucksweise, die sich dadurch entwickelt, dass eine auf den biblischen Text und liturgische Elemente bezogene persönliche, geistliche und existentielle Auseinandersetzung bereits im Vorfeld, nämlich bei der Vorbereitung zu einem Gottesdienst, stattgefunden hat. Auf dieser Grundlage lassen sich dann auch Präsentationsmöglichkeiten und Ausdrucksweisen erarbeiten, die dann in einem Gottesdienst *in actu* in der Weise inszeniert und präsentiert werden, dass sie den Gottesdienstbesucher daran teilhaben lassen. Die persönliche Begegnung mit den liturgischen Texten muss demnach zu einer Ausdrucksweise finden, die sich auch kommunizieren lässt. Das ist stark an die jeweilige Person gebunden. Das Einbringen der eigenen Persönlichkeit ist maßgeblich an der Kommunikation beteiligt und trägt zur Glaubwürdigkeit und Authentizität bei. Eine eher introvertierte Persönlichkeit muss sich keine *Showmaster*-Qualitäten aneignen – auch nicht im Fernsehgottesdienst. Das Fernsehen hat hierbei eher die Funktion eines Lügendetektors: Antrainiertes Gehabe wird sofort als unecht entlarvt. Allerdings muss daran gearbeitet werden, die Persönlichkeit zu entwickeln und eine Kommunikationsform zu finden, die diesen Charakter zum Ausdruck bringen kann. Eine meditative, eventuell auch seelsorglich ausgerichtete Ausdrucksweise wird daher anzustreben sein. Neben der persönlichen Präsenz werden die Ausdrucksmöglichkeiten durch die Form der liturgischen Stücke vorgegeben. Ein Gebet kann nichts anderes zum Ausdruck bringen als das, was ein Gebet im eigentlichen Sinn auch ist, nämlich sich Gott zuzuwenden, sich ihm zu öffnen und Zuwendung, Zuspruch und Tröstung zu erfahren. Die Inszenierung wird allein darin bestehen, sich mit Leib, Seele und Geist darauf einzulassen und diese innere Haltung auch durch eine eigene Mimik und Gestik zum Ausdruck zu bringen. Eine nicht auf die Form und die Person bezogene Ausdrucksweise kann im besten Fall nur die Dokumentation eines Gebets präsentieren, die eine Kommunikation und Anteilnahme gerade nicht eröffnet.

4. Zur Entwicklung von Ausdrucksformen

Bei der Entwicklung vielfältiger Ausdrucksformen innerhalb einer Gottesdienstfeier geht es grundlegend darum, in den liturgischen Elementen und Handlungsweisen die eigene Stimme, den eigenen Atem, den Körper und die entsprechende Haltung wahrzunehmen und entsprechend zu gestalten. Die Ausdrucksformen sollen jedoch bewusst eingesetzt und professionell geschult werden. Sie können sich nicht darin erschöpfen, auf Anweisung eines „Liturgischen Personals" ein wenig die Hände oder Füße zu bewegen oder ungewohnte Sitzhaltungen einzunehmen. Es geht eher darum, nach angemessenen Ausdrucksformen und Gebärden zu suchen, um zu einer stimmigen Sprache und Bewegung des Körpers zu gelangen. Dazu gehört sowohl ein alltägliches Wahrnehmen und Denken des Menschen als auch ein Fühlen und Empfinden, aber ebenso die Wahrnehmung des Rezipienten, der am Gottesdienst teilhaben und zum Mitfeiern angeregt werden soll.

Die Arbeit an den Ausdrucksformen ergibt sich aus den verschiedenen Ausdrucksweisen, die in den liturgischen Elementen bereits vorgegeben sind, z. B. bei der Begrüßung, die in einer offenen, ansprechenden Weise eingeübt werden kann. Dabei kommt der Stimmlage, der Körperhaltung und dem Gesichtsausdruck eine besondere Bedeutung zu. Im Unterschied zu manchen Liturgen in einer Ortsgemeinde sind die Mitwirkenden bei den Fernsehgottesdiensten durch die Übertragungssituation in der Regel stärker sensibilisiert und motiviert „gut rüber zu kommen". Sie entwickeln daher den Ehrgeiz, auf die Art und Weise ihres Vortrags und Agierens besonders zu achten. Hinzu kommt eine *missionarische* Komponente, bei der es darum geht, möglichst viele Zuschauer „zu Hause" abzuholen, um sie für die Kirche und den Glauben zu interessieren. Die Einstellung vieler Liturgen, das Medium Fernsehen ernst zu nehmen und sich in einem säkularen Umfeld auch bewähren zu wollen, ist positiv zu bewerten, wobei es sicherlich nicht darum gehen darf, einen öffentlich-rechtlichen Sendeplatz für die missionarischen Aufgaben der Kirche zu instrumentalisieren. Von den Fernsehgottesdiensten kann man jedoch lernen, auf die eigene innere Einstellung bzw. äußere Haltung besonders zu achten und dabei im besten Sinn ein *Sendungsbewusstsein* zu entwickeln, das auf Vermittlung, Zuwendung und Ansprache ausgerichtet ist. Das gilt nicht nur für die Begrüßung, sondern auch für andere liturgische Elemente, wie z. B. das Sündenbekenntnis. Die Suche nach ansprechenden Kommunikationsformen und Ausdrucksweisen kann einen Liturgen dazu motivieren, nach sprachlichen Alternativen zu suchen, die über die Vorschläge in einer Agende hinausgehen und so zu eigenen, persönlichen Formulierungen führen. Dabei können unterschiedliche Stimmungslagen entwickelt und zum Ausdruck gebracht werden. Die Suche nach der eigenen, angemessenen und nachvollziehbaren Ausdrucksweise muss sich jedoch an dem Duktus eines Sündenbekenntnisses, aber auch an der jeweiligen Person orientieren. Die „Herr-ich-bin-nicht-würdig"-Einstellung kann nicht tragen, wenn sie sich beim Liturgen innerlich nicht wiederfindet. Es gibt andere Einstellungen, die aus einem Sündenbekenntnis entwickelt werden können. Es gibt die persönliche Klage über das eigene Versagen, die in einer persönlichen Haltung, in einer reduzierten Körpersprache wiedergegeben werden kann. Sie kann durch die kreative Gestaltung liturgischer Elemente variiert oder ergänzt werden, z. B. durch eine musikalische Untermalung, ein leises und nachdenkliches Saxophonspiel, das an der einen oder anderen Textstelle die persönliche Klage unterstreicht. Vielleicht lässt sich die Klage noch visualisieren durch ein Bild in der Kirche, auf das der Betende verweist oder eine Geste, eine Handlung, die dem Liturgen als angemessen erscheint. Soll bei einem Kyrie-Anliegen eine Anklage deutlich werden, die z. B. in der Wut über die soziale Ungerechtigkeit besteht, muss bei der Suche nach den Ausdrucksmöglichkeiten eher ein appellativer Charakter zum Ausdruck gebracht werden. Das kann allein schon durch die Lautstärke geschehen. Die Wut über die Ungerechtigkeit kann jedoch auch durch ein gemeinsames Sprechen mit anderen in Form einer Sprechmotette geschehen. Bei der Suche nach den Ausdrucksformen darf es jedoch nicht um die Darbietung origineller Formen gehen, die Ausdrucksformen müssen vielmehr mit dem Inhalt übereinstimmen. Sie sollten die inhaltliche Aussage unterstreichen und sich auf die sprechende Person beziehen.

Seit Jahren bieten die EKD-Senderbeauftragten ein Vorbereitungsseminar an, das die Pfarrerinnen und Pfarrer bzw. die bei einer Gottesdienstübertragung mitwirkenden Gemeindeglieder im Blick auf die Präsentation und die Entwicklung eigener Ausdrucksformen schult und damit ein Beispiel für den Weg zu ganzheitlichem Handeln und Verhalten in Liturgie und Predigt ist, die vor Ort zur Wirkung kommen sollen. Das Seminar wird gemeinsam mit den Kollegen vom ZDF vorbereitet, die hier ihr ganz spezifisches *Know-how* mitbringen. Während sich die Kameraleute und Regisseure um die Optimierung von äußeren Ausdrucksformen wie Gestik und Mimik bemühen, geht es den Redakteuren, um die Entwicklung der eigenen Sprachfähigkeit, um die Suche nach authentischen sprachlichen Ausdrucksweisen, die im Fernsehen auch verstehbar sind. Die Senderbeauftragten für ZDF-Gottesdienste bei der EKD sind für die theologischen und liturgischen Fragestellungen zuständig. Von daher wird in den Seminaren nicht nur an der äußeren Form, sondern auch an einer inhaltlichen, also einer theologischen Position gearbeitet, die dann in ansprechender Weise, und damit auch verständlich, glaubwürdig und authentisch vor der Kamera zum Ausdruck kommen soll.

Dazu gehört die Arbeit an der *Präsenz*, die auch ein intensives Kameratraining einschließt und zunächst einmal damit beginnt, die einzelnen Sprecherinnen und Sprecher, ohne Regieanweisung und redaktionelle Hilfestellung, ganz einfach einmal vor die Kamera zu stellen und ihre Texte aufsagen zu lassen. Die anschließende *Visionierung* (Anschauen der Aufnahmen) und Auswertung ist hilfreich, die eigene Wahrnehmungsfähigkeit zu schulen. Das *Sich-selber-Sehen* ist ein wichtiger Anstoß, sich einmal aus der Distanz zu erleben und kritisch mit der eigenen Darstellungsweise zu beschäftigen. Danach folgt die Zusammenarbeit mit den Regisseuren und Redakteuren, denen es darum geht, die Entwicklung einer eigenen Ausdrucksform zu fördern und die Sprecherinnen und Sprecher zu einer freieren Vortragsweise zu motivieren.

Von Anfang an geht es in diesem Seminar aber auch um die Arbeit an der *Essenz*. Also um die Arbeit an und mit Texten, wobei die inhaltliche Beschäftigung mit biblischen Texten und liturgischen Aussagen genauso in den Blick gerät wie die sprachliche Umsetzung der jeweiligen Textpassagen. Dabei soll es jedoch nicht um die Erlernung allgemein gültiger Ausdrucksweisen gehen. Vielmehr wird die Entwicklung des persönlichen Profils des jeweiligen Sprechers, der jeweiligen Sprecherin im Mittelpunkt des Arbeitsprozesses stehen. Es geht, theologisch gesehen, also um die persönliche *Existenz* des Menschen vor Gott.

Im weiteren Verlauf des Seminars wird, die auf Inhalte ausgerichtete, persönliche, innere Einstellung auf eine äußere Haltung bezogen und professionelle Ausdrucksformen erarbeitet. Es geht um die *Kompetenz* und darum, diese ist in einer aktuellen Situation zum Ausdruck zu bringen und in glaubwürdiger, authentischer Weise im Hinblick auf den Zuschauer zu kommunizieren. Das Ziel des Seminars ist dann erreicht, wenn die erarbeitete Kompetenz sich in Bezug auf das aktuelle Kommunikationsgeschehen als schlüssig erweist und die Sprecherin oder der Sprecher durch die Art und Weise der Präsentation auch *präsent* erscheint.

Konkrete Planungsschritte zum Ausdruck – Die Entwicklung der Ausdrucksformen

1. Essenz

- Inhaltliche Auslegung und Erarbeitung von biblischen Texten
- Funktionale Erschließung von liturgischen Elementen
- Entwicklung einer theologischen Aussage in Bezug auf die Aussageweise und Ausdrucksform

2. Existenz

- Inhaltliche Auslegung und Erarbeitung von biblischen Texten in Bezug auf den eigenen Glauben
- Funktionale Erschließung von liturgischen Elementen in Bezug auf die eigene Glaubenspraxis
- Entwicklung einer theologischen Aussage in Bezug auf die Suche nach der eigenen Aussageweise und Ausdrucksform

3. Kompetenz

- Entwicklung einer eigenen Ausdrucksweise in Bezug auf die Sprache (Textarbeit)
- Entwicklung einer eigenen Ausdrucksweise in Bezug auf Stimmführung und Modulation
- Entwicklung einer eigenen Ausdrucksweise in Gestik und Mimik
- Entwicklung einer eigenen Ausdrucksweise in den Handlungsweisen

4. Präsenz

- Wahrnehmung der Kommunikationssituation im Hinblick auf den Rezipienten
- Entwicklung eines „Sendungsbewusstseins"
- Einsetzen von Präsentationsformen wie Sprache, Stimme, Gestik, Mimik oder anderen Handlungsweisen

Leitsatz

Liturgisches Handeln und Verhalten bezieht den ganzen Menschen ein, wenn es die Fülle der traditionell vorgegebenen und der neuen Verhaltensweisen berücksichtigt und zur Gestaltung kreativ einsetzt. Dazu ist Arbeit an Essenz, Existenz, Kompetenz und Präsenz notwendig und Erfolg versprechend.

Beispiele

Im Folgenden wird die Entwicklung der Ausdrucksformen praktisch umgesetzt.

Gottesdienst aus der evangelischen Kirche in Gartow am 12. September 1982, persönliches Statement als Kyrie-Anliegen, Martina Wirth:

Ich habe Angst, dass die inneren Werte des Menschen immer mehr an Wert verlieren, dass der Mensch nur noch an seinen Leistungen gemessen wird, nach dem Motto: Ich gelte nur, wenn ich etwas bin, d. h. eine gute Schulbildung habe, einen gut bezahlte Arbeit, wenn ich dies und das besitze.

Ich habe Angst, dass sich das Wachstumsdenken und Konsumverhalten in unserer Gesellschaft weiter steigert, wodurch der Stress immer mehr zunimmt – wo einer den anderen ausspielen muss, um selbst voranzukommen, wo Neid großgeschrieben wird, wo man sich gegenseitig zur Nummer degradiert und die Anonymität zunimmt. Ich habe Angst, immer mehr in Zwänge zu geraten, die ich mitmachen muss, um noch existieren zu können, wobei ich immer weniger ich selbst sein kann.

Wenn ich mich mit anderen jungen Leuten unterhalte, höre ich oft, dass sie für sich keine Zukunftsperspektive sehen, dass sie sich erdrückt fühlen von den Erwartungen, die von allen Seiten an sie herangetragen werden. Ich kann verstehen, dass viele junge Menschen sich in Drogen flüchten.

Allerdings kenne ich auch andere Menschen. Ich habe Freunde, die haben sich gesagt: wichtiger als viel Geld zu haben, ist es Zeit zu haben. Wenn ich sie besuche, spüre ich etwas davon, wie gut es ist, jemanden zu haben, der Zeit zum Zuhören, zu Gesprächen hat. Und ich merke, diese Freunde sind sehr zufrieden, obwohl sie ganz bescheiden leben. Vielleicht ist Zufriedenheit ein besseres Lebensziel als Immer-mehr-haben-Wollen?

1. Essenz

Innerhalb des liturgischen Ablaufs geht es an dieser Stelle um die Formulierung eines Kyrieanliegens. Es schließt direkt nach einem klassischen liturgischen Element („Herr, erbarme Dich") an. Für das Kyrieanliegen hat die Liturgin keine allgemeine Vorlage verwendet, auch keinen alternativen Vorschlag aus der Agende. Vielmehr hat sie sich dazu entschlossen, ihre persönliche Klage und Angst zum Ausdruck zu bringen. Danach wird ein Gloria in Form eines Gemeindelieds folgen. Die Aussageweise und Ausdrucksform ist an einen persönlichen Erfahrungshorizont gebunden.

2. Existenz

Das Kyrieanliegen beginnt mit einer Klage in Form einer allgemeinen Aussage über den Werteverlust des modernen Menschen, der immer mehr an seinen Leistungen gemessen wird. Die Liturgin bleibt bei dieser Verallgemeinerung jedoch nicht stehen, sondern konkretisiert die Kernaussage mit ihren eigenen Erfahrungen. Am Ende entwickelt sie eine Fragestellung, die auf eine Hoffnungsperspektive hinweist und lässt dabei ihre eigene Glaubenserfahrung einfließen (Bezug auf die eigene Glaubenspraxis). Sie fragt, ob Zufriedenheit nicht das bessere Lebensziel sei. Die Fragestellung mündet in ein Gloria der Gemeinde, also in einen Zuspruch. Die Liturgin hat so zu einer eigenen Aussageweise und Ausdrucksform gefunden.

3. Kompetenz
Die Entwicklung einer eigenen Ausdrucksweise in Bezug auf die Sprache hat zu einer persönlichen Sprechweise geführt. Sie spricht „Sprechsprache" und verwendet gängige und alltägliche Ausdrucksweisen. Die eigene Ausdrucksweise wirkt sich auf Stimmführung und Modulation aus. Die einfache Sprechweise lässt Denkpausen zu und ermutigt die Gemeinde zum Zuhören. Die Ausdrucksweise kann durch Gestik und Mimik unterstrichen werden.

4. Präsenz
Die Liturgin ist sich der Kommunikationssituation bewusst: Sie spricht zu den Menschen über ihre Erfahrungen, über ihre Ängste und Sorgen. Sie will wahrgenommen und gehört werden. Dies entspricht einem „Sendungsbewusstsein", das sich auf die Hörersituation einlässt.

Gottesdienst aus der Dorfkirche St. Arbost in Muttenz am 11. September 1994 (Übernahme vom Schweizer Fernsehen), persönliches Statement einer Jugendlichen als Hinführung zur Predigt:

Meine Eltern kamen morgens in mein Zimmer, um mich und meine Schwester zu wecken. Ich fand es seltsam, dass sie beide erschienen. Meine Mutter teilte uns dann mit, unsere Großmutter sei tot. Ich konnte es nicht glauben, ich dachte, es sei ein Scherz. Meine Schwester begann zu weinen. Ich war wie versteinert, in mir innen begann etwas zu schreien. Ich lief in die Umarmung meiner Mutter und heulte los. Zuerst war also der Unglaube, dann Trauer. Eine Lücke, Leere entstand. Immer wieder dachte ich, bald sehe ich sie wieder, das stimmt ja gar nicht, sie lebt noch. Ich wurde auf unsanfte Weise aus meiner heilen Welt gerissen, in der alle immer für mich da waren, nie endgültig fort gingen. Ich hatte große Angst, weitere geliebte Personen zu verlieren. Auf eine Art nahm dieser Tod mir etwas, riss eine Lücke. Andererseits war es ein Schritt aus dem Kindsein zum Erwachsenwerden. Ich kenne nun nicht nur die guten Seiten des Lebens und die Geburt, sondern auch das Ende aller Dinge.

1. Essenz
Innerhalb des liturgischen Ablaufs geht es an dieser Stelle um eine Hinführung zur Predigt. Die Hinführung hat das Ziel, die außergewöhnliche Gotteserfahrung des Mose (vgl. 2. Mose 3,1 ff.) auf aktuelle und persön-

liche, existentielle und sinnstiftende Erfahrungen zu beziehen. Sabine und 15 andere Jugendliche haben jeweils eine persönliche Erfahrung geschildert, die sie am meisten bewegt und beeindruckt, aber auch verändert hat. Der Bezug zum biblischen Text wurde im liturgischen Ablauf bereits durch die Lesung hergestellt, so dass die Jugendlichen mit ihren Texten daran anknüpfen konnten. Hinzu kommt eine erste Erläuterung des Pfarrers, der die Gottesbegegnung des Mose als eine wichtige, sinnstiftende Erfahrung deutet, die auch heute noch erfahrbar ist. Im Anschluss der Statements beginnt die Predigt.

2. Existenz
Sabine hat sich bei ihrem persönlichen Erfahrungsbericht dazu entschlossen, ein existentielles Tabuthema anzusprechen. Sie spricht jedoch über den Tod nicht allgemein, sondern beginnt eine sehr private, familiäre Situation zu beschreiben. Dabei geht sie über die Beschreibung des Handlungsrahmens hinaus, indem sie bewusst einen Fokus auf ihre persönlichen Gefühle und Gedanken legt. Die persönliche Erzählung über den Tod der Großmutter eröffnet beim Zuhörer die Möglichkeit, sich in diese Situation hineinzuversetzen und eigene Erlebnisse und Erfahrungen einzutragen. Am Ende ihrer Erzählung entwickelt sie eine Art Resümee, das darauf schließen lässt, dass sie den Tod als das Ende des Lebens akzeptieren kann. „Der Tod gehört zum Leben dazu" – das ist die gute Botschaft, die der Zuhörer durch ihre Erzählung für sich mitnehmen kann.

3. Kompetenz
Die Erzählung über den Tod der Großmutter geschieht in einer sehr persönlichen Sprechweise. Durch diese Form kann Sabine eine *Nähe* herstellen, die den Zuhörer dazu motiviert, seine eigenen Gedanken und Empfindungen einzutragen. Auch sie spricht *Sprechsprache* und verwendet gängige und alltägliche Ausdrucksweisen. Die eigene Ausdrucksweise wird sich auf Stimmführung und Modulation auswirken.

4. Präsenz
Man hat den Eindruck, dass die Jugendliche ihre Erfahrungen gerne weitergeben möchte. Sie hat keine Angst über den Tod zu sprechen und will gehört werden. Sie tut dies jedoch nicht auf eine aufdringliche Weise, sondern ist sehr darauf bedacht, den Zuhörer auf dieses sehr sensible Thema einzustimmen. Bei der Präsentation muss sich die Jugendliche darauf einstellen. Stimmlage, Gestik und Mimik dürfen nicht aufdringlich erscheinen.

Die Darstellung von Ausdrucksformen

Der Entwicklung von sprachlichen Ausdrucksformen muss die Darstellung der Ausdrucksmöglichkeiten folgen. Dabei geht es darum, die zu Papier gebrachten Texte in Hinblick auf die aktuelle Kommunikationssituation zu überarbeiten und auf ihre Sprechmöglichkeiten (Modulation, Sprechpausen) zu überdenken. Diese Arbeit ist notwendig, um den Text ansprechend zu präsentieren.

Die folgenden Arbeitsschritte können helfen, den geschriebenen Text (Manuskript) *einzurichten*, um zu einem Tempowechsel des Sprechers anzuregen und sprachliche Monotonie zu vermeiden. Sie sensibilisieren den Sprecher für die eigenen Ausdrucksmöglichkeiten und verhelfen der eigenen Stimme zu einem größeren Stimmumfang. In den geschriebenen Text werden dafür Zeichen – am besten mit Bleistift – eingefügt, die während des Vortrags auf mögliche Sprechpausen oder auf unterschiedliche Modulationsmöglichkeiten verweisen.

Konkrete Planunsschritte zum Ausdruck – Arbeit am Manuskript

1. Das Manuskript in Sinnabschnitte gliedern
   (nach den Sinnabschnitten eine durchgezogene Linie einzeichnen)
2. Wichtige Sätze kennzeichnen, die breiter gesprochen werden
   (unter die Sätze eine Schlangenlinie einzeichnen)
3. Unwichtige Passagen raffen und leiser vortragen
   (Sätze in Klammern setzen)
4. Nach einer wichtigen Frage oder Textaussage immer eine kurze Pause, damit sich die Gemeinde hineindenken kann
   (nach der Frage oder dem Satz einen Bindestrich eintragen)
5. Nach einem Komma keine Zäsur machen
   (unter das Komma einen Bogen setzen)
6. Nach einer Frage mit der Stimme nach unten gehen; das Anheben der Stimme wirkt künstlich
   (am Ende des Satzes einen Pfeil nach unten setzen)
7. Nach einem Punkt die Stimme senken (vgl. 6) oder weiter sprechen, wenn es inhaltlich im nächsten Satz weitergeht (vgl. 5)
8. Zitate neutral und schlicht lesen (Pünktchen unter Zitate), danach immer eine kleine Pause machen, so kann sich der eigene Text besser abheben (vgl. 4)

5. Kapitel: Andere Kirchen und Religionen bedenken

Kriterium

> Der evangelische Gottesdienst steht in einer Wechselbeziehung zu den Kirchen der Ökumene und bleibt mit Israel, dem zuerst erwählten Gottesvolk, verbunden.

Annäherung

Das Gebet ist noch nicht zu Ende. Nach den persönlich formulierten Bitten folgen Worte, die jedem einzelnen in der Gemeinde sehr vertraut sind. Sie verbinden die Konfessionen bis heute, aber auch die Generationen. Manch einer hat sie schon als Kind von der Großmutter gelernt und ist damit groß geworden. Es sind Worte, die tragen und Vertrauen schenken. Die Pfarrerin lädt ein, sie mitzusprechen:

> *Vater Unser im Himmel.*
> *Geheiligt werde Dein Name.*
> *Dein Reich komme.*
> *Dein Wille geschehe wie im Himmel so auf Erden.*
> *Unser tägliches Brot gib uns heute.*
> *Und vergib uns unsere Schuld.*
> *Wie auch wir vergeben unsern Schuldigern.*
> *Und führe uns nicht in Versuchung,*
> *sondern erlöse uns von dem Bösen.*
> *Denn Dein ist das Reich und die Kraft*
> *und die Herrlichkeit in Ewigkeit.*
> *AMEN*

Nach dem gemeinsamen Gebet setzen sich alle wieder. Es war schön wieder einmal mit Gott gesprochen zu haben ...

Kein Gottesdienst ohne dieses Gebet! Seien es stilvolle katholische Messen, auf Reden und Hören bezogene reformierte Wortgottesdienste, bunte Schulanfängergottesdienste in ökumenischer Verantwortung, Andachten im Altenheim oder Fernsehgottesdienste – das Vaterunser wird in der Regel immer gesprochen. Es gehört zum unverzichtbaren Kern aller Gottesdienste der weltweiten Christenheit und prägt die private Frömmigkeit und Gebetspraxis vieler Menschen. Es ist „das Gebet, das die Welt umspannt", wie Helmut Thielicke einmal formulierte. Christen beten es seit Beginn der Kirche. Bereits im Neuen Testament wird es als Mustergebet angesehen (Mt. 6,9 ff.; Lk. 11,2 ff.). Mit großer Wahrscheinlichkeit stammt es von Jesus selbst und wurde zunächst in Aramäisch, der Muttersprache Jesu, überliefert. Ursprung und Überlieferung des Vaterunsers, aber auch die Inhalte der einzelnen Bitten verbinden die Christen mit ihrer Wurzel, mit dem Judentum: Gott als Vater, die Bitten um die Heiligung seines Namens, um das Kommen seiner Herrschaft, um das notwendige Brot, um Vergebung und Rettung aus Versuchung – all dies entstammt jüdischem Denken und Glauben und wurde durch die frühe Jesusbewegung und die judenchristlichen Traditionen der Kirche vermittelt. Diese Einsicht führt zu folgender Konsequenz: Das christliche Hauptgebet aller Zeiten und Konfessionen ist ein zutiefst jüdisches Gebet. Was bedeutet das für unsere heutige Gebetspraxis? Ist es Hilfe oder Hindernis?

Das obige Kriterium verbindet zwei Merkmale des Evangelischen Gottesdienstbuches: die wechselseitige Bezogenheit evangelischer Liturgie zur (liturgischen) Spiritualität der anderen Kirchen und das Verbundensein mit Israel, dem zuerst und bleibend berufenen Gottesvolk. Die Wechselbeziehungen zu den anderen Kirchen und die Verbundenheit mit Israel lassen sich historisch belegen. Dazu liegen bereits zahlreiche Detailstudien und Zusammenfassungen vor.[1] Hier soll allerdings die gegenwärtige Bedeutung dieser Beziehungen bedacht und beschrieben werden sowie der Stellenwert, den das Gebet bei der Gemeinde bzw. bei den Fernsehzuschauern hat. Ein Stück vertraute Glaubenspraxis kommt in die Wohnstube der Zuschauer, an die sie anknüpfen können und sich somit der Gemeinde vor Ort verbunden fühlen.

Ausführung

1. Die Wechselbeziehungen in der Ökumene

Die christlichen Liturgien stehen seit jeher in Wechselbeziehungen zueinander. Dies führte zu zahlreichen gegenseitigen Beeinflussungen, aber auch zu Abgrenzung und Profilierung konfessioneller Besonderheiten. Im deutschen Sprachraum wird seit den 1970er-Jahren das Vaterunser und – mit kleinen Unterschieden – auch das Glaubensbekenntnis in katholischen und evangelischen Gottesdiensten gleich lautend gesprochen. Für das Alte Testament liegt eine kirchlich approbierte Einheitsübersetzung vor. Viele Lieder sind dem katholischen „Gotteslob" und dem neuen „Evangelischen Gesangbuch" gemeinsam; gerade in den Fernseh-

---

[1] Vgl. K.-H. Bieritz, Liturgik, S. 305–565.

gottesdiensten werden sie verstärkt berücksichtigt. Während in früheren Zeiten beispielsweise „Ein feste Burg" als protestantisches „Identitätslied" galt, wird es heute auch in katholischen Gemeinden als auslegendes Psalmlied gesungen. Es ist sehr erfreulich, in welchem Maße in beiden Gesangbüchern – bei aller Bewahrung lokaler Traditionen – die Lieder der weltweiten Ökumene berücksichtigt werden. Die Hinweise im „Evangelischen Gesangbuch" auf ein gemeinsames, also evangelisches, katholisches bzw. orthodoxes Liedgut, sind für die ZDF-Fernsehgottesdienste sehr hilfreich. Sie unterstützen das ökumenische Anliegen. So wird bei den Vorbereitungen besonders darauf geachtet, mindestens zwei ökumenische Lieder einzuplanen, damit die Zuschauer, die die ZDF-Fernsehgottesdienste zumeist überkonfessionell anschauen, am Gemeindegesang auch teilnehmen können. In der Regel werden die Liednummern für die Zuschauer in beiden Varianten, also als EG-Angabe und der entsprechenden Nummer aus dem „Gotteslob", auf dem Bildschirm eingeblendet. Hinzu kommen Gebetstexte oder liturgische Elemente aus der katholischen Liturgie, die bei evangelischen Fernsehgottesdiensten immer wieder aufgenommen werden. Das ökumenische Profil der evangelischen ZDF-Fernsehgottesdienste wird von den Zuschauern positiv aufgenommen. Es entspricht der ökumenischen Erfahrung, die die Zuschauer zum Teil auch aus ihren eigenen Ortsgemeinden mitbringen.

Die ökumenische Perspektive findet jedoch ihre Grenze bei der Übertragung eines Abendmahlsgottesdienstes bzw. einer Messfeier. Hier wird die konfessionelle Verschiedenheit für den Zuschauer besonders deutlich. Während in den katholischen ZDF-Fernsehgottesdiensten regelmäßig die *Kommunion* übertragen wird, findet die Abendmahlsfeier in den evangelischen ZDF-Fernsehgottesdiensten nur sehr selten statt. Das liegt vor allem daran, dass sich nach Einsicht der Senderbeauftragten der EKD die Austeilung der Gaben für Zuschauer auf Grund der medialen Situation nicht angemessen übertragen lässt und die partizipatorische Funktion des Abendmahls, die sich gerade im evangelischen Abendmahlsverständnis findet, durch die Übertragungssituation im Fernsehen an deutliche Grenzen stößt. Das ist bedauerlich, weil viele Ortsgemeinden die regelmäßige Feier des Abendmahls für sich wieder neu entdeckt haben.

Die neue Wertschätzung des Abendmahls in evangelischen Kirchen verdankt sich unter anderem auch der lebendigen wöchentlichen Praxis der Eucharistie in den katholischen Gottesdiensten. In der neuen Agende finden sich daher auch Abendmahlsgebete, die aus katholischen, anglikanischen und orthodoxen Traditionen stammen und für den evangelischen Gebrauch überarbeitet wurden. Dass in verschiedenen evangelischen Gemeinden die Abendmahlsfeier nicht mehr aus dem evangelisch tradierten Liturgie-Torso *Vorbereitungsgebet mit Sanctus – Einsetzungs-*

worte – Vaterunser besteht, sondern aus einem bis zum Vaterunser reichenden Gebetszusammenhang, ist zumindest auch dem katholischen Vorbild zu verdanken. Allerdings gab es über diese Frage auch eine erhitzte Debatte zwischen evangelischen Dogmatikern und Liturgiewissenschaftlern. Auf der anderen Seite wird man sagen können, dass die Reformen des II. Vatikanischen Konzils, also die Einführung der Muttersprache, die stärkere Verankerung der Predigt in der Messe und die aktivere Rolle der Gemeinde im Gottesdienst sich auch dem Blick auf evangelische Vorbilder verdanken, obwohl natürlich nicht von einer direkten Abhängigkeit gesprochen werden kann.

Liturgische Wechselbeziehungen zwischen den Konfessionen zeigen sich also vor allem durch die gegenseitige Übernahme und Bearbeitung agendarischer Texte und Lieder sowie der Grundstruktur. Noch wenig greifbar ist die Wechselbeziehung jenseits von Texten: Welche Art des Betens, welche Haltungen im Feiern der Gottesdienste haben andere Traditionen bewahrt? Was lässt sich hiervon übernehmen, was nicht? Wenn sich Spiritualitäten wechselseitig bereichern sollen, wird man diese Fragen weiterverfolgen müssen, und zwar am besten durch verstärktes Feiern ökumenischer Gottesdienste, damit Ökumene auch zu liturgischen Erfahrungen führt. In ZDF-Fernsehgottesdiensten kann die Praxis einer ökumenischen Feier leider selten realisiert werden, obwohl in vielen Ortsgemeinden ökumenische Tradition und Zusammenarbeit gepflegt werden. Die sog. „Sonntagspflicht" der katholischen Kirche lässt die Feier eines gemeinsamen ökumenischen Wortgottesdienstes nur in besonderen Ausnahmesituationen, wie zum Beispiel am *Tag der Deutschen Einheit*, zu und bedarf der ausdrücklichen Genehmigung des jeweiligen katholischen Bischofs. Die geringe Anzahl von ökumenischen Gottesdiensten im ZDF findet auch bei Zuschauern wenig Verständnis. Sie kann jedoch nicht erzwungen werden. Die Möglichkeiten und Perspektiven wurden gerade in den letzten Jahren durch die Erklärung *Dominus Jesus* und die im März 2004 erlassene kuriale *Liturgie-Instruktion* wesentlich eingeschränkt. Allerdings kommt es immer wieder vor, dass sich katholische Gläubige gern an einem evangelischen Fernsehgottesdienst beteiligen oder der Priester eine bischöfliche Genehmigung erhält, einen Lesungstext oder einen anderen liturgischen Teil innerhalb des evangelischen ZDF-Fernsehgottesdienstes zu übernehmen. Dabei wird jedoch von der katholischen Fernseharbeit besonderer Wert darauf gelegt, dass die katholische Beteiligung einen Gaststatus aufweist und der Gottesdienst nicht als ökumenischer Gottesdienst bezeichnet wird. Bei der Beteiligung jüdischer Gläubiger oder anderer Religionsvertreter (vgl. Zusatz unten) wird in ähnlicher Weise verfahren.

2. Der Gewinn der ökumenischen Perspektive

Ökumene vollzieht sich immer in der Spannung zwischen Gemeinsamkeit und Differenz. Gemeinsame Traditionen und Glaubenslehren wurden und werden in kirchlichen Dialoggesprächen entdeckt und als Konsens oder als differenzierte Konvergenz beschrieben. Ebenso werden bleibende Unterschiede formuliert und deren Stellenwert im Blick auf die Ermöglichung oder Versagung kirchlicher Gemeinschaft festgestellt. In der innerevangelischen Ökumene hat sich hierfür das Modell *Einheit in versöhnter Verschiedenheit* herausgebildet, das in der Leuenberger Kirchengemeinschaft („Gemeinschaft evangelischer Kirchen in Europa") Gestalt gewonnen hat. In ihr werden die lutherischen, reformierten, unierten, hussitischen, waldensischen und methodistischen Traditionen der eigenständig bleibenden Kirchen als gegenseitige Bereicherung betrachtet; die Kirchen gewähren einander auf der Grundlage des gemeinsamen Verständnisses des Evangeliums Kirchengemeinschaft und erkennen ihre Ämter gegenseitig an. Dadurch ist Kanzel- und Abendmahlsgemeinschaft verbindlich erklärt.

In dieser ökumenischen Gemeinschaft und ebenso in der noch komplexeren evangelisch-katholischen Ökumene vollzieht sich die offizielle Annäherung hauptsächlich in Gestalt theologischer Dokumente, deren Reichweite und Kenntnisnahme vor Ort naturgemäß deutlich eingeschränkt ist. Ökumenische Gemeinschaft ist angewiesen auf ökumenische Erfahrungen, die sich vielfach in Gottesdiensten bilden. Hier gibt es ermutigende Beispiele in der evangelisch-katholischen Ökumene vor Ort, in den Gebetsgottesdiensten zur Einheit der Christen im Rahmen der *Arbeitsgemeinschaft Christlicher Kirchen*, in Gemeindepartnerschaften und vermehrt in grenzüberschreitenden Gottesdiensten entlang des Rheins oder im Dreiländereck *Polen–Tschechien–Deutschland*. Diese grenzüberschreitenden Gottesdienste werden auch im Bereich der ZDF-Fernsehgottesdienste berücksichtigt. Darüber hinaus werden im Verlauf eines Jahres regelmäßig Gottesdienste aus dem Bereich der evangelischen Freikirchen übertragen, aber auch Auslandsgottesdienste aus unterschiedlichen europäischen Ländern, wie z. B. aus Russland, Polen, Tschechien, Luxemburg, Frankreich (Taizé), Spanien, der Schweiz oder aus Österreich. Solche Erfahrungen können dazu führen, liturgische Bestandteile der anderen Kirchen als Erinnerung an gemeinsame Gottesdienste und als zeichenhaft-fragmentarische Vorwegnahme verheißener Einheit in die eigene Liturgie zu übernehmen. Lieder, Gebete, aber auch Erinne-rungsgegenstände eignen sich dazu am ehesten. Hierdurch gewinnt auch eine heute dringend notwendige konfessionelle Bescheidenheit an Raum, die die Einheit der Kirche nicht in den je eigenen theologischen und liturgischen Traditionen verkörpert sieht, sondern in der Vielfalt der weltweiten Christenheit.

3. Dialog mit anderen Religionen

Gemeinsame Gottesdienste erweitern den eigenen liturgischen Horizont. Sie zielen in erster Linie nicht darauf, neue „Gebetstexte", sondern andere Weisen des Gottesdienstfeierns, andere Haltungen und Stile kennen zu lernen. Solche Horizonterweiterung führt sowohl zu Erfahrungen der Gemeinsamkeit wie zu solchen bleibender Unterschiede. Ökumenische Gottesdienste bewirken somit nicht eine Vermischung oder Abschleifung der eigenen konfessionellen Identität, sondern im Gegenteil: Im Licht des „Fremden" wird häufig das Eigene erst bewusst. – Allerdings: Die Suche und Entdeckung des Gemeinsamen macht nicht einfach vor kirchenamtlich gesetzten Grenzen halt, sondern ist bestrebt, das Verbindende auf Kosten des Trennenden zu stärken, die Vielfalt der Traditionen als vom Geist bewirkte Pluralität, in der die Einheit der Kirche zum Vorschein kommt, zu erfahren und zu verstehen.

Die Entdeckung der eigenen konfessionellen Identität kann auch für evangelische Gottesdienste fruchtbar gemacht werden, die den Dialog mit anderen Religionen suchen. Im Bereich der Ortsgemeinden kann man auf verschiedene Erfahrungen zurückgreifen, seien es Begegnungen mit Religionsgemeinschaften, die sich in der Nachbarschaft befinden, seien es interreligiöse Dialoge und Podiumsdiskussionen zu den Fragen vor Ort, seien es gemeinsame Aktionen und Feste in einem Stadtviertel. Im Bereich der ZDF-Fernsehgottesdienste wurden mehrere Konzepte in diese Richtung ausgearbeitet und übertragen (vgl. unten den Erfahrungsbericht unter *Beispiele*). Sie knüpften an die Erfahrungen der interreligiösen Dialoge in Assisi an, die in den letzten Jahren die Begegnung der Religionen wesentlich gefördert haben. Eine Aufforderung zum Gedankenaustausch, nicht der Lehren und Ideologien, sondern vor allem der Inhalte der kultischen Handlungen, war Ziel der Begegnungen in Assisi. Diese konnten für die Gottesdienste zum Dialog der Religionen hilfreich werden. Hinzu kamen die Erfahrungen, die die Ortsgemeinden in der Begegnung mit anderen Religionen bereits mitbrachten. Denn das, was in Assisi auch von einigen offiziellen Kirchenvertretern mittlerweile propagiert wird, ist in der modernen Welt und in der multikulturellen Gesellschaft inzwischen bereits Realität. Durch wachsende Mobilität und die Möglichkeiten der neuen Medien erfahren und lernen viele Gläubige auf der ganzen Welt von anderen Kulturen und Religionen. Daher kann man im religiösen Bereich fast schon von einer Globalisierung sprechen. Allerdings ist in diesem Zusammenhang zu bedenken, dass eine solche Globalisierung – vor allem bei Außenstehenden – den Effekt haben kann, dass die Unterschiede zwischen den Religionen nivelliert und damit ein religiöser Synkretismus gefördert wird. Globalisierung im religiösen Bereich hat aber auch die Chance, dass ein neues religiöses Ethos entsteht. Von daher ist auch bei den Gottesdiensten zum Dialog der Religionen darauf zu achten, dass sie nicht zu einer Verschmelzung der Religionen führen, auch nicht zu einer gemeinsamen Spiritualität, die durch unterschiedliche Gottesbilder nicht gegeben ist. Sie können jedoch ein Bewusstsein dafür schaffen, dass angesichts der Tendenz zur fundamentalistischen Instrumentalisierung von Religion (auch der christlichen!) nach einer gemeinsamen Perspektive für den Frieden zu suchen ist, wobei die Anerkennung der Verschiedenheit, also der unterschiedlichen religiösen Identität, gewahrt werden muss. Dazu ist die Beschäftigung mit anderen Religionen notwendig, aber auch die persönliche Begegnung mit anderen Religionsgemeinschaften, die möglicherweise auch in einer Gottesdienstfeier zum Ausdruck kommen kann, wenn der eine oder andere Religionsvertreter eingeladen wird. Die entscheidende Herausforderung für künftige evangelische Gottesdienste mit Gästen aus anderen Religionen, sei es im Fernsehen oder auf Gemeindeebene vor Ort, wird jedoch darin bestehen, einerseits das Proprium eines evangelischen Gottesdienstes nicht aufzugeben, andererseits aber im Verlauf des Gottesdienstes darauf zu achten, den anderen nicht auszugrenzen oder bekehren zu wollen. Der gemeinsame Gottesdienst eröffnet vielmehr die Möglichkeit, in Form einer liturgischen „Variante" etwas über die jeweils eigene religiöse Identität mitzuteilen. Dabei ist es die zentrale Aufgabe, Wege zu finden, den anderen zu schätzen, indem ich ihm begegne (vgl. Erfahrungsbericht).

4. Die Verbundenheit mit Israel

Die Frage nach der Verbundenheit mit Israel muss im liturgischen Kontext eines evangelischen Gottesdienstes komplexer beschrieben werden als die ökumenischen Wechselbeziehungen im Bereich der christlichen Kirchen. In vielen Einzelheiten ist in den Kirchen das Erbe der Synagoge bewahrt worden: Martin Luther hat beispielsweise den sog. aaronitischen Segen (Num. 6) in der evangelischen Tradition verankert; viele Akklamationen wie *Amen*, *Halleluja* oder *Hosianna* entstammen der jüdischen Tradition ebenso wie die Sitte der biblischen Perikopenlesung samt Auslegung, der Aufbau von Fürbitten und Tagesgebeten samt ihrer Rahmung durch heilsgeschichtlich orientierte Anrede und Lobpreis und manches andere mehr.[2] Von nicht zu unterschätzender Bedeutung ist die Kanonisierung des Alten Testaments in der

---

[2] Vgl. F. Schulz, Jüdische Wurzeln, S. 39 ff.; K. Seybold, Segen, S. 11 ff.

frühen Kirche. Dennoch ist dieses Bewahren durch die Jahrhunderte hindurch in der Regel als Enterbung der Synagoge von christlicher Seite propagiert und somit in diese Richtung gedeutet worden. Deshalb stellen auch die gemeinsamen Texte oder Traditionen nicht einfach eine Basis gemeinsamer Glaubenspraxis dar. Hier müssen Christen sensibel reagieren. Das Vaterunser beispielsweise wird wohl kaum von Juden gebetet werden, obwohl es inhaltlich jüdisch geprägt ist; durch die Wirkungsgeschichte gilt es ihnen zu Recht als zutiefst christliches Gebet. Von großer Bedeutung ist die Einsicht, dass die christliche Wahrnehmung jüdischer Wurzeln und Prägungen nicht synchron verläuft zu den jüdischen Wahrnehmungen solcher Prägungen im Bereich gegenwärtiger christlicher Glaubenspraxis. Die Christenheit ist schon in Gestalt ihrer Traditionen, aber auch in der Glaubenslehre bleibend auf Israel bezogen, während das Judentum auch ohne Bezugnahme auf die Kirche seinen Glauben vollständig praktizieren kann. Aus der Sicht christlicher Theologie ist ein gemeinsames Beten von Christen und Juden möglich, weil beide denselben Gott anrufen. Aus der Sicht jüdischer Theologie liegt eine solch fundamentale Differenz zwischen christlichem und jüdischem Gottesverständnis vor, dass ein gemeinsames Beten als unehrlich und nicht akzeptabel erscheint. Die Verbundenheit der Kirche mit Israel bleibt für die Kirche unhintergehbar, aber sie weiß auch um die *Einseitigkeit* dieser Verbundenheit.

Die Verbundenheit der Kirche mit Israel hat Konsequenzen für die Feier christlicher Gottesdienste. Auch hier ist die Balance von Gemeinsamkeit und Differenz zu halten. Dadurch, dass diese Verbundenheit aus Sicht der Kirche als *einseitige* zu bestimmen ist, verbieten sich alle Formen einer taktischen „do-ut-des-Ökumene"; d. h. die Kirche hat diese Verbundenheit für sich zu äußern und zu gestalten – unabhängig von zustimmender oder ablehnender Reaktion Israels.

Einen wichtigen Maßstab bietet die Erkenntnis, dass die Kirche Gottesdienst *in Israels Gegenwart* feiert. Ihr Beten der Psalmen, ihr Lesen und Auslegen des Alten und Neuen Testaments, ihre Feier des Abendmahls sollen so vollzogen werden, dass ein jüdischer Besucher des Gottesdienstes seinen Glauben nicht verzeichnet oder herabgewürdigt sieht. Dies impliziert die Notwendigkeit, neben immer noch verbreiteten Klischees über „Pharisäer" oder „jüdische Gesetzesreligion" judenfeindliche Traditionen im Neuen Testament und in Geschichte und Gegenwart der Kirche zu benennen und nicht zu neuer Wirkung kommen zu lassen. Nur dann werden Jüdinnen und Juden akzeptieren können, dass es auch eigenständige christliche Auslegungen jüdischer Traditionen gibt. Werden aus Sicht der Kirche gemeinsame Texte und Traditionen verwendet, so darf darin nicht eine Enterbung Israels zum Ausdruck kommen, sondern die staunende Dankbarkeit der Kirche über Gottes gnädiges Handeln, der Israel und mit ihm die Kirche als sein Volk erwählt hat.

Leitsatz

> Evangelischer Gottesdienst, der sich über sein konfessionelles Proprium im Klaren ist, wird durch die Begegnung mit anderen Konfessionen, mit Israel und mit anderen Religionen bereichert. Evangelischer Gottesdienst ist kein Ort der Religionsvermischung, aber der Toleranz und Wertschätzung gegenüber anderen Traditionen und Kulturen.

Beispiele

Gottesdienst aus dem Berliner Dom am 31. Dezember 2000 zum „Dialog der Religionen"
Erfahrungsbericht[3]

Schon Paul Tillich hat in seinem späten Hauptwerk, der „Systematischen Theologie" Band III, die christliche Theologie eindringlich darauf hingewiesen, mit anderen Religionen in einen schöpferischen Dialog einzutreten, damit sie am Ende nicht ihre „weltgeschichtliche Chance verpasst und provinziell bleibt".[4] Diesen Vorwurf konnten und wollten die evangelischen Senderbeauftragten für ZDF-Gottesdienste der EKD nicht auf sich sitzen lassen und machten sich mit einem Jahr Vorlauf auf den Weg, einen evangelischen Ansprechpartner für einen Fernsehgottesdienst zu finden, der den Dialog der Religionen zum Thema haben sollte. Ihnen war es nicht klar, in welche kirchenpolitische Außenseiterposition sie geraten sollten, wenn man an die damalige Erklärung aus Rom denkt, bei der sich die katholische Kirche von der „Mentalität des Indifferentismus und religiösen Relativismus" distanzierte, weil sie zu der fälschlichen Annahme führe, dass „eine Religion gleich viel gilt wie die andere". „Die Nichtchristen", so die Kongregation für Glaubensfragen weiter, befänden sich „im Vergleich zu den katholischen Christen in einer defizitären Situation, weil sie nicht die Fülle der Heilsmittel"[5] besäßen.

---

[3] Das vollständige Drehbuch findet sich im Anhang (vgl. S. 152 ff.).
[4] Vgl. P. Tillich, Systematische Theologie, Band III, 1966, S. 16.
[5] Vgl. Erklärung *Dominus Jesus*, Kapitel VI: Die Kirche und die Religionen in Hinblick auf das Heil, S. 34.

Diese Aussage kennzeichnete auch einen Rückschritt auf dem Weg der Begegnung mit anderen Religionen, weil hier die Dialogbereitschaft der Kirche auf einen Evangelisierungsauftrag mit dem Ziel reduziert wurde, andere Religionen bzw. Konfessionen für die einzig wahre, die katholische Kirche zu gewinnen. Von daher ließ sich vermuten, dass es im Hinblick auf diese Frage vorerst wohl keine gemeinsame ökumenische Position geben würde, obwohl in Assisi erste Schritte auf dem Weg zu einer Begegnung mit anderen Religionen bereits gegangen wurden. Zumindest für den evangelischen Beobachter scheinen dabei die spirituelle Kraft und Weite des Papstes letztendlich wirkungsvoll zu sein.

Der Rückschritt auf Seiten der katholischen Kirche war jedoch zu Beginn des Jahres 1999 noch nicht absehbar. Keiner konnte wissen, dass sich die katholische Weltkirche ganz bewusst in ein provinzielles Abseits stellen und damit einen Dialog auf Augenhöhe ablehnen würde. Allerdings muss man an dieser Stelle rückblickend sagen, dass diese ablehnende Haltung aus unserer Erfahrung kein ausschließlich katholisches Phänomen ist, die Angst vor synkretistischen Strömungen vielmehr auch in evangelischen Kreisen bis heute durchaus präsent ist und als „Argument" gegen interreligiöse Dialoge ins Feld geführt wird. Durch die Ereignisse des 11. Septembers ist jedoch die Frage nach einer Dialogbereitschaft noch einmal in ein ganz anderes Licht gerückt worden. War man bisher davon ausgegangen, dass selbst die Gruppierungen fundamentalistisch geprägter Muslime nicht zu solchen terroristischen Anschlägen neigen würden, muss man heute damit rechnen. Dabei ist auch aus christlicher Sicht deutlich, dass hierdurch der Islam ideologisch missbraucht wird. Bei der Suche nach interreligiösen Gesprächs- und Dialogpartnern, gerade im islamischen Bereich, ist heute besondere Umsicht geboten. Das darf jedoch aus evangelischer Sicht nicht zu einer Abschottung der Religionen führen, sonst bestünde nicht nur die Gefahr, dass sich die Fronten weiter verhärteten, sondern auch dass die gegenwärtig unabweisbare Aufgabe, interreligiöse Dialoge als ein Fundament globaler Friedensbemühungen zu führen, zum Scheitern verurteilt wäre.

Diese Entwicklung war jedoch 1999, in der Vorbereitungsphase für den Fernsehgottesdienst, noch nicht absehbar. Vielmehr wurde in den 1990-er Jahren in Bezug auf den Dialog der Religionen im Wesentlichen theologisch argumentiert, woraus sich im evangelischen Bereich dann auch unterschiedliche Standpunkte, zum Teil auch ablehnende Positionen, entwickelt hatten, die einem solchen Projekt eher skeptisch gegenüber standen.

Dementsprechend gestaltete sich die Suche nach evangelischen Mitstreitern für das Fernsehgottesdienstprojekt auch nicht ganz unproblematisch, jedoch konnte in Wolfgang Huber ein Bischof gefunden werden, der sich dieser schwierigen und anspruchsvollen Aufgabe stellen konnte und wollte. Damit war der Anfang gemacht für die Gestaltung eines Fernsehgottesdienstes, der am Ende des Jahres 2000 am Silvestermorgen aus dem Berliner Dom im ZDF ausgestrahlt werden sollte. Es war der Beginn eines langen, intensiven Prozesses, der nach Meinung der Mitwirkenden ein gutes Resultat gebracht hat. Bischof Wolfgang Huber hat dies in seiner Begrüßung zu Beginn des Gottesdienstes wie folgt formuliert:

> Wir wollen nach Zukunftsperspektiven unseres Glaubens fragen und nehmen wahr, dass zu diesen Fragen auch das Gespräch zwischen den Religionen gehört. Dieses Gespräch ist ein noch kaum gehobener Schatz. Es ist eine für viele noch verborgene Quelle der eigenen Glaubensgewissheit. Aber es ist zugleich ein Wagnis. Mit dem, was uns selbst wichtig ist, setzen wir uns dem fragenden Erstaunen, dem erstaunten Fragen anderer aus.[6]

Im Vorfeld der Gottesdienstübertragung aus dem Berliner Dom gab es wichtige Etappen der Vorbereitung und intensive Diskussionen, die an dieser Stelle kurz skizziert werden sollen. In den ersten Gesprächsrunden mit Bischof Wolfgang Huber und Domprediger Friedrich-Wilhelm Hünerbein ging es um die Frage nach den Voraussetzungen, die für die Zusammenarbeit mit den Vertretern nicht-christlicher Religionen grundlegend sein sollten, aber auch das evangelische Profil des Gottesdienstes in den Mittelpunkt stellen konnten. Dabei entstand so etwas wie eine Präambel, die den Gaststatus der Vertreter anderer Religionen hervorheben wollte:

Konkrete Planungsschritte zum Dialog der Religionen – Präambel

> 1. Es sollte ein evangelischer Gottesdienst gefeiert werden, zu dem Vertreter anderer Religionen eingeladen werden.
> 2. In diesem Gottesdienst sollte deutlich werden, dass die christliche Religion mit anderen Religionen in einen schöpferischen Prozess und einen *offenen Dialog* treten möchte.
> 3. Es sollte um Begegnung der Religionen, um Annäherung gehen, wobei die Partner die jeweilige Religion des anderen respektieren.
> 4. Ein Missionsanspruch sollte nicht im Mittelpunkt stehen, sondern die Suche nach einer gemeinsamen Basis, die *Einigkeit und Widerspruch* ermöglichen kann.
> 5. Der Weg sollte nicht zur Preisgabe der eigenen religiösen Tradition führen, eher in die Tiefe der eigenen Religion, die auch durch Einsichten in fremde Religionen geschehen kann.

---

[6] Vgl. das Drehbuch zu diesem Gottesdienst im Anhang: S. 152 ff., Zitat auf S. 154.

> 6. Angesichts unterschiedlicher Spiritualität sollte nach Überschneidungsbereichen in Bezug auf eine gemeinsame *Verantwortung* gesucht werden.
> 7. Das Profil eines evangelischen Gottesdienstes sollte nicht aufgegeben werden. Dazu sollte eine evangelisch-lutherische Liturgie gehören, die jedoch an unterschiedlichen Stellen „aufgebrochen" werden kann.
> 8. Von gemeinsamen Gebeten und Bekenntnissen ist abzusehen.

Das Zusammentragen der einzelnen Punkte war für alle Beteiligten sehr hilfreich. Eine gemeinsame, christliche Standortbestimmung war beschrieben und die Suche nach einer Beteiligung und Mitwirkung anderer Religionsvertreter konnte beginnen. Am Ende der Recherche entschied sich die Vorbereitungsgruppe für die Muslima, Frau Ekin Deligöz, MdB der Fraktion Bündnis 90/Die Grünen, Herrn Jürgen Manshardt, Sprecher des tibetisch-buddhistischen Zentrums in Berlin und Dr. Andreas Nachama, den damaligen Vorsitzenden der Jüdischen Gemeinde zu Berlin. Die Vertreter der nicht-christlichen Religionen erwiesen sich als überaus dialogfähig und standen der *Begegnung mit anderen Religionen* sehr offen gegenüber. Sie empfanden es auch als unproblematisch, in einem evangelischen Gottesdienst mitzuwirken, der weder eine multikulturelle Veranstaltung noch ein Friedensgebet der Religionen darstellen wollte. Alle Partner waren sich darin einig, dass der Gottesdienst einen *Einladungscharakter* erhalten sollte, der nicht das Ziel einer gemeinsamen Spiritualität haben wollte. Die Partner aus den anderen Religionen hielten es daher auch nicht für geboten, mit ihrer religiösen Einsicht in einem evangelischen Gottesdienst zu werben.

Während es in der ersten Phase der Zusammenarbeit vorrangig um einen intensiven Erfahrungsaustausch ging, bemühte man sich in der zweiten Phase um ein tragfähiges Konzept. Man wollte eine neue Liturgie entwickeln, die zwei Ansprüchen gerecht werden sollte: Zum einen sollte der Charakter eines evangelischen Gottesdienstes nicht aufgegeben werden, zum anderen wollte man jedoch nicht auf eine angemessene Beteiligung der Religionsvertreter verzichten. Im Fortgang der Gespräche wurden drei Möglichkeiten der Mitwirkung erarbeitet.

Eine erste Beteiligung sollte gleich zu Anfang der Gottesdienstübertragung im Eröffnungsteil stehen. Man dachte an drei Grußworte, die von den jeweiligen Religionsvertretern aus verschiedenen Positionen des Domes gesprochen werden sollten, um das Zusammenkommen der Religionen aus verschiedenen Glaubensrichtungen zu verdeutlichen. Jürgen Manshardt vom tibetisch-buddhistischen Zentrum sagte an dieser Stelle:

Als Buddhist richte ich meinen Gruß an Sie alle, in dem Glauben an die befreiende Kraft von Mitgefühl, Liebe und Weisheit in jedem von uns.[7]

Und Ekin Deligöz:

Als alevitische Muslima richte ich meinen Gruß an die Herzen der Menschen. Denn für uns steht der Mensch im Mittelpunkt des Glaubens. Und der Weg zur Menschlichkeit ist der wahre Weg zum Glauben.[8]

Der Gruß des Vorsitzenden der Jüdischen Gemeinde in Berlin, Herrn Dr. Andreas Nachama, wurde durch den Gesang seines Sohnes feierlich untermalt.

Weiterhin bat man die Religionsvertreter, einen grundlegenden Text aus ihrer religiösen Tradition zu suchen, der neben dem biblischen Lesungstext gesprochen werden sollte. Andreas Nachama entschied sich für einen Psalm, Ekin Deligöz suchte nach einem Zitat von Haci Bektas Veli, der Gründerin des alevitischen Ordens in Kleinasien, und Jürgen Manshardt wählte:

Vom Geist gehen alle Dinge aus, sind geistgeboren und geistgefügt. Wer wohlgewillten Geistes spricht, wer wohlgewillten Geistes wirkt, dem folgt notwendig Freude nach, dem untrennbaren Schatten gleich.[9]

Als letzten und wichtigsten Punkt plante man innerhalb des Verkündigungsblocks kurze Statements der Religionsvertreter ein, bei denen die Frage nach dem persönlichen Glauben und der eigenen spirituellen Tradition eine maßgebliche Rolle spielen sollte. Diese Passagen sollten den Charakter einer Information erhalten und vom Duktus der anschließenden Predigt zu unterscheiden sein. Darüber hinaus sollten ethische Folgerungen formuliert werden, die sich aus der spezifischen religiösen Tradition ergeben und gemeinsame Schlussfolgerungen zulassen. Frau Deligöz formulierte an dieser Stelle sehr persönlich:

Wir alle sind Menschen. Wir alle stammen von Vater und Mutter ab. Es gibt nichts, was uns voneinander unterscheidet ... Wir teilen die Zukunft. Und eines Tages werden weder du noch ich an dem gemessen werden, was wir sagen, sondern an dem was wir tun. Lass uns gemeinsam voranschreiten, ohne Hass und Feindschaft, ohne Angst vor dem anderen. Wir alle sind Menschen. Gleich unter Gleichen.[10]

An dieser Stelle der Liturgie gelang die Annäherung an die anderen Religionsvertreter wohl am Besten. Man konnte entdecken, an welchen Stellen die Grundauffassungen miteinander übereinstimmen und miteinander verbunden sind.

---

[7] Vgl. Drehbuch im Anhang S. 153.
[8] Ebd.
[9] Textlesung aus dem 1. Dharmapada des Buddha.
[10] Vgl. Drehbuch im Anhang, S. 162 f. (leicht veränderter Text).

Die Begegnung auf inhaltlicher Ebene war jedoch, neben den Texten der Vertreter der Religionen und der Predigt von Bischof Wolfgang Huber, auch Domprediger Friedrich-Wilhelm Hünerbein zu verdanken, der am Ende der Gottesdienstübertragung ein Fürbittengebet mit Weitblick formulierte:

Herr, Gott, wir danken dir für die ganze menschliche Familie, für die reiche Vielfalt menschlicher Erfahrungen und Gaben, die wir einander entgegenbringen, wenn wir wie heute zusammenkommen und einander annehmen im Geist der Liebe. Für den Dialog in Gemeinschaft, für gegenseitige Bereicherung und wachsendes Verständnis ...[11]

Am Ende der Gottesdienstübertragung ließ sich festhalten: Die Begegnung mit anderen Religionen hatte sich gelohnt. Sie stellte eine enorme Bereicherung dar, besonders für den eigenen christlichen Glauben, die eigene Vergewisserung und Orientierung. Darüber hinaus können die Vorbereitungen zu diesem Gottesdienst und die Feier selbst als ein wichtiger Beitrag zu einer Begegnung auf Augenhöhe gewertet werden, der zu einer gegenseitigen Akzeptanz und zu einem friedlichen Miteinander führt. Diese Erfahrung sollte gerade heute wegweisend sein. Angesichts terroristischer Anschläge und fundamentalistischer Strömungen können es sich weder die Kirche noch die westliche Gesellschaft leisten, provinziell zu bleiben und auf den nötigen Weitblick zu verzichten. Der Dialog der Religionen ist heute notwendiger als je zuvor.

---

[11] Vgl. S. 166 f. (leicht veränderter Text).

6. Kapitel: Dem Evangelium etwas zutrauen

Kriterium

> Das Evangelium eröffnet einen Kommunikationsprozess, der sich stets medial vollzieht.

Annäherung

Nach dem Segen und dem Orgelnachspiel ist der Gottesdienst jetzt zu Ende. Vielen aus der Gemeinde ist die Feier nahe gegangen. Jeder und jede konnte etwas für sich mitnehmen und eine neue Perspektive für den Alltag gewinnen, nicht zuletzt durch die persönliche Ansprache der Pfarrerin, die in ihrer Predigt Nähe zulassen konnte und auf die Gemeinde zugehen wollte. Für eine gute Resonanz ist diese Einstellung notwendig. Sie geschieht jedoch nicht von selbst. Sie muss vielmehr professionell begleitet und mit anderen erarbeitet werden. Die Fachleute aus dem Fernsehbereich können dafür hilfreich sein. Ihre Fachkompetenz stößt bei den Predigerinnen und Predigern jedoch manchmal auf Widerstände:

Bei den Vorbereitungen für einen ZDF-Fernsehgottesdienst tut sich der Regisseur oft schwer.

Regelmäßig muss er gegen die schwarzen Ringbücher ankämpfen, die die Pfarrer bei ihrer (Liturgie und) Predigt mitunter verkrampft in Händen halten. Schon bei der Generalprobe beginnt ein Kampf: Das Gemeindelied ist zu Ende. Der Prediger geht auf die Kanzel. Er schaut kurz in die Gemeinde. Dann schaut er in sein schwarzes Ringbuch und trägt konsequent ablesend seine Predigt vor. Ohne einen Kontakt zur Gemeinde. Ohne Engagement und Passion. Eine Haltung, die den Regisseur regelmäßig zur Verzweiflung bringt. Was für ein Widerspruch: ein festgeschriebener Text in der Hand eines Redners. Was für eine Provokation: eine Ansprache ohne Ausdrucksformen, ohne die Hinwendung zum Zuhörer. Ein unverzeihlicher Fehler, zumal in einem Medium, das vom Mitteilen lebt und wegen der großen Konkurrenz und der Einschaltquote, auf jeden Zuschauer angewiesen ist. Aber auch in Bezug auf die Gemeinde vor Ort ist es eine Zumutung, wenn der Prediger bei seiner Predigt letztendlich darauf verzichtet, wirklich gehört zu werden. Die Predigt sollte doch Aufmerksamkeit erreichen, zum Zuhören einladen, auch das Herz anrühren. Der unbeteiligte Vortragsstil ist dazu wenig geeignet. Trotzdem wollen viele Prediger genau daran festhalten. Kaum ist das schwarze Ringbuch aufgeschlagen, wird die Probe vom Regisseur gleich nach den ersten Predigtworten in der Regel abrupt abgebrochen. Mit eindringlichen Worten wird der Prediger dann aufgefordert, sein schwarzes Ringbuch abzugeben. Dies geschieht nicht ohne Protest. Niemand will sein Skript gerne abgeben. Der Regisseur versucht nun zu motivieren: „Sie haben den Text doch geschrieben und wissen, was Sie uns und der Gemeinde sagen wollen." Die ersten Versuche ohne Text sind nicht sehr erfolgreich. Nach den ersten zwei Sätzen wird gleich wieder abgebrochen. Jetzt wird der Prediger unwillig, ist aber auch unzufrieden mit sich selbst. „Das war doch schon einmal ein guter An-

fang!", *so die Rückmeldung aus der Regie.* „*Sie wirken viel freier und authentischer!" Das ermutigt. Der Prediger beginnt sich zu besinnen, konzentriert sich auf die Aussage, die er machen will und nimmt den Regisseur jetzt als einen Ansprechpartner wahr. Er beginnt zu den Menschen zu sprechen und bringt sich dabei selbst ein. Nach mehreren Anläufen entwickelt sich schließlich aus einem festgeschriebenen Redestil eine anschauliche ansprechende Anrede. Das ist es, was der Regisseur erreichen wollte. Die zuhörende Gemeinde und die Zuschauer vor dem Fernsehschirm werden es ihm danken.*

Die Probensituation bei einem Fernsehgottesdienst lenkt den Blick auf den Kommunikationsprozess, der durch das Evangelium eröffnet wird, und weist auf ein Kriterium, das sich nicht im Evangelischen Gottesdienstbuch findet, aber dennoch wichtig ist, weil es die Frage nach der Resonanz einer Gottesdienstfeier in den Mittelpunkt rückt und die Aufführungspraxis der Verkündigung hinterfragt. Im Gesamtgeschehen des Gottesdienstes findet dies besonders im Lesungs- und Auslegungsteil Beachtung. Zuvor ist eine Klärung notwendig: Was verstehen wir unter Kommunikation des Evangeliums? Ist Evangelium nur eine Kurzformel, die mehr Probleme schafft als sie löst? Wilhelm Gräb ist zuzustimmen, dass dieser Begriff – ähnlich wie *Wort Gottes* – die Predigtaufgabe erst stellt und nicht bereits löst.[1] Daraus ist allerdings nicht zu folgern, dass dieser Begriff untauglich sei und durch „Religion" oder „Sinn" zu ersetzen wäre. Vielmehr geht es bei der Kommunikation des Evangeliums in praktischer Hinsicht um ein Anforderungsprofil, dem sich der Prediger nach der Ausarbeitung seiner Predigt auf dem Weg zur Kanzel stellen muss, und in theoretischer Hinsicht um die theologische Begründung für Gottesdienst und Predigt.

Ausführung

1. ZUR DYNAMIK DER KOMMUNIKATION

Medientheoretisch betrachtet ist, wie Christian Grethlein herausgearbeitet hat, *Evangelium* sowohl ein Übertragungs- wie ein Speichermedium:[2] Als Übertragungsmedium ist es ein Mittel, Begrenzungen zu überwinden; dies geschieht durch Menschen, die das Evangelium als frohe Botschaft mündlich verkünden. Als Speichermedium ist es Teil eines Buches, des Neuen Testaments, in dem es als Gattung erscheint, die vierfach ausgeführt wurde (Evangelium *nach* Matthäus, Markus, Lukas, Johan-

---

[1] Vgl. Gräb, Sinn, S. 292.
[2] Vgl. Grethlein, Kommunikation, S. 21 ff.

nes). Das Evangelium als Übertragungsmedium beruht auf personaler („face-to-face") Kommunikation, ist aber als Speichermedium Bestandteil apersonaler Kommunikation. Hierbei ist allerdings zu beachten, dass bis in die Reformationszeit hinein die Bibel durch den gottesdienstlichen Gebrauch (meist als gesungene Lektion) für die meisten Menschen ausschließlich als personal vermitteltes Medium galt, ohne Einschränkung zumindest für diejenigen, die Latein verstanden. Erst nach Bibelübersetzungen und Bibeldrucken war das Buch der Bücher auch als Speichermedium der Gemeinde zugänglich und prägte verstärkt protestantische Schrifttheologie und Bibelfrömmigkeit. Abgesehen von der Frage, in welchem Ausmaß die Bibel heute als private Lektüre genutzt wird, hat sie im gottesdienstlichen Gebrauch nach wie vor als personales Medium zu gelten: Aus ihr wird der hörenden (und nicht einer mitlesenden) Gemeinde vorgelesen und sie wird in der Predigt ausgelegt. Bereits diese Einsicht hat Konsequenzen für die Gestaltung: Die Lesung ist ein Akt der Verkündigung des Evangeliums in „face-to-face"-Kommunikation und darf daher nicht „face down" erfolgen; auch die Predigt gehört zu dieser Kommunikationsart und ist verfehlt, wenn sie bloß aus der Verlesung eines Manuskripts besteht. Darauf wird noch zurückzukommen sein.

Theologisch gedeutet ist Evangelium eine Kurzformel für das christliche Wirklichkeitsverständnis.[3] Es gehört zum Proprium christlicher Glaubenslehre, dass das Nachdenken über Gott und den Menschen, also über Wirklichkeit im christlichen Sinn, immer wechselseitig aufeinander bezogen erfolgt: Man kann nicht über Gott, den Schöpfer reden, ohne über die Geschöpflichkeit des Menschen und der Natur zu reden; man kann nicht über Gott, den Retter und Erlöser reden, ohne über die Gefährdungen und Verstrickungen des Menschen zu reden; man kann nicht über Gott, den Vollender reden, ohne über die Bruchstückhaftigkeit irdischen Lebens zu reden. Diese Wechselseitigkeit wird im Evangelium in radikaler Zuspitzung so gedeutet, dass Gott dem Menschen gnädig zugewandt ist, ihn in Liebe annimmt und in ihm die Hoffnung auf Vollendung des Lebens weckt, begründet im Verständnis des Evangeliums, das sein Zentrum darin hat, dass Christus für uns gestorben und auferweckt worden ist. Darin handelt Gott also uns zugute, erhält, rettet und vollendet uns. Deshalb geschieht im Gottesdienst durch das Evangelium *Orientierung*, *Vergewisserung* und *Erneuerung* (vgl. Kap. 1).

Evangelium ist also ein Begriff, in dem das theologische Grundverständnis christlichen Glaubens kulminiert und der gleichzeitig unterschiedliche mediale Dimensionen besitzt. Aus medialer wie theolo-

---

[3] Vgl. Preul, Kommunikation, S. 10.

gischer Blickrichtung ist *Evangelium* daher eine dynamische Größe, die stets auf Kommunikation drängt, die durch die biblischen Geschichten vielfältig konkretisiert wird und die gegenwärtige Verstehensprozesse in Gang setzt.

An dem Verstehensprozess, der durch eine Predigt in Gang gesetzt wird, ist der Prediger maßgeblich beteiligt. Ja, mehr noch, er ist gefordert, diesen Prozess in Bewegung zu bringen; denn bei der Verkündigung des Evangeliums geht es nicht nur darum, den biblischen Text sachgemäß auszulegen, sondern auch darum, den biblischen Text in seiner Auslegung vor und mit der Gemeinde zur Sprache zu bringen, zur An-Sprache zu bringen. Das Anforderungsprofil des Predigers in der konkreten Predigtsituation lautet: Die Aufmerksamkeit der zuhörenden Gemeinde wecken, um diese für seine Predigt zu gewinnen. Im Blick auf den Kommunikationsprozess muss die Zugewandtheit der Zuhörer jedoch erarbeitet werden. Sie geschieht nicht von selbst und erfordert vom Prediger eine große Sensibilität gegenüber der eigenen Ausdrucksweise und Ausdrucksform, die sich während der gesamten Predigt auf die Adressatensituation einzustellen hat. Mit einem guten Predigtanfang ist es noch nicht geschafft, denn die zuhörende Gemeinde will mit Worten umworben, belebt, ergriffen und ermutigt werden. Das ist das Anforderungsprofil einer lebensnahen und ansprechenden Verkündigung des Evangeliums, die mit dem gleichen Sachverstand bedacht werden muss wie die sachgemäße Auslegung der biblischen Texte. Während es in der Phase der Predigtvorbereitung um den Anspruch einer Textgebundenheit geht, sollte bei der *Inszenierung des Evangeliums* das Augenmerk auf den Akt des Sprechens gelegt werden, der nicht nur eine große Sprachkompetenz einfordert, sondern die Körperarbeit des Predigers einschließt.

Martin Luther sagte einmal: In einer Rede arbeiten zusammen „zwei Glieder, Ohren und Zunge, weil das Reich Gottes auf beiden gegründet ist".[4] In Bezug auf die Verkündigung sind demnach zwei Aspekte zu berücksichtigen: das Hören und das Sprechen. So müssen die Ohren des Predigers, die auf die Worte des Evangeliums in der Schrift hören, mit der Zunge kooperieren und damit zur Sprache werden, damit die Botschaft des Evangeliums lebendig wird und die Ohren der Zuhörer erreicht. Die Zusammenarbeit von Ohren und Zunge ist für den Verkündigungsprozess also enorm wichtig. Gerade in Bezug auf die Zuhörer, denn es geht darum, das *Hören-auf-die-Botschaft* in *an-sprechender* Weise, nämlich in Form eines mündlichen Vortrags weiterzugeben. Das zu *Fleisch* gewordene Wort wird nicht auf taube Ohren stoßen, wenn die Verkündigung

---

[4] Vgl. Martin Luther, Predigt über Mk. 7,31–37, WA 37, S. 512.

des Evangeliums durch den Prediger authentisch formuliert wird. Authentisch in diesem Sinne heißt: Der Prediger hat das Gesagte selbst erlebt, er weiß, wovon er spricht. Die verbalen Ausdrucksweisen sind dazu genauso notwendig wie die gestischen und mimischen Ausdrucksformen, die die Aussage der Botschaft unterstreichen. Dafür müssen die Prediger jedoch aufgeschlossen sein und dürfen sich nicht in der privaten Welt der Amtsstube verstecken. Nur, wenn sie sich auf ihre öffentliche Rolle als Sprecher auf der Kanzel einlassen, werden Texthörer und Predigtschreiber zu Textauslegern und Predigtsprechern, Exegeten und Schriftsteller zu öffentlichen Wortverkündern und Rednern. Nur wenn die innere Haltung sich auf eine äußerliche Ausdrucksform bezieht, kann der Verkündigungsprozess auf der Kanzel in Gang gesetzt werden. Nur dann wird das Wort zu Fleisch und kann auch die nötige Aufmerksamkeit beim Zuhörer gewinnen. Allerdings wird die Kommunikation des Evangeliums nicht nur vom Prediger bestimmt. Die Arbeit des Predigers an der eigenen Sprache und der entsprechenden Körperhaltung, die sich aus der Kommunikationssituation einer öffentlichen Rede ergibt, entspricht der Hörarbeit, die ein Zuhörer im Gottesdienst zu leisten hat. Denn auch das Ohr des Hörers ist am Kommunikationsvorgang, der durch das Evangelium ausgelöst wird, maßgeblich beteiligt. Es speichert die Worte des Predigers nicht einfach ab, sondern nimmt die Rede durchaus selektiv wahr.[5] Es gibt so etwas wie eine subjektive Wahrnehmung, die mit der Person und der Erfahrung der Hörenden maßgeblich zusammenhängt. So ist damit zu rechnen, dass einzelne Aussagen ausgeblendet, andere jedoch als besonders wichtig erkannt werden. Dieses Hörvermögen hängt auch mit den jeweiligen Hörgewohnheiten zusammen. So kann beispielsweise die Ausdauer zum Zuhören sehr unterschiedlich ausfallen. Außerdem entwickelt jeder Zuhörer durch das Gehörte noch einmal eine ganz eigene Auslegung und entwirft sich womöglich seine ganz eigene Geschichte. Der Zuhörer ist also produktiv am Kommunikationsprozess beteiligt, denn er hat die Möglichkeit auszuwählen, auszublenden oder aber aufzunehmen und weiterzudenken. Jedes Ohr hört eben anders. Der Inhalt der Predigt wird demnach durch den Zuhörer „mitkonstituiert",[6] woraus sich noch einmal ein ganz anderer inhaltlicher Schwerpunkt ergeben kann. So gesehen geschieht der Kommunikationsprozess durchaus wechselseitig. Die Bereitschaft zum Hören ist jedoch maßgeblich durch die Art und Weise des Vortrags, durch die Wortwahl, die Stimmführung und rhetorischen Sprachmittel, aber auch durch das äußerliche Erscheinungsbild an die Person des Sprechers, also an den Prediger ge-

---

[5] Vgl. Gerd Otto, Kunst, S. 94 ff.
[6] Vgl. Otto, Predigt, S. 48.

bunden. Daher muss das Anforderungsprofil des Predigers in Bezug auf die Kommunikationssituation einer Predigt noch um einen wichtigen Aspekt erweitert wahrgenommen werden: Er muss den Zuhörer als Rezipienten nehmen.

2. Zur Perspektive der Rezipienten

Die Geschichte der Predigtpraxis und Predigtlehre war über Jahrhunderte gekennzeichnet durch die Leitvorstellung *Verkündigung*. Dies hatte tiefe Wurzeln in dem reformatorischen Verständnis, dass das *pro me* des Heils von außen *zugesagt* werden muss. Dessen Gewissheit ist ja gerade nicht im Menschen, sondern in Gott begründet; die Verkündigung sollte diesen Zuspruch als gewiss machende Rede proklamieren. Diese Auffassung funktioniert nur unter den Voraussetzungen, dass die Bibel als Speichermedium des geoffenbarten Wortes Gottes gilt, die Predigt als Übertragungsmedium an dieser Dignität partizipiert und der Prediger entweder vollständig hinter der Botschaft zurücktritt oder aber als priesterlich zuverlässiger Mittler angesehen wird. Diese Voraussetzungen lassen sich heute nicht begründen; außerdem hat die praktische Homiletik herausgestellt, dass die als Zuspruch gemeinten Sätze meist als Behauptungen oder als autoritäre Sätze gehört werden, und dass kein Prediger die eigene Person aus dem Redegeschehen heraushalten kann. Daher wurde vor allem durch Ernst Lange seit Mitte des 20. Jahrhunderts – Impulse der weltweiten Ökumene aufnehmend – verstärkt der Begriff *Kommunikation* als neue Leitvorstellung erkannt. Dass es sich hierbei nicht um ein einfaches Modell mit den Faktoren *Sender*, *Empfänger*, *Nachricht/Botschaft*, sondern um komplexe Wechselbeziehungen zwischen Bibeltext, Predigt, Prediger und Hörer in bestimmten Zeiten, Räumen und Kontexten handelt, hat die gegenwärtige Homiletik inzwischen ausführlich untersucht (vgl. Engemann). Außerdem wurde die Sinn bildende Funktion der Hörer als Rezipienten deutlicher als bisher erkannt.

Die Verkündigung des Evangeliums vollzieht sich als Kommunikation des Evangeliums, also in einem Verstehensprozess, der durch das als dynamisch verstandene Evangelium immer neu angestoßen wird. Diese Kommunikation erwartet von biblischen Geschichten „fremde" Anstöße, die eine „eigensinnige Predigt" (K.-H. Bieritz) ermöglichen und neue Erfahrungen wie neues Verstehen freisetzen können. Eine solche Predigt redet nicht in allgemeiner Richtigkeit über „Gott und die Welt", sondern von dem Gott, der durch das Evangelium uns heute orientieren, vergewissern und erneuern will.

Christliches Wirklichkeitsverständnis ist konkret und situationsbezogen. Daher gilt es, immer wieder neu Sprache zu finden, Bilder, Vergleiche, Metaphern kühn zu formulieren und den Zuspruch des Evangeliums nicht autoritär zu behaupten, sondern beispielsweise in Gestalt von Narrationen oder narrativen Elementen überraschend zu entwickeln. Erinnert sei in diesem Zusammenhang an die große mündliche Tradition der biblischen Redner. Überliefert sind unterschiedliche literarische Formen wie Erzählungen, Sprichwörter, Kurzgeschichten, Gleichnisse, aber auch Ermahnungen und Bekenntnisse. Aus der biblischen Überlieferung können Rückschlüsse auf die Ausdrucksformen der ersten Prediger gezogen werden. Es geht bei der Verkündigungsaufgabe jedoch nicht nur um rhetorische Formen und sprachliche Stilmittel, sondern um den Inhalt, der in der Predigtsituation für den Zuhörer in aller Anschaulichkeit und Prägnanz zum Ausdruck gebracht werden soll. Und damit auch um die Erwartungshaltung des Zuhörers, der bei der Predigt weder einen brillanten Redner noch einen unterhaltsamen Entertainer erwartet, sondern einen glaubwürdigen Zeugen, der den Zuspruch des Evangeliums, den er für sich in einer sachgemäßen Auslegung des biblischen Textes gewonnen hat, glaubhaft und authentisch an die zuhörende Gemeinde weitergibt, um einerseits dem Anspruch des Evangeliums, der in der Orientierung, Vergewisserung und Erneuerung liegt, aber damit auch der Erwartungshaltung und Hoffnung der Zuhörer gerecht zu werden. Daraus lassen sich wichtige Aspekte für die Verkündigung auf der Kanzel formulieren. Zum einen wird es bei der Verkündigungsaufgabe der Prediger im Wesentlichen darum gehen, mit der Predigt in das Leben der Zuhörer hineinzugreifen und damit den Nerv der Zeit zu treffen.[7] Der Bezug zu alltäglichen Themen und damit zu gesellschaftlichen und politischen Fragestellungen darf also nicht fehlen. Die Erwartungshaltung der Zuhörer zielt allerdings nicht auf eine allgemeine Kommentierung zur Lage der Nation. Das Evangelium als Einspruch und Zuspruch dient nicht der Verdopplung der neuesten Nachrichten. Daher ist zum anderen ein weiterer Aspekt zu berücksichtigen, der über die Beschreibung einer allgemeinen Lebenswirklichkeit hinausgeht. Dem Leben eine Tiefe zu geben, ist eine wesentliche Erwartung an einen Prediger, die man nicht aus dem Blick verlieren darf. Viele Menschen leiden unter der Oberflächlichkeit der Spaßgesellschaft, weil sie selbst spüren und erleben, dass das Leben nicht immer nur leicht und fröhlich ist. Die Predigt ist der Ort, an dem diese Erfahrungen zur Sprache kommen können. Bei dem Zuspruch im Evangelium geht es dann auch um Lebenshilfe. Die existentiellen Fra-

---

[7] Vgl. Michael Meyer-Blanck, Inszenierung, S. 15 ff.

gestellungen der Menschen stehen im Vordergrund, z. B. wie richte ich mein Leben aus?, wie bewältige ich meinen Alltag?, wie gehe ich mit Verlusten um?, wie teile ich meine Zeit sinnvoll ein?, wie treffe ich Entscheidungen? Die Sehnsucht nach einer religiösen Begleitung im Alltag muss Berücksichtigung finden. Sie wird vom Prediger erwartet und berührt den seelsorglichen Aspekt der Predigtaufgabe. Der Seele einen Raum zu geben, das ansprechen, was die Menschen in ihrem Innersten berührt, was sie belastet und gefangen hält, aber auch antreibt und motiviert. In einer auf Massenkommunikation ausgerichteten Medienwelt sind viele Menschen darüber sprachlos geworden, zumal die Massenmedien global senden, aber die Rezeption fast ausschließlich in den Privatbereich verlagern bzw. in die „Privatheit hinein spezifische Einstellungen und Grundhaltungen"[8] vermitteln. Der fortschreitende Informationsaustausch über das World-Wide-Web kann die Kultur eines persönlichen, offenen Gesprächs nicht ersetzen und letztendlich das Herz des Menschen nicht erreichen. Dennoch bleibt eine Sehnsucht danach, die in einer dem Menschen zugewandten Predigt berücksichtigt werden kann. Dieser Sehnsucht eine Sprache zu geben und der Verheißung auf eine andere, neue Welt den Raum zu eröffnen, sind weitere Aspekte, die zu bedenken sind. In der Gesellschaft, aber vor allem in den Medien werden immer wieder falsche Hoffnungen geweckt. Diese Traumbilder und Paradiesvorstellungen können nur selten ins Leben übertragen werden. Dennoch bleibt die Hoffnung auf Erfüllung und damit ein ganz reales Bedürfnis, das wahrgenommen und konkret gelebt werden will. Dieser Sehnsucht Ausdruck zu verleihen, ist Aufgabe des Predigers, weil die Kernaussage der Predigt in sich das Potential hat, die Sehnsucht des Menschen aufzunehmen und in einen anderen Kontext zu stellen. Die Verheißung einer neuen Welt kann die Erinnerung an elementare Hoffnungszeichen und Bilder des Glaubens wach halten oder neu hervorrufen. Darin zeigen sich der Zuspruch, der im Evangelium begründet liegt und zu Recht von der hörenden Gemeinde beansprucht werden darf, und der Einspruch des Evangeliums, der Leben und Welt kritisch deutet, begleitet und orientiert.

3. Die Motivation der Predigenden

Im Kontext einer Fernsehgottesdienstübertragung geht es bei der Verkündigung des Evangeliums zunächst einmal um die Frage nach der Motivation des Predigers und dessen Bereitschaft, sich auf eine besonde-

---

[8] Schmidt-Rost, Medium, S. 101.

re Kommunikationssituation einzustellen und den Verkündigungsprozess als eine besondere Herausforderung anzunehmen. Ein wichtiger, maßgeblicher Aspekt mit weitreichenden Folgen. Schließlich sollte es bei der Verkündigung des Evangeliums doch vor allem darum gehen, die Gemeinde für die Botschaft aufzuschließen und für diese zu gewinnen. Der Vergleich zum Sport ist an dieser Stelle hilfreich. Denn die Einstellung, die sich beim Prediger und bei der Predigerin entwickeln sollte, ist mit der Haltung eines Leistungssportlers durchaus vergleichbar, der sich bei Wettkämpfen immer wieder bewähren muss, um ans Ziel zu kommen und zu gewinnen. Selbst Paulus, der große Apostel und Missionar, hat diesen Vergleich mit dem Sport angestellt mit dem Ziel, die Verkündigung des Evangeliums voranzutreiben und seine Mitarbeiter anzuspornen, die Konkurrenz nicht zu scheuen. Er schreibt im ersten Brief an die Korinther (9,24): „Wisst ihr nicht, dass die, die in der Kampfbahn laufen, die laufen alle, aber einer empfängt den Siegespreis? Lauft so, dass ihr ihn erlangt. Lauft, lauft, um des Evangeliums willen ..." Die Verkündigung ist nach Paulus also eine Übungssache, die ein gewisses Training und Lernbereitschaft erfordert, Einsatz, Durchsetzungsvermögen und Ausdauer erwartet, um sich einer harten Konkurrenz auszusetzen und am Ende am Erfolg gemessen zu werden.

Paulus hat hier die *agora* vor Augen, den Marktplatz der Meinungsvielfalt, auf dem er sich mit seiner Botschaft bewähren muss. Um sich dieser großen Öffentlichkeit zu stellen, bedarf es ein hohes Maß an Professionalität, das sich durch sicheres Auftreten und sprachliche Kompetenz auszeichnet, aber auch durch eine Offenheit, die die ernsthafte Auseinandersetzung nicht scheut und die Bereitschaft aufweist, den Wettstreit mit anderen Konkurrenten als Herausforderung anzunehmen. Dies zeichnet das Paulusbild aus, das Lukas in der Apostelgeschichte entwirft und entspricht dem Wettkampfbild des Apostels. Dass er möglicherweise selbst nicht als starker Redner angesehen wurde (vgl. 2 Kor. 10,10), sollte uns vor überzogenem Perfektionsstreben bewahren, kann aber nicht als nachahmenswertes Vorbild dienen.

Die genannten Aspekte können auch heute noch für die Verkündigung im Gottesdienst fruchtbar gemacht werden. Gerade wenn es darum gehen soll, den Öffentlichkeitsauftrag von Verkündigung wieder mehr in den Mittelpunkt zu rücken und wenn man davon ausgeht, dass es sich bei Predigt um keine Geheimdisziplin handelt, die auf Insiderohren ausgerichtet ist. Aus dem Erfahrungsbereich der Fernsehgottesdienste konnte folgendes Anforderungsprofil entwickelt werden:

Konkrete Planungsschritte zur Predigt – Predigen in der Öffentlichkeit

1. Sprachkompetenz entwickeln, die sich durch eine sprachliche Klarheit und schlüssige Gedankenführung auszeichnet:

> - Es muss um Argumente und logische Schlussfolgerungen gehen.
> - Unbegründete Aussagen werden als bloße Behauptungen entlarvt.
> - Ein Oberlehrergehabe ist genauso unangemessen wie die Pose des lockeren Entertainers.
> - Nur der persönliche und authentische Predigtstil ist annehmbar.
> - Die Grundhaltung muss einladend sein; Interesse soll geweckt, nicht eingefordert werden.
> - Die Nähe zur Gemeinde muss berücksichtigt und immer wieder neu aufgebaut werden.
> - Sprachlich wie inhaltlich müssen die Predigten ein gewisses Niveau halten und gut vorbereitet sein.
> - Eine professionelle Präsentation von Sprache, Gestik und Mimik muss eingeübt werden.

2. Ein großes inhaltliches Spektrum abdecken. Das erfordert ein erweitertes Wahrnehmungsvermögen, den Blick über die Strukturen der Ortsgemeinde hinaus zu wagen:

> - Der politische und gesellschaftliche Kontext müssen berücksichtigt werden.
> - Allgemein aktuelle Fragestellungen und zeitkritische Themen dürfen nicht vernachlässigt werden.
> - Ganz normale Alltagserfahrungen müssen eine größere Rolle spielen.
> - Authentische, persönliche Lebens- und Glaubenserfahrung sind wichtig, sie müssen jedoch ohne missionarischen Eifer auskommen.
> - Kirchlich-repräsentative Bedürfnisse einzelner Gemeinden sind wenig überzeugend, wenn sie keine Anknüpfungspunkte anbieten.

3. Eine größere Öffentlichkeit wahrnehmen, die über die Vorstellungen einer „Kerngemeinde" hinausgeht:

> - Menschen, die sich im Gottesdienst nicht (mehr) auskennen.
> - Menschen, die keine christliche Sozialisation mitbringen.

- Menschen, die sich in der Bibel nur wenig auskennen.
- Menschen, denen christliche Grundbegriffe fremd sind.
- Menschen, die sich mit innerkirchlichen Themen nicht auskennen.
- Menschen, die nur wenig eigene Gottesdiensterfahrung mitbringen.
- Menschen, die christliche Religion und Glauben als eine individuelle Erfahrung leben, die mit Kirche und Institution erst einmal nichts zu tun hat.
- Menschen, die eine andere Religion, Konfession haben oder mit Glaubensfragen nichts anfangen können.

Ein weiterer Gesichtspunkt ist bei der Kommunikation des Evangeliums zu berücksichtigen: die Klärung und Deutung der eigenen *Rolle*, die der jeweilige Prediger, die Predigerin in der Kommunikationssituation des Predigens konkret einnimmt oder einnehmen möchte. Die Erfahrung zeigt, dass das Rollenverständnis bei den Predigern große Unterschiede aufweist und dementsprechend auch sehr unterschiedlich ausgefüllt wird. Manch einer gefällt sich in der Pose des lockeren Entertainers, um sich bewusst gegen eine Rollenzuweisung abzugrenzen, die durch ein bestimmtes Amtsverständnis einer Pfarrerin/eines Pfarrers vorgegeben wird. Karl-Heinrich Bieritz sieht darin eine Art Verweigerungshaltung, die das Spannungsfeld von Rolle und Individualität verfehlt und der Darstellung der eigenen Persönlichkeit den Vorrang gibt.[9] Ein anderer überhöht diese Rolle, indem er sich als Mittler zwischen Gott und der Gemeinde wahrnimmt und die „Inszenierung des Evangeliums" überzeichnet. Michael Meyer-Blanck nennt dieses Phänomen ein „im geistlichen Triumphalismus übersteigertes Rollenbewusstsein".[10] Es gibt aber auch Prediger, die bei der Frage nach der eigenen Rolle unsicher sind, weil sie nicht wissen, wie sie die eigene Glaubenserfahrung in die Rolle des Predigers/der Predigerin angemessen eintragen sollen. Bieritz beschreibt diesen Konflikt als „theologische Blockaden", die in der Situation des Predigens deutlich werden: „Von Kindesbeinen an habe ich gelernt ", so Bieritz, „der Glaube sei eine ganz persönliche Sache, meine ganz persönliche Sache – … und nun soll ich plötzlich als Mittler zwischen Gott und der versammelten Gemeinde agieren – als Priester am Altar, als Prophet auf der Kanzel".[11]

---

[9] Vgl. Bieritz, Spielraum Gottesdienst, S. 76 ff.
[10] Vgl. M. Meyer-Blanck, Inszenierung und Präsenz, S. 14 ff.
[11] Bieritz, Spielraum Gottesdienst, S. 77.

Der Konflikt berührt die Frage nach einer eigenen pastoralen Standortbestimmung, die auch nach unserer Auffassung gerade bei der Kommunikation des Evangeliums nicht vernachlässigt werden darf, weil sonst die Gefahr besteht, dass die Predigt an persönlicher Glaubwürdigkeit verliert. Es kann also bei der Rolle der Predigerin/des Predigers nicht darum gehen, die eigene gläubige und theologische Existenz zu verleugnen. Der Prediger/die Predigerin sollte jedoch nicht mit der Rolle verschmelzen, denn nicht die eigene Person soll beim Predigen dargestellt, sondern die zu gestaltende Aufgabe persönlich ausgefüllt werden. Das Evangelium mit der Person in Szene zu setzen, wäre die angemessene Form und anzustrebende Rollenzuweisung, für die wir eintreten. Den in der Exegese erarbeiteten Zugang zum Evangelium präsent weiterzugeben, ist die Aufgabenstellung, die im Predigtamt zur Geltung kommen soll.

4. Konsequenzen für das Predigen

Die Klärung der Kommunikationssituation und die Formulierung eines Kommunikationsziels sind notwendige Schritte, die beim Schreiben einer Predigt berücksichtigt werden müssen. Während in der Kommunikationssituation allgemeine Kommunikationsbedingungen und Voraussetzungen in den Blick geraten, geht es bei der Formulierung eines Kommunikationsziels um die konkrete Kommunikationssituation, die in der Predigt zum Tragen kommen sollte. Dazu gehört die Wahrnehmung der Rezipientensituation vor Ort (welche Gemeindesituation habe ich konkret vor mir?), die Suche nach einer eigenen, persönlichen Standortbestimmung,[12] die durch den biblischen Text erarbeitet wird und die Arbeit des Predigtschreibens, die darin besteht, einen eigenen Stil[13] zu entwickeln und verständliche, ansprechende Formulierungen[14] zu finden. In diesem Zusammenhang steht die Frage der Anschaulichkeit und Prägnanz der Predigt im Mittelpunkt. Bei der Entwicklung eines Stils ist jedoch auch zu bedenken, ob die Gedankengänge innerhalb der Predigt aufeinander aufbauen und einen stringenten Ablauf haben. Auf den Anspruch eines sprachlichen und inhaltlichen Niveaus ist besonders hinzuweisen. Die von Karl-Heinz Bieritz erwähnte Tendenz zur Trivialisierung, die er in verschiedenen Liturgien wieder findet, kann auch auf die sprach-

---

[12] Vgl. oben das Thema Rollenverständnis.
[13] Vgl. unten Beispiele: Predigt von Pastor Traugott Giesen bzw. 4. Kapitel, Beispiele: Entwicklung von Ausdrucksformen; Darstellung von Ausdrucksformen.
[14] Vgl. Regeln zur Verständlichkeit.
[15] Vgl. Bieritz, Spielraum Gottesdienst, S. 86.

liche Qualität einzelner Predigten übertragen werden.[15] Zuletzt geht es bei der Formulierung des Kommunikationsziels um die Frage nach der Einordnung der Predigt in den dramaturgischen Gesamtablauf des Gottesdienstes.

Nach der Klärung der Kommunikationssituation und des Kommunikationsziels steht der Prozess der Redeplanung im Mittelpunkt. Hierzu gibt es unterschiedliche Methoden, um zu einer freien oder freieren Predigtansprache zu gelangen. Eine Voraussetzung für alle Methoden ist jedoch die Einteilung der Predigt in Sinnabschnitte. In den Fernsehgottesdiensten bewährte sich die sog. „Stichwortmethode": Jedem Sinnabschnitt wird zunächst eine Überschrift zugeordnet, die anschließend durch sog. „Gelenkwörter" ergänzt und memoriert wird. Gelenkwörter sind beispielsweise: dennoch, dagegen, aber, auf der anderen Seite. Sie sind hilfreich, um den Gedankengang der Predigt zu verinnerlichen. Eine andere Methode ist die sog. „Mnemotechnik". Sie wird im Bereich des Gedächtnistrainings verwendet, das körperbezogen arbeitet. Einzelne Sinnabschnitten werden bestimmten Körperteilen zugeordnet. Die Denkbewegung kann dabei vom Kopf ausgehen; es ist jedoch auch möglich mit den Füßen zu beginnen und am Kopf zu enden. Wichtig ist, dass kein Körperteil ausgelassen wird (vgl. Beispiele).

Konkrete Planungsschritte zur Predigtvorbereitung

1. Kommunikationssituation

- Rezipienten (Wem will ich vermitteln?) – größere Öffentlichkeit
- Rolle des Predigers (Als „Wer" spreche ich?) – Evangelium und Person
- Inhalt (Was will ich vermitteln?) – inhaltliches Spektrum
- Sprache (Wie will ich vermitteln?) – offene Sprache

2. Kommunikationsziel

- Rezipienten (Wem will ich konkret vermitteln?) – Zielgruppe
- Exegese und Auslegung (Was will ich konkret vermitteln?) – Evangelium und persönlicher Standort
- Stil festlegen (Wie will ich den Text konkret vermitteln?) – Sprachformen
- Stringenz erarbeiten (Wie will ich einen Spannungsbogen aufbauen?) – Dramaturgie
- Dramaturgie des Gottesdienstes (Welchen Stellenwert hat die Predigt in der Gesamtdramaturgie des Gottesdienstes?) – Kontext

3. Sinneinheiten

- Welche Sinnschritte sind wichtig, um das Ziel der Predigt zu erreichen? – Sinnschritte
- Wie kann ich das, was ich sagen will, in Sinneinheiten ordnen? Welche Erzählungen, Beispiele, Zitate oder Bibelverse kann ich dazu zentral in jedem Abschnitt verwenden? – Sinneinheiten
- Was kann ich als roten Faden verwenden (immer wiederkehrender Bibelvers, einzelner prägnanter Satz etc.)? – Gedankengänge
- Überschriften

4. Redeplanung nach der sog. „Stichwortmethode"

- Überschriften
- Stichworte
- Stichwortsammlung
- Stichwortmanuskript anlegen
- „Gelenkwörter" als Strukturprinzip (wenn ... dann, weil, darum, gleichwohl, oder, auch, ob, sondern, soeben, gerade, damals ...)
- „freie" Rede – die Bindung an den Text

5. Redeplanung nach der sog. „Mnemotechnik"

- Sinneinheiten
- Stichworte
- Zuordnung an bestimmte Körperteile (Kopf, Arme, Herz, Bauch, Gesäß, Schenkel ... bis zu den Füßen oder umgekehrt)
- „freie" Rede – die Bindung an den Körper

6. Befreiung vom Skript

- Ansprechender Sprachstil
- Produzierendes Sprechdenken
- Sprechübung (Sprechen beim Gehen)

Leitsatz

> Aufgabe von Gottesdienst und Predigt ist die Kommunikation des Evangeliums als Zuspruch und Einspruch in unsere Gegenwart. Daran ist auch die Predigtgestaltung auszurichten, die als lebendige, die Gemeinde ansprechende Rede eines oder einer als Person präsenten Predigers oder Predigerin zu halten ist.

Beispiele

Im Folgenden werden die konkreten Planungsschritte zur Predigt umgesetzt.

Redeplanung nach der sog. Mnemotechnik (vgl. oben Punkt 5) Gottesdienst aus der Altmünsterkirche Mainz am 24. Januar 1988 (Predigt von Gerd Otto)

a) Die Einteilung der Predigt nach Sinneinheiten

1. Sinneinheit:
Liebe Gemeinde, liebe Zuhörerinnen und Zuhörer!
Ein paar Bilder oder Bildreste werden vermutlich vielen von uns durch den Sinn gehen, wenn die Rede ist: von den Heiligen Drei Königen. Die einen mögen an den in manchen Gegenden verbreiteten Brauch der Sternsinger denken, andere werden sich an fremdländische, dunkelhäutige Gestalten erinnern, vor dem Jesuskind niederknieend, sei es als Krippenfiguren, sei es auf Gemälden alter Meister.

2. Sinneinheit:
Alle diese Bräuche und Bilder sind Ausgestaltungen jener einen Geschichte, die wir eben gehört haben, der Erzählung von den Weisen aus dem Morgenland, wie es bei Luther heißt – eine Geschichte, „der man es ansieht, dass viele durch sie hindurch und über sie weggelaufen sind" (L. Steiger), sie immer anders wiederholend, in Worten und Bildern, in Spielen und Liedern.

3. Sinneinheit:
Solche Geschichte ist kein zufälliges Phantasieprodukt. Sie ist eine Antwort auf Fragen, die ihre ersten Hörer gestellt haben mögen: Was hat es mit Jesus auf sich? Wer ist er? Für wen? Die Antwort ist kein Tatsachenbericht, sondern sie erfolgt durch die Mitteilung von Erfahrungen, die Menschen gemacht haben und in Bildern weitererzählt haben. Menschen vor Zeiten; sehen wir zu, ob ihre Erfahrungsbilder auch zu uns sprechen.

4. Sinneinheit:
Ich hebe drei Bilder heraus. Das erste Bild: Fremde kommen, um anzubeten. Außenstehende, Heiden, Nichtjuden fragen: „Wo ist der neugeborene König der Juden?". Es sind

keine Zauberer, keine Könige, sondern nach den Maßstäben ihrer Zeit sind es Gelehrte. Sie haben den Stern entdeckt und sind ihm von weither gefolgt. Fremde. Die keine Juden sind, fragen nach dem König der Juden.

Man muss zu diesem Bild wissen, dass das Matthäusevangelium, in dem unsere Geschichte überliefert ist, ausdrücklich für Christen geschrieben ist, die ehedem Juden waren. Denen wird hier erzählt – oder auch: die erzählen es einander: Das Kind, in dem Gott bei den Menschen ist, ist für Juden, Christen und Heiden geboren.

Welch ein Traum von einer Kirche! Eine Kirche für alle, eine Menschheitskirche, in der alle den: Gott für die Menschen, den: Gott bei den Menschen anbeten. Diese Vision steckt in unserer Erzählung. Und wie nehmen sich vor solcher Vision die zaghaft-ängstlichen Annäherungsversuche zwischen zwei christlichen Kirchen bei uns aus?

5. Sinneinheit:

Das zweite Bild: Anbetung, Huldigung, Gaben gelten einem Kind. Die einen König suchen, finden ein Kind, und sie wenden sich nicht ab, sie suchen nicht weiter, sondern sie nehmen das Kind als König.

Gott, der Große, der Allmächtige – im Bild eines Kindes? Gott – ein Menschenkind? Was sagt das Bild?

Gemessen an den Großen der Welt oder auch nur an den Maßstäben der Erwachsenenwelt – Haben, Können, Leisten – sind Kinder unscheinbar. Ihre Unscheinbarkeit wird hier zum Bilde Gottes gemacht. Gott in der Unscheinbarkeit – aber dort, eben dort: erschienen. Erschienen, wo man ihn übersehen kann. Oder ein anderer Blick auf das Bild: Ein Kind kann uns lehren, was es heißt, auf andere angewiesen zu sein. Kinder leben von Offenheit und Zuwendung, die sie erfahren, oder sie verkümmern. Der Gott, der größer ist als unser Hirn und unser Herz, lebt von unseren Zuwendungen, unserer Liebe. Wie denn? Indem wir einander annehmen, nehmen wir ihn auf. Das sind seine Hoffnung und seine Not. Unsere Not. Die Not des verlorenen Kindes. Darum bei Bonhoeffer:

Menschen gehen zu Gott in ihrer Not.
Menschen gehen zu Gott in seiner Not.
Gott geht zu allen Menschen in ihrer Not.

6. Sinneinheit:

Schließlich das dritte Bild: Hinter den Fremden, hinter dem Kind sehen wir die Oberen: den König Herodes und die Religionsbeamten, die Hierarchie. Herodes, der Machthaber, erkennt die Gefahr und kennt den Ausweg: brutale Gewalt. Auf unsere Bildergeschichte folgt die Erzählung vom Kindermord. Da er des einen Kindes nicht habhaft werden kann, lässt er alle hinmorden. Sicher ist sicher. Wer seine Macht bedroht sieht, schreckt vor nichts zurück. Vor Zeiten so wie heute. Nur die Mittel ändern sich. Gott als Kind stellt menschliche Macht in Frage. Damit können Machthaber oft nur schwer leben. Und die religiöse Obrigkeit? Damit kein Zweifel entsteht: Hier ist nicht der Anlass für antisemitisches Gewäsch, denn wie sich die jüdischen Oberen verhalten, so neigen Religionsbeamte sich allemal zu verhalten: Sie kennen die Traditionen, sie kennen die Buchstaben – aber den neuen Anruf, die neue Herausforderung zu begreifen, das fällt ihnen oft sehr, sehr schwer. Viel schwerer als den Fremden, den Heiden. So zitieren sie ihre Bibel – und wenden sich zur Seite.

b) Suche nach Stichworten und deren Zuordnung an bestimmte Körperteile

1. Sinneinheit:
Bilder, die einem durch den Sinn gehen
Stichwort: SINN
Mnemo: Kopf (Gedanken und Erinnerungsbilder im Kopf entstehen lassen)

2. Sinneinheit:
Erzählung von den Weisen aus dem Morgenland
Stichwort: ERZÄHLUNG
Mnemo: Mund (Biblische Geschichte erzählen und ausgelegen)

3. Sinneinheit:
Fragen, die die ersten Hörer gestellt haben
Stichwort: FRAGEN
Mnemo: Ohren (auf Fragen hören)

4. Sinneinheit:
Eine betende Menschheitskirche
Stichwort: BETEN
Mnemo: Hände (sich Gott durch Beten zuwenden)

5. Sinneinheit:
Im Herzen Zuwendung und Offenheit leben
Stichwort: HERZ
Mnemo: Herz (ein Herz öffnen)

6. Sinneinheit:
Die menschliche Macht wird in Frage gestellt
Stichwort: MACHT
Mnemo: Bauch (jemandem grollen)

7. Sinneinheit:
Ferne und Fremde suchen
Stichwort: SUCHEN
Mnemo: Beine (auf Menschen zugehen)

Das Kommunikationsziel klären (vgl. oben Punkt 2)
Gottesdienst aus der St. Severinkirche zu Keitum auf der Insel Sylt am 8. August 1993 (Predigt von Pastor Traugott Giesen, in verschiedenen Teilen)

a) Exegese und Auslegung
Die gelungene Suche nach einer eigenen, persönlichen Standortbestimmung, die in diesem Fall durch ein Gemeindelied („Lobe den Herren, den mächtigen König der Ehren") und der Kantate von J. S. Bach erarbeitet wurde.

b) Stil festlegen
Die gelungene Entwicklung einer eigenen Sprachform bzw. eines eigenen Stils, der sich an der poetischen Sprache der Lieder orientiert.

Predigtteil 1:
O Dein, mein ganzer Lebensbogen ist in diesem Lied ausgespannt. Freude, Mühe. Katastrophen und Rettung. Alltag und Fest ist hineingewoben. – Und ich werde bei meiner besten Seite genommen, meine wohl wichtigste Begabung wird mir aufgegeben, etwas in mir rüttelt mich wach: Lobe den Herrn, meine Seele, komm, staun doch, lob doch. Du bist doch kein Holzklotz, du musst es doch merken, meine geliebte Seele, dass Lob dran ist. Du kannst nicht die Fülle des Lebens haben und verbrauchen, wie die Kühe die Weide abgrasen, gleichmütig. Verzeiht, liebe Kühe, eure Augen erzählen, dass ihr dankbare Wesen seid, klug von Natur. Ihr lobt wohl Gott automatisch, wie ihr ja dem Leben nutzt, Milch gebt, Fleisch gebt, und keinem etwas zu Leide tut, nur das Gras kurz haltet.
Ihr dankt von selbst, aber wir Menschen müssen uns ermahnen, müssen unserer Seele Sporen geben: Lob doch, dank doch.
Dank erst mal, wenn das Essen auf dem Tisch steht. – Eben das Frühstück. Es ist doch wahr: Ein König der Ehren hat die ganze Schöpfung erarbeitet. Sieh nur: Wie viel Naturgesetze ineinander haken müssen, wie viel Natur aufeinander abgestimmt sein muss, damit Korn wachsen kann, das von uns Menschen als Brot verdaubar ist. Wir müssen irgendwie verwandt sein, sonst wär das Korn für uns nicht genießbar. Und so viele Menschen haben schon für uns gearbeitet. Vom Acker auf den Tisch, wie viel Fleiß musste erbracht werden, dass du und ich heute wieder satt werden.
Lob und Dank ist allemal menschlicher als einfach „Mahlzeit" sagen und reinhauen. Wir müssen uns ermahnen. Schlingen geht von selbst. Lob und Dank aber kommt aus Wachsein und Hinfühlen. Es ist doch mein Begehren, Gott zu loben.
Im Innersten weiß ich's doch.
Hört die Kantate von Johann Sebastian Bach. Hör dein Innerstes, deinen Lobgesang.

Bachkantate

Predigtteil 2:
Hast du's verspürt? Der dich erhält, wie es dir selber gefällt. Doch ja, im Nachhinein siehst du dein Leben als Kette von Bewahrung. Eine Perle Behütung reiht sich an die andere; dazwischen ja auch Abstände, Dunkel, Schmerz, Abschiede, Schuld, Gewalt, Ohnmacht. Doch, auch in deinem Leben finsteres Tal, Sackgassen, Verzweiflung, du

erstarrst vor Schreck, vereist vor Gram, hilflos, nicht helfen zu können – lassen müssen, zulassen, ertragen, ausbaden, weinen, das musstest du auch. Aber wo Grauen war, wuchs das Rettende auch. Du fandest dich wieder als wieder gefunden vom Leben, von Gott. Du konntest wieder auf eigene Füße, du wurdest wieder bereitet für eine neue Liebe. Du bekamst wieder eine neue Chance. Wie heißt es in Psalm 31: „Du hast mir den Sack der Trauer ausgezogen und mich wieder mit Freuden gegürtet. Du stellst meine Füße auf weiten Raum."

Doch, du hast es verspürt, dass letztlich es gut wurde mit dir. Dass du hindurchgetragen bist durch die Mühen und verwandelt und jetzt auch die Umwege und Irrwege annehmen kannst als zu deinem Lebensweg gehörend.

Dass Gott alles so herrlich regieret, ist ein Spitzensatz des Vertrauens. Er soll nicht den Jammer unterschlagen, den Schmerz, den Gott selbst erleidet mit seiner Welt. – Wie eine Mutter den Schmerz des Kindes mitleidet, fast noch mehr diesen Schmerz bis in die Herzspitze empfindet, so ist es doch auch mit Gott. – Und wir beten noch: Dein Reich komme, Dein Wille geschehe, weil ja noch so viel, was Gott nicht will, geschieht. Aber alles gelebte Leben, wenn Gottes Regieren vollständig sein wird, bricht aus in nicht endende Freude, das glaube ich fest. Und darum singe ich schon jetzt manchmal aus Vorfreude von diesem herrlichen Regieren.

Außerdem, die Lust zu diesem Lob setzt nicht bei der Besichtigung der Weltlage ein, sondern bei meiner, deiner Bewahrung. Auf Adlers Fittichen sicher geführt, mal dir das aus.

Bachkantate

Predigtteil 3:

Ja, kunstvoll und fein dich bereitet. Aus den kleinsten Anfängen zweier Zellen deiner Eltern: Du, unbegreiflich, wunderbar. Und so ein Lebensbogen hat sich dir ausgespannt, soviel Zeit ist dir schon eingeräumt worden, so viel Geschick und Begabung, soviel Klugheit und Platz auch für Sünde. Ja, er hat deinen Stand sichtbar gesegnet, aus dir ist etwas geworden.

Doch es ist wohl genau andersrum: Als junge Leute hat man uns angesprochen: Kerl, Mädchen, du hast dich gemacht.

Aber es war doch genau umgekehrt. Wir sind doch gemacht worden, vom Schicksal, von Gesellschaft, von Notwendigkeit. Von Gott sind wir geknetet und geformt und erzogen worden, haben oft genug unsere eigene Entwicklung erlitten, standen ihr im Weg, wollten Wandel und Reife nicht zulassen. Und siehe da, jetzt doch du, fürs Leben brauchbarer Mensch.

Du gut! Mit deinen, in deinen Grenzen. Du ein Kunstwerk der Liebe und Schöpferlust Gottes. – Genieß dich, sei gern du, hilf, dass anderen du keine Qual wirst. Denke daran, was der Allmächtige kann, der dir mit Liebe begegnet.

Alle Macht gehört Gott, das meint das Wort Allmacht.

Aber noch gibt es eigenmächtige Menschen, die sich selbst zu kleinen Göttern aufputzen, zum Glück nur für kurze Zeit. Dass Gott das zulässt, ist nicht Schwäche, sondern Liebe, die frei lässt auch zu Irrtum und Schuld. Diesen Zusammenhang hält Kirche fest; die Tradition, die Liebesgeschichte Gottes von Abraham und Sara an uns erzählt, wird mit uns fortgesetzt. Du, ich – nicht Solisten des Lebens, Eigenbrötler und Vergessene, sondern: Alles was Odem hat, lobe mit, glaube mit, hoffe und setze auf diesen Gott, die unausschöpfliche Quelle guter Möglichkeiten. Er ist dein Licht. Seele vergiss es ja nicht. AMEN.

Konkrete Planungsschritte zur Predigt – Regeln zur Verständlichkeit

1. Schreiben Sie so, wie Sie sprechen würden!
   Die Sätze müssen für jeden verständlich sein und keinem Hochschulanspruch genügen. Es lebe der Hauptsatz! Höchstens ein Nebensatz ist gestattet! Alle Fremdwörter sind verboten!

2. Lassen Sie hören, was Sie zu sagen haben!
   Denken Sie daran: Sie setzen mit Ihrer Stimme und ihrer Körpersprache ein Stück Persönlichkeit ein.

3. Der Predigthörer soll sich nichts merken müssen!
   Das Wichtigste gehört immer nach vorn. Dann immer eins nach dem anderen. Nur eine Information pro Satz.

4. Das Verb gehört nach vorn!
   Substantive stellen nicht die „Hauptwörter" dar. Das Verbum enthält die eigentliche Hauptinformation.

5. Nominalstil meiden!
   Je mehr Substantive und je weniger Verben, desto dichter der Begriffe-Hagel. Keine Häufung von Genitivverbindungen und Partizipien!

6. Keine Angst vor Anhängern!
   Anhänger kennzeichnen den Sprechstil allgemein und unterstützen die Linearität.

7. Zentrale Begriffe wiederholen!
   Wer den Faden verloren hat und später „einsteigt", der bekommt durch Wiederholungen des Themas eine Orientierung.

8. Wiederholung schafft Verständlichkeit!
   Vorsicht vor Varianz. Nicht Abwechslung schafft Verständlichkeit. Verwenden Sie Synonyme nur, wenn der Predigthörer dadurch nicht irritiert wird!

9. Immer wieder zusammenfassen!
   Folgendes mitbedenken: Wo sind wir gerade? Was hatten wir schon? Was steht noch aus? Hilfreich ist auch eine einleitende Frage.

10. Aktiv ist besser als Passiv!

11. Konkret ist besser als abstrakt!

12. Bejahung ist verständlicher als doppelte Verneinung!

13. Wörter der Umgangssprache sind verständlicher als Fachbegriffe!

14. Modalverben (brauchen, dürfen, lassen) sind fast immer verzichtbar – ebenso alle überflüssigen Füllwörter (nur, ganz und gar, auch, ein Stück weit, usw.)!

15. Sprechakte müssen klar sein!
Hauptgefahr sind als Bitten oder Erlaubnisse getarnte Appelle.

16. „Man" und „Wir" sind meist unklar oder vereinnahmend. „Ich" ist besser!

17. Ironie auf der Kanzel versteht niemand!

18. Rhetorische Fragen erzeugen weniger Spannung als der Redner denkt!

7. Kapitel: Planen und gestalten

Kriterium

> Die dramaturgische Gestaltung des Gottesdienstes benötigt eine geplante und nachvollziehbare Inszenierung.

Annäherung

Der Gottesdienst – ein „Bühnenstück"? Die Kirche – ein „Theater?"
Von außen betrachtet ist der Vergleich nahe liegend: Da ist das Gebäude, das in den meisten Fällen durch seine Größe und seine besondere Architektur mit anderen repräsentativen Gebäuden wie Oper, Theater oder Schauspielhaus durchaus vergleichbar ist. Dann der reichhaltig mit Kunst ausgestaltete Raum, der nach vorne ausgerichtet ist und mit einer „Bühne" zu vergleichen wäre. Dazu kommen die „Requisiten" und die „Kulisse": die Kanzel, das Lesepult, der Altar mit Bibel, Kreuz und Kerzen, gelegentlich auch mit Kanne, Kelch und Teller für das Brot. Dazu die Schar der Gottesdienstbesucher, das „Publikum", das im Gegensatz zu anderen Veranstaltungen in den meisten Fällen wenig wechselt, also ein „Publikum mit Abonnentenkarte", das sich zur „Vorführung" durch den „Gong" in Form eines Glockengeläuts auf seinem Platz einfindet. Die „Rollen" sind bekannt: Der Pfarrer oder die Pfarrerin ist „Hauptakteur". Hin und wieder kommen auch andere „Akteure" vor, die eine „Szene" gestalten. Dann noch der Organist oder auch der Chor für die musikalische Gestaltung. Schließlich das „Stück" selbst. Es ist in seiner Abfolge zumeist bekannt, auch dann, wenn kleine „Varianten" vorkommen und der Handlungsrahmen etwas abwechslungsreicher gestaltet ist. Im Eröffnungsteil werden die Besucher, wie bei modernen Schauspielstücken, motiviert sich zu beteiligen. Im Hauptteil, bei der Predigt, kommen sie weniger vor. Im besten Fall läuft hier der Hauptdarsteller zur Topform auf und kann sein „Publikum" mitreißen. Ist die Vorstellung gelungen, dann bezahlen die Besucher am Ende. Hin und wieder treffen sich die Besucher nach der „Aufführung" noch einmal im „Foyer" zu einem Kaffee, um sich auszutauschen. Eine Pause ist bei der dreiviertelstündigen Veranstaltung nicht vorgesehen.

Dass auch der Gottesdienst eine Dramaturgie besitzt und eine Inszenierung benötigt, ist in der neueren Praktischen Theologie im Zuge der ästhetischen Wende des Fachs bemerkt und diskutiert worden (s. u.). Hierbei ist ein Problem von Belang: die Beziehung von Inszenierung und Wirklichkeit und damit von Form und Inhalt. Zu den Vorbehalten gegenüber einer Inszenierung hat bereits Michael Meyer-Blanck zu Recht hervorgehoben, dass *Inszenierung* gerade nicht gleichzusetzen ist mit „unwahr", „unwirklich" oder „bloß inszeniert", sondern dass mit Inszenierung, auch im Theater, die Frage nach Wirklichkeit und Wahrheit unabweisbar gestellt ist:

Der Begriff der „Inszenierung" weist auf die Grundspannung evangelisch verstandenen Gottesdienstes, auf das Verhältnis von unverfügbarer Wirklichkeit und menschlich verantworteter, dargestellter Wirklichkeit des Evangeliums, oder sehr viel einfacher: Der Begriff „Inszenierung" beinhaltet eine gesteigerte Aufmerksamkeit für das Verhältnis von Inhalt und Form.[1]

Inhalt ist nie ohne Form vorhanden – zumindest nicht bei einer Aufführung. Die Predigt besteht nicht aus den Sätzen des Manuskripts, sondern aus den gesprochenen und gehörten Worten und Sätzen. Am Sonntagmorgen steht nicht das Evangelium „an sich" oder als zeitlose Wahrheit zur Debatte, sondern ob in der gottesdienstlichen Inszenierung Wahrheit für die eigene Person in ihrer je eigenen Lebensgeschichte entdeckt werden kann. Diese Einsicht eröffnet eine Freiheit zum Gebrauch des (zunächst) verfremdenden Begriffs *Inszenierung*, weil hiermit gleichzeitig – besonders in protestantischer Tradition – die Differenz von Verheißung und Inszenierung im Bewusstsein bleibt. Und sie eröffnet einen bleibenden Vorbehalt gegenüber allen Aufforderungen zu neuer religiöser oder ritueller Unmittelbarkeit.

In der praktischen Liturgik ist die Frage nach Form und Inhalt als Gestaltungsfrage ständig im Blick. Auch wenn im Umfeld des Evangelischen Gottesdienstbuches nicht auf die Begriffe *Inszenierung* und *Dramaturgie* zurückgegriffen wurde, war von Anfang an deutlich, dass Gottesdienst eine Gestaltungsaufgabe ist – und zwar umso mehr, weil die Orientierung an *Struktur und Varianten* statt an *Ordinarium und Proprium* (vgl. Kapitel 2) Freiheit und Notwendigkeit zur Gestaltung eröffnet.

Ausführung

1. Das Verständnis von Dramaturgie

In den letzten Jahren wurde der Handlungs- und Gestaltungsrahmen einer Gottesdienstfeier sehr oft mit einem *Drama* verglichen, das sich seit Jahrhunderten immer wieder nach den gleichen Handlungsanweisungen, Rollen und Regeln vollzieht. So hat Karl-Heinrich Bieritz den gottesdienstlichen Ablauf als ein „offenes Kunstwerk" bezeichnet:

> Es ist ein altes Stück, das da Sonntag für Sonntag in unseren Kirchen aufgeführt wird: Der Handlungsrahmen, die wichtigsten Texte und Töne liegen seit Jahrhunderten fest. Kulissen, Bühnenausstattung dürfen nur innerhalb eines bestimmten Grundmusters variieren. Der Handlungsrahmen schreibt auch die Schauplätze fest, und solche Festschreibung im Raum fixiert und tradiert ihrerseits die überlieferte Handlung des Stücks.

---

[1] Meyer-Blanck, Inszenierung, S. 18.

Die Kostümierung der Hauptdarsteller ist wenig abwechslungsreich; zaghafte Versuche hier und da etwas zu ändern, stoßen meist auf den Widerstand des Publikums.[2]

Der Gottesdienst als „Bühne". Ein Eindruck, der in seiner Außenperspektive zunächst einmal nicht von der Hand zu weisen ist. Die Frage, die sich jedoch stellt, ist, ob bei einer Gottesdienstfeier wirklich „gespielt" wird – und ob es sich bei diesem „Bühnenstück" um die „Inszenierung" eines kultischen Dramas handelt, bei dem die handelnden Liturgen „Rollen" übernehmen.

Die Vorstellungen über den Begriff *Dramaturgie* gehen an dieser Stelle weit auseinander. Während die einen diesen Begriff auf die innere Struktur und den äußeren Gestaltungsrahmen eines Theaterstückes, eines Dramas oder eines Schauspiels beziehen und die dramaturgisch gestalteten Handlungsstrukturen für einen Gottesdienstablauf fruchtbar machen wollen, führen die anderen den Begriff auf seine ursprüngliche Bedeutung, auf seinen eigentlichen Sinngehalt zurück und verstehen *Drama* als eine literarische Kunstform, als Bühnendichtung, die ein ernstes Schauspiel, also ein trauriges, erschütterndes Geschehen, spannend gestaltet. Übertragen auf das gottesdienstliche Geschehen würde das heißen, dass sich im *Drama* „Gottesdienst" der Sinngehalt der Aufführung selbst erschließt. Also: Der Gottesdienst als eine Art Mysterienspiel mit Gott als Autor oder als Regisseur, der den Handlungsrahmen vorgibt, wonach sich die „Schauspieler", sprich Liturgen, dann auszurichten haben.

Die Position, dass es sich bei dem Drama „Gottesdienst" im besten Sinne um ein *mystisches* Schauspiel handelt, findet sich z. B. in der neuesten Publikation von Martin Nicol[3], der in seinen Ausführungen über die „dramaturgische Homiletik" auch die Grundvollzüge in der Liturgie unter dramaturgischen Gesichtspunkten analysiert und beurteilt. Seine Vorstellung geht jedoch über die von K.-H. Bieritz weit hinaus, indem er nicht nur einen formalen bzw. ästhetischen Vergleich anstellt, sondern die dramaturgische Aufgabenstellung der Liturgen und Prediger im Sinne eines Theaterdramaturgen auch auf den Inhalt, die Hauptaussage des „Stückes", beziehen möchte. Es geht darum, den „Weg im Geheimnis"[4] zu beschreiben. Aufgabe der liturgischen Verantwortlichen sei es, den Gottesdienst im Fluss zu halten und die im Gottesdienst gestaltete Bewegung, von Nicol *plot* genannt, bei der Entfaltung der liturgischen Handlung zu berücksichtigen: „to keep the service flowing or monumentum building".[5] In ähnlicher Weise findet sich dieses Gottesdienstverständnis

---
[2] Vgl. K.-H. Bieritz, Gottesdienst als „offenes Kunstwerk"?, S. 358.
[3] M. Nicol, Einander ins Bild setzen, Göttingen 2002.
[4] Ebd., S. 42.
[5] Ebd., S. 45.

auch bei Manfred Josuttis, der die Dramaturgie eines Gottesdienstes in Anlehnung an die mittelalterliche Mystik als ein „mystagogisches" Geschehen versteht.[6] Einen anderen Ansatz verfolgt Michael Meyer-Blanck, der in seiner Einführung in die „Erneuerte Agende" den Vergleich zum Drama im Wesentlichen auf die Form und die Struktur einer Gottesdienstfeier bezieht, wonach der dramaturgische Aufbau einer Gottesdienstfeier mit der Inszenierung eines Dramas durchaus vergleichbar ist.[7]

An diese Position knüpfen wir an: Eine stringente und in sich schlüssige Dramaturgie, die sich an der gottesdienstlichen *Grundstruktur* orientiert und die einzelnen liturgischen Sequenzen so miteinander verbindet, dass sie aufeinander aufbauen und einen Spannungsbogen beschreiben, ist ein wesentlicher Faktor, um einen Gottesdienst ansprechend und nachvollziehbar zu gestalten. Diese Dramaturgie hat jedoch nichts mit einem „Schauspiel" gemeinsam, auch wenn die Kirche als Gebäude und der Gottesdienst, von außen betrachtet, als Austragungsort des kirchlichen Lebens angesehen werden kann. Die christliche Religion lebt in ihren Gottesdiensten, Feiern und Festen, hat daher auch einen erkennbaren Ort. Von innen gesehen, also vom theologisch-inhaltlichen Gesichtspunkt aus betrachtet, findet jedoch im Gottesdienst kein „Kult-Theater", kein vorgespieltes Leben statt. Es geht vielmehr um das Leben selbst, um das Ganze, wenn man so will: Um die Begegnung mit dem dreieinen Gott, um seine Heilszusage, um Gericht und Gnade, um die letzte Gewissheit im Leben und im Sterben. Das ist das eigentliche Drama: Die Verheißung Gottes vollzieht sich mitten im Leben, mitten im Sterben und darüber hinaus. In den Lesungen, Psalmen, Gebeten und Liedern, vor allem aber in der Predigt wird davon Zeugnis gegeben. Die Verheißung Gottes wird nicht hergestellt, wohl aber wird die Botschaft von dieser Verheißung dargestellt.

2. Inszenierung durch Grundstruktur und Varianten

Inszenierung ist eine auf das Kommunikationsgeschehen „Gottesdienst" bezogene, praxisorientierte Ordnungsgröße, bei der die Frage nach einer stringenten und schlüssigen Dramaturgie in den Mittelpunkt rückt. Der Begriff umfasst aber mehr. Er kommt ohne eine inhaltlich-theologische Einordnung nicht aus, muss sich also auf ein Gottesdienstverständnis beziehen, sonst besteht die Gefahr, dass die *Inszenierung* das Gottesdienstgeschehen selbst ausfüllt und die Grundaussage des Gottesdienstes dominiert.

---

[6] Vgl. Josuttis, Der Weg in das Leben.
[7] Vgl. M. Meyer-Blanck, Inszenierung des Evangeliums.

Von daher soll hier von *Inszenierung* im doppelten Sinn gesprochen werden. Zunächst einmal ist die Dramaturgie in einem Gottesdienstgeschehen durch ihre *Grundstruktur* (Eröffnung und Anrufung – Verkündigung und Bekenntnis – Abendmahl – Sendung und Segen) bereits vorgegeben. Die Abfolge der liturgischen Elemente beschreibt einen Spannungsbogen, der im Verkündigungsteil einen Höhepunkt hat. Die Inszenierung besteht darin, diesen Spannungsbogen in Bezug auf die Gemeinde bewusst zu gestalten und zur Geltung zu bringen, um das Vertrauen in die Verheißung des dreieinigen Gottes bei der Gemeinde zu wecken. Im Verlauf des Gottesdienstes geht es in Bezug auf die Gemeinde darum, sie in die dem Menschen zugesagte Wirklichkeit Gottes hineinzuführen und auf seine Heilsgeschichte auszurichten. Die Ausrichtung ist bereits zu Beginn des Gottesdienstes im Eingangsvotum vorgegeben: Im Namen des dreieinigen Gottes kann Orientierung, Vergewisserung und Erneuerung geschehen. Daher muss der Eingangsteil des Gottesdienstes einen einladenden Charakter aufweisen: Es geht um das Angebot des Evangeliums, darum, sich grundsätzlich neu zu orientieren! Ein rein auf Dramaturgie ausgerichteter Eingangsteil eines Gottesdienstes kann jedoch die göttliche Verheißung nicht herstellen, so dass sich diese Bewegung automatisch von „oben" nach „unten" und in der Gemeinde „von rechts nach links" vollzieht. Der Kommunikationsvorgang im gottesdienstlichen Geschehen geschieht nicht unmittelbar, sondern indirekt, medial. Daher hat das Eingangsvotum nicht den Charakter einer magischen Formel. Es folgt eher dem Duktus einer Einladung. Der Einladende ist jedoch nicht der Liturg. Daher bezieht sich die Inszenierung auf den Inhalt der Aussage und nicht auf den Liturgen. Er hat lediglich die Aufgabe, das dialogische Geschehen zu eröffnen, das sich vom Eingangsvotum am Anfang bis zum Segen am Ende des Gottesdienstes vollzieht und von der Spannung lebt, die Wirklichkeit Gottes und die menschliche Lebenswirklichkeit miteinander ins Gespräch zu bringen. Die Inszenierung sollte im weiteren Verlauf, dramaturgisch gesehen, bis zum Verkündigungs- und Bekenntnisteil linear angelegt werden. Der Spannungsbogen wird so „inszeniert" und aufgebaut, dass sich bis zur Predigt so etwas wie ein *roter Faden* durchzieht, an dem sich die einzelnen liturgischen Elemente ausrichten. Den Psalm- und Lesungstexten kommt daher eine *nachgeordnete* Bedeutung zu. Sie haben die Aufgabe auf die Hauptaussage des Gottesdienstes zu verweisen, die nach evangelischem Verständnis in der Predigt, in der Auslegung des Wortes Gottes, im Evangelium liegt. Damit ist der Spannungsbogen erreicht. Hier verdichtet sich das Kommunikationsgeschehen zwischen Mensch und Gott und rückt die Frage nach der Vergewisserung in den Mittelpunkt. Die Gemeinde kann gewiss sein, „dass uns nichts scheiden kann von der Liebe Gottes, die in Jesus Christus ist, unserem Herrn" (Röm. 8,38). Die alttestamentlichen Texte, die von der Errettung, Befreiung und Bewahrung Israels zeugen, haben im dramaturgischen Ablauf die Funktion, die Heilsgeschichte in ihren Ursprüngen und geschichtlichen Wurzeln zu beleuchten, um im weiteren Verlauf den Blick der Gemeinde auf das Evangelium auszurichten, das nach christlicher Überzeugung abschließend und umfassend in dem Juden Jesus von Nazareth, in seiner Verkündigung, in seinem Wirken und Handeln, in seinem Tod und seiner Auferstehung im Neuen Testament überliefert wurde.

Die Abfolge der einzelnen liturgischen Stücke geschieht jedoch nicht nur auf lineare Weise, sie ist auch dialogisch strukturiert. Im Dialog von Wort und Antwort, von Verkündigung und Bekenntnis partizipiert die Gemeinde am Gottesdienstgeschehen. Das muss in der Inszenierung des Kommunikationsgeschehens bedacht werden. In den Gebets- wie auch in den Bekenntnisteilen ist es für die Gemeinde im Sinne einer Inszenierung sinnvoll, wenn der Liturg und die Liturgin zurücktreten, um sie der Gemeinde zu überlassen, die in diesen liturgischen Passagen Raum zum Ausdruck ihrer eigenen Lebenswirklichkeit erhält. Auch die *Varianten* können diesen Aspekt besonders hervorheben. Daher ist die Inszenierung der gottesdienstlichen Feier als eine *gemeinschaftliche Inszenierung* zu verstehen, die sich auf das ganze Leben des Menschen bezieht. Am Ende des Gottesdienstablaufs, in den Fürbitten, kommt dies besonders zum Tragen und wird auf die Gemeinschaft ausgerichtet. Der Aspekt der Aussendung steht am Ende der Gottesdienstdramaturgie und motiviert die Gemeinde, das Evangelium im Alltag zu leben, die „Gute Nachricht" an andere Menschen weiterzugeben. Damit wird der Spannungsbogen geschlossen.

3. Zur Planung der Inszenierung

Die Inszenierung eines Fernsehgottesdienstes hat die professionelle Planung einer Gesamtdramaturgie im Blick. Der gesamte liturgische Handlungsrahmen muss darauf abgestimmt sein, die Zuschauer auf die Gesamtaussage der Feier auszurichten. Beim Fernsehgottesdienst spricht man in diesem Zusammenhang gern von einer Gesamtatmosphäre, die am Anfang der Sendung aufgebaut und bis zum Ende durchgehalten werden muss. Der einladende Charakter der Gottesdienstfeier soll unterstrichen werden. Daher wird der Spannungsbogen – nicht nur für einen Fernsehgottesdienst – so aufgebaut, dass beim Zuschauer zunächst einmal eine Bereitschaft entsteht, sich auf das Gottesdienstgeschehen einzulassen. Er sollte dann so weitergeführt werden, dass der Zuschauer im weiteren

Verlauf auch motiviert ist, sich durch die Zeugnisse in der Schrift und die Verkündigung des Evangeliums persönlich ansprechen zu lassen und diese Erfahrung mit anderen zu teilen. Ziel der Inszenierung ist die Teilnahme der Zuschauer an einem dynamischen und partizipatorischen Kommunikationsgeschehen, das auf Orientierung, Vergewisserung und Erneuerung ausgerichtet ist.

Die konkreten Überlegungen, die sich daraus ergeben, können auch für die gelungene Inszenierung eines Gemeindegottesdienstes fruchtbar gemacht werden: Bei der Planung eines Gemeindegottesdienstes sollte es zunächst darum gehen, die einzelnen liturgischen Elemente so zu planen und aufeinander zu beziehen, dass der Gottesdienstbesucher den Ablauf nicht nur mitverfolgen, sondern selbst daran teilnehmen kann. Der Gottesdienstbesucher wird in das kommunikative Geschehen einbezogen, wird eingeladen, angesprochen, aber auch mitgenommen. Die (aktive wie mitvollziehende) Teilnahme am Gottesdienstgeschehen hat höchste Priorität. Die professionelle Planung einer Gottesdienstfeier sollte zwei Aspekte berücksichtigen: den linearen Handlungsablauf einer Liturgie und die dialogische Kommunikationsstruktur, die in einer Gottesdienstfeier vorgegeben ist und medial vermittelt wird.

Ausgangspunkt ist die Planung einer stringenten und in sich schlüssigen Handlungsabfolge, bei der die unterschiedlichen Gestaltungsmöglichkeiten, die in einer Gottesdienstfeier vorgegeben sind oder als Ergänzung neu entwickelt wurden, genauso berücksichtigt werden wie die sprachlichen Ausdrucksformen bzw. andere Ausdrucksweisen. Darüber hinaus soll die Gestaltung der dialogischen Kommunikationsstruktur mit der Gemeinde im Blick bleiben. Deren Teilnahme an diesem kommunikativen Prozess vollzieht sich innerhalb der Gottesdienstfeier jedoch auf unterschiedliche Weise. Sie ist in der *Grundstruktur* der Gottesdienstfeier zwar vorgegeben, muss jedoch in Bezug auf die Grundaussage des Gottesdienstes bewusst gestaltet werden. Genauso wie die *Programmatik* des Gottesdienstablaufes, die im Eingangsvotum bereits vorliegt. Die Dynamik, die sich aus diesem Auftakt für den Kommunikationsprozess ergibt, ist bewusst zu planen, damit die Partizipation des Gottesdienstbesuchers im Verlauf des Gottesdienstes geschehen kann und damit auch Orientierung, Vergewisserung und Erneuerung.

Der Beginn der Gottesdienstfeier ist funktional das Ankommen der Gemeinde. Dieser Aspekt muss bei der Inszenierung berücksichtigt werden und in der dramaturgischen Gestaltung seinen Ausdruck finden. Dem Eröffnungsteil kommt deshalb eine einladende Funktion zu. Der Gottesdienstbesucher wird durch die sprachliche Gestaltung des Eingangsteils abgeholt und in den Gottesdienst geführt. Dieses Anforderungsprofil gilt für alle am Gottesdienst Beteiligten, also auch für die Gestaltung der Kirchenmusik, die hier besondere Chancen besitzt, aber auch besonderen Gefährdungen ausgesetzt ist.

Im weiteren Verlauf des Gottesdienstes nimmt die Möglichkeit der Teilnahme des Gottesdienstbesuchers sukzessiv zu. Das Mit-singen, Mit-hören und Mit-sprechen kommen als weitere *Inszenierungsprogrammpunkte* dazu. Für die Dramaturgie bedeutet dies dreierlei: Einerseits wird es darum gehen, die Gemeinde zur Teilnahme zu motivieren, des Weiteren darum, die Teilnahme zu ermöglichen, um diese dann drittens auch im Blick auf die Hauptpassage im Gottesdienst, in Richtung Predigt zu steuern. Bei der Inszenierung des ersten Gesichtspunkts sind die sprachliche Kompetenz und die Professionalität anderer Ausdrucksformen gefragt. Die beiden anderen Gesichtspunkte beziehen sich auf die Auswahl und die Anordnung der liturgischen Stücke. Für die Orientierung des Gottesdienstbesuchers ist eine zu große Vielfalt wenig hilfreich, genauso wie eine unstrukturierte Aneinanderreihung von liturgischen Sequenzen. Stringenz ist erforderlich. Deshalb sollte das Angebot an biblischen Texten, liturgischen Handlungsformen und auch kreativen Gestaltungsmöglichkeiten so aufeinander bezogen sein, dass für die Gemeinde ein „roter Faden" erkennbar bleibt. Theologisch wird der Gottesdienstbesucher in die biblischen Erfahrungshorizonte eingeführt. Zugleich öffnet sich ihm in einem gelungenen Gottesdienst der Raum, sich und seine Lebenswirklichkeit darin einzutragen. Die Dramaturgie „treibt" die Möglichkeit der Partizipation „voran". Ziel ist es, den Dialog weiter und intensiver in die Tiefe zu führen. Wenn die dramaturgische Gestaltung Früchte trägt, wird der Gottesdienstbesucher im weiteren Verlauf bis zur Predigt motiviert sein, seine existentiellen Fragen zu stellen und in den Kontext der biblischen Botschaft hineinzutragen. Der Suche nach Vergewisserung folgt das Angebot, das im Evangelium Gestalt gewinnt und vom Prediger ausgelegt wird. Dramaturgisch gesehen handelt es sich bei dieser Passage um den Höhepunkt. Im weiteren Kommunikationsprozess steht dieser Angebotscharakter der biblischen Botschaft im Zentrum: die Vergewisserung im Glauben der Gottesdienstbesucher. Die dramaturgische Gestaltung des Schlussteils bezieht sich auf die neuen Perspektiven, die die Gottesdienstbesucher aus der Begegnung mit dem Predigttext und der Auslegung gezogen haben. Die Perspektive der Neuausrichtung findet einen großen Gestaltungsspielraum in den Fürbitten. Die existentielle Neuausrichtung wird durch eine gemeinschaftliche Ausrichtung erweitert. Durch die bewusste Inszenierung der Sendung und des Segens kann der Gottesdienst beim Gottesdienstbesucher Früchte tragen und ihn für den Alltag ermutigen.

4. Das Ziel der Inszenierung

Die dramaturgische Gestaltung eines Gottesdienstes muss für den Gottesdienstbesucher nachvollziehbar sein. Dann hat sich die Inszenierung bewährt. Bei der dramaturgischen Gestaltung eines Fernsehgottesdienstes hat die Ausrichtung auf die Rezipienten absolute Priorität. „Liebe Deinen Zuschauer wie Dich selbst" gehört zu den Grundlagen, die eine Fernsehgottesdienst-Inszenierung zu berücksichtigen hat. Die Aufgabenstellung ist durch das Format bereits vorgegeben. Die Sendung muss ankommen. Im Kontext eines öffentlich-rechtlichen Mediums vollzieht sich die Kommunikation nach demokratischen Prinzipien, d. h. Zuschauer werden als kompetente Ansprechpartner wahrgenommen. Sie dürfen deshalb auch nicht belehrt, zurechtgewiesen oder arrogant behandelt werden. Sie dürfen jedoch auch nicht überfordert werden. Es ist darauf zu achten, dass sie in das Kommunikationsgeschehen einbezogen werden und auch bleiben. Die Erreichbarkeit der Zuschauer ist das maßgebliche Ziel. Dazu gehört es, sie mit ihren Lebenswirklichkeiten wahrzunehmen und sie nicht mit einer Botschaft von „oben" zu überfrachten. Die „Erdung" ist schon deshalb vorgegeben, weil sich die Kommunikation in einem säkularen Umfeld vollzieht: Er sitzt am Frühstückstisch oder liegt im Bett, sie liest nebenbei die Zeitung oder richtet sich auf den Gottesdienst ein wieder andere setzen sich vor den Fernseher mit Gesangbuch und Kerze. Ein sakraler Raum kommt in der Wahrnehmung der Zuschauer eigentlich nicht vor, er muss durch eine konsequente dramaturgische Gestaltung für die Zuschauer erst erschlossen werden.

Daher sind die kommunikativen Gegebenheiten für die Inszenierung einer Fernsehgottesdienstübertragung sicherlich anders zu bewerten. Die dramaturgischen Kriterien einer solchen Übertragung können sich jedoch auch in der Gemeinde vor Ort als hilfreich erweisen, fokussieren sie doch den Blick auf eine kommunikative Situation, die es zu gestalten gilt:

Konkrete Planungsschritte zur Inszenierung – Fragenkatalog

> 1. Ist die *Inszenierung* auf den Rezipienten ausgerichtet?
> 2. Bezieht sich die dramaturgische Gestaltung auf die Grundaussage des Gottesdienstes und dient sie der Gemeinde zur Orientierung, Vergewisserung und Erneuerung?
> 3. Ist die Gesamtatmosphäre des Gottesdienstes einladend?
> 4. Ist die dramaturgische Gestaltung auf einen Dialog ausgerichtet und wird die Gemeinde am kommunikativen Geschehen beteiligt?

5. Wie wird die *gemeinschaftliche Inszenierung* geplant, ausgeführt und präsentiert?
6. Ist die Gestaltung des Gottesdienstablaufes für die Gemeinde verstehbar und nachzuvollziehen?
7. Wird ein Spannungsbogen aufgebaut, der die Kommunikation vorantreibt?
8. Beziehen sich die liturgischen Passagen dynamisch aufeinander und sind sie in sich schlüssig?
9. Ist ein *roter Faden* erkennbar, der sich vom Anfang bis zum Ende durchzieht?

Checkliste *Liturgischer Ablauf*

1. Eröffnung und Anrufung: Beziehungsaufnahme und Orientierung

- Einstimmung auf den Gottesdienst
- Kommunikation aufbauen
- einladende Musik
- Aufmerksamkeit wecken
- offene Atmosphäre
- ansprechende Gebete
- offene Ansprache
- direkte Anrede

2. Verkündigung und Bekenntnis: Partizipation und Vergewisserung

- Partizipation der Gemeinde
- ausgewählte biblische Texte und Bekenntnisse
- ansprechende moderne Texte
- kommunikative Gestaltungselemente
- unterstützende Gesten und Handlungen
- Raum für Besinnung
- Bezug zur heutigen Zeit
- persönliche Ansprache
- lebensnahe Auslegung
- zeitkritische Themen

3. Sendung und Segen: Motivation und Erneuerung

- Raum für Perspektiven
- persönliche Bitten
- gemeinschaftliche Aufgaben
- Herausforderungen für den Alltag

Leitsatz

Die Feier des Gottesdienstes erfordert eine genaue Vorbereitung, die Gestalt und Gestaltung der Liturgie bedenkt und die Botschaft von dem, den Menschen und der Welt zugewandten dreieinen Gott mit der Gottesdienstgemeinde inszeniert. Darin wird Gottes Verheißung nicht her-, aber dargestellt.

Beispiele

Im Folgenden wird die Checkliste für den liturgischen Ablauf an einem Beispiel, dem evangelischen Gottesdienst aus Lütgendortmund (Gottesdienst aus der evangelischen Bartholomäuskirche am 7. Dezember 2003), konkretisiert. Er wird im Anhang vollständig präsentiert. Der Gottesdienst wurde im Kontext der evangelischen Gottesdienstreihe *Provokation Bibel* ausgestrahlt. Jeder der evangelischen Gottesdienste im Jahr 2003 hatte das Ziel, sich einer bestimmten biblischen Provokation zu stellen.

1. Eröffnung und Anrufung: Beziehungsaufnahme und Orientierung

a) Einstimmung auf den Gottesdienst
Bereits im Vorspiel wird die Gemeinde auf das Thema des Gottesdienstes eingestimmt.[8]

b) Kommunikation aufbauen
Gleich zu Beginn wird das Thema des Gottesdienstes vorgestellt, indem die Pfarrerin die Gemeinde über den Arbeitsprozess der Vorbereitungsgruppe informiert. Dadurch kann die Gemeinde am Erfahrungshorizont der Vorbereitungsgruppe teilnehmen und wird direkt angesprochen.[9]

---

[8] Vgl. Drehbuch im Anhang, S. 170, Pos 1: Eingangsmusik „Those were the days my friends" (Mary Hopkins, instrumental).
[9] Ebd., Pos 2.

c) einladende Musik
Das erste Gemeindelied ist ein bekanntes Adventslied, das gern gesungen wird.[10] Darüber hinaus wurde für den Eröffnungsteil des Gottesdienstes ein modernes Lied ausgewählt, das den Gottesdienst auf der inhaltlichen Ebene voranbringt.[11] Das Thema *Alter* kann auf den persönlichen Erfahrungshorizont der Gemeinde übertragen werden.[12]

d) Aufmerksamkeit wecken
Das Psalmgebet wird ausgeführt, indem persönliche Texte in die einzelnen Passagen des Psalmtextes eingefügt werden.[13] Die persönlichen Gebetstexte ermöglichen der Gemeinde, sich mit ihren eigenen Gebeten in den Psalmtext einzutragen.

e) offene Atmosphäre
Eine offene Atmosphäre wird durch die kreative Ausführung der liturgischen Elemente, aber auch durch die Beteiligung mehrerer Mitwirkender erreicht.[14] Hinzu kommt die Partizipation der Gemeinde, die durch bekannte Lieder und offene, ansprechende Texte zum Mitfeiern angeregt wird.

f) ansprechende Gebete
Im Kollektengebet wird die Gemeinde direkt angesprochen, indem die Pfarrerin versucht, die persönlichen Erfahrungen der Gemeinde abzurufen und ins Gebet einfließen zu lassen. Die Gebetsformulierung: „Viele von uns …" veranlasst die Gemeinde mitzubeten.[15]

g) offene Ansprache
Bei der Begrüßung und den persönlichen Texten, die ins Psalmgebet eingetragen wurden, wird eine offene und alltägliche Sprache verwendet. Sie ist auch für „Außenstehende" verstehbar und nachzuvollziehen, weil persönliche und gewohnte Sprachwendungen verwendet worden sind. Die Satzkonstruktionen sind einfach, auf Fremdwörter wird verzichtet. Es handelt sich um Sprechsprache, nicht um Schreibsprache![16]

h) direkte Anrede
Die direkte Ansprache der Gemeinde wird vor allem in der Begrüßung erreicht. Die Gemeinde wird persönlich eingeladen und angesprochen Pfarrerin Rudloff sagt: „… So sind Gedanken, Bilder, Melodien und tänzerische Bewegungen entstanden, die wir mit Ihnen teilen möchten."

---

[10] Ebd., Pos 3, Gemeindelied: Tochter Zion, EG 13,1–3.
[11] Vgl. 2. Kapitel: Konkrete Planungsschritte zur Struktur. 2. Schritt: Der *rote Faden* wird gesucht.
[12] Vgl. Drehbuch im Anhang, S. 171 f., Pos. 4.
[13] Ebd.
[14] Vgl. 2. Kapitel: Gestaltungsfreiräume.
[15] Vgl. Drehbuch im Anhang S. 173, Pos. 6.
[16] Vgl. 3. Kapitel: Verständlich reden, bzw. 6. Kapitel: Dem Evangelium etwas zutrauen.

2. Verkündigung und Bekenntnis: Partizipation und Vergewisserung

a) Partizipation der Gemeinde
Die Partizipation und Aufmerksamkeit der Gemeinde wird durch eine kurzweilige Abfolge der liturgischen Elemente ermöglicht. Die einzelnen Passagen werden von unterschiedlichen Sprechern übernommen, die im Verlauf des Gottesdienstes an verschiedenen Stellen immer wieder agieren.

b) ausgewählte biblische Texte und Bekenntnisse
Der ausgewählte biblische Text, der im Gottesdienst den *roten Faden* vorgibt, wird innerhalb des Verkündigungsteils im Gottesdienstablauf auf unterschiedliche Weise aufgenommen und bringt die Dramaturgie des Gottesdienstes voran. Einerseits wird er zum Strukturelement für die Predigt, die mehrmals unterbrochen wird,[17] zum anderen hat der biblische Text die Aufgabe, einen Spannungsbogen aufzubauen.[18]

c) ansprechende moderne Texte
Moderne, ansprechende Texte finden sich vor allem in den ausgewählten Gemeindeliedern (vgl. oben). Hinzu kommen Lieder aus dem Bereich der Popmusik, die bei der jungen Ortsgemeinde als bekannt vorauszusetzen sind und daher auch eher angenommen werden.[19] Darüber hinaus wird der Jesajatext auf unterschiedliche Weise modern interpretiert. In den Verkündigungsteil sind persönliche Kommentare einzelner Mitwirkender eingetragen.[20]

d) kommunikative Gestaltungselemente
Durch die Beteiligung von mehreren Mitwirkenden wird die klassische Sprechstelle für die Predigt erweitert, indem die Sprecher zusätzlich im Altarraum agieren. Hinzu kommt das Gestaltungselement Tanz.[21]

e) Raum für Besinnung
Die ausführliche Lesung des Jesajatextes hat im Gottesdienstablauf die Funktion, zu Ruhe und Besinnung einzuladen. Das gleiche kann von der Tanzsequenz gesagt werden, die von meditativer Musik begleitet wird.

f) Bezug zur heutigen Zeit
Der Anteil an lebensnahen und persönlich formulierten Texten ist sehr hoch. Er ist durch die Beteiligung mehrerer Mitwirkender gewährleistet,

---

[17] Vgl. Drehbuch im Anhang, S. 176, Pos. 9: Proklamation des Jesajatextes, Pos 13 und 15: Lesung des Jesajatextes.
[18] Vgl. 2. Kapitel: Ideen entwickeln.
[19] Vgl. Drehbuch im Anhang Pos 7: Musik: „Forever Young" (Alphaville).
[20] Ebd., S. 176, Pos. 9: Proklamation.
[21] Ebd., S. 184, Pos. 19.

die ihre Alltagsprobleme zur Sprache bringen. Der Bezug zur heutigen Zeit wird jedoch auch in der Predigt deutlich. Hier werden aktuelle Probleme wie Altersvorsorge und Gesundheit angesprochen.[22]

g) persönliche Ansprache
Die Predigt enthält lebendige und lebensnahe Formulierungen. Hinzu kommen eigene Erfahrungen, die mit dem Thema *Alter* zu tun haben.[23]

h) lebensnahe Auslegung
Der Jesajatext wird in der Predigt auf die heutigen Erfahrungen bezogen. Dabei stehen alltägliche Aspekte im Mittelpunkt, an die die Gemeinde leicht anknüpfen kann.[24]

i) zeitkritische Themen
Die Pfarrerin bezieht in ihre Predigt kontrovers diskutierte Themen wie Lebensverlängerung und Lebensqualität oder Alterssicherung und Finanzierung ein.

3. Sendung und Segen: Motivation und Erneuerung

a) Raum für Perspektiven
Aus der Grundaussage in der Predigt (Christus kommt den Menschen aus der Zukunft entgegen) wird der Raum für verschiedene Perspektiven in Bezug auf das Alter entwickelt, die in den Fürbitten deutlich werden.

b) persönliche Bitten
Die Fürbitten sind persönlich formuliert. Die Bitten sprechen verschiedene Aspekte an. Sie reichen von der Angst von Jugendlichen in der Schule über die Probleme von Familien mit behinderten Kindern bis zur Lebenssituation alter und kranker Menschen.[25]

c) gemeinschaftliche Aufgaben
Die gemeinschaftliche Aufgabe der Gemeinde besteht darin, das Thema *Alter* in den verschiedenen Bereichen der Gemeinde als Herausforderung anzunehmen, aber auch Hilfestellung zu leisten.

d) Herausforderungen für den Alltag
Die Herausforderung wird für jeden Einzelnen darin bestehen, das Thema *Alter* auch in einem geistlichen Kontext zu bedenken.

---

[22] Ebd., Pos. 8.
[23] Ebd., Pos. 8 ff.
[24] Ebd.
[25] Ebd., Pos. 20: Fürbitten.

8. Kapitel: Den Sonntag wertschätzen

Kriterium

Angesichts der Herausforderung der säkularen Gesellschaft ist der Sonntagsgottesdienst ein wichtiger Beitrag zur Sonntagskultur.

Annäherung

Was machen wir am Wochenende? Vielleicht einmal zu Hause bleiben und nichts tun, sich von der Arbeit erholen. Und was machen wir am Sonntag? – Zum Beispiel nicht in die Kirche gehen, sondern zu Hause bleiben und sich gemütlich beim Frühstück im Pyjama einen Fernsehgottesdienst ansehen. Den gibt es jeden Sonntag frei Haus aus den verschiedenen Regionen Deutschlands, aus ganz unterschiedlichen Gemeinden. Eine angenehme Sache, interessant und ohne Verpflichtung. Außerdem werden dort aktuelle Themen angesprochen, die wirklich spannend sind, und Programme gestaltet, die ansprechend sind. Hinzu kommt die erstklassige Musik. Ein schöner Auftakt am Sonntagmorgen. Eine Sendung für die ganze Familie. Warum also in die Kirche gehen? Da müsste man früh aufstehen und extra hinfahren. Womöglich sich vom Pfarrer sogar fragen lassen, warum man schon einige Wochen nicht mehr beim Gottesdienst war. Beim Fernsehgottesdienst fragt niemand. Es ist sogar möglich, gar nicht in einer Kirche zu sein. Außerdem kann man umschalten, wenn der Gottesdienst nichts ist.

„Was machen wir am Wochenende?" – diese Frage wird im Familien- oder Freundeskreis regelmäßig gestellt und diskutiert. Es geht um die Freizeitgestaltung. Wochenende ist für viele gleichbedeutend mit Freizeit, Zeit für freiwillige und selbstbestimmte Unternehmungen. Das gilt besonders für den Sonntag: Nach fünf Arbeitstagen und einem mit Einkäufen und anderen Vorbereitungen ausgefüllten Sonnabend ist der Sonntag für viele der Tag für Ruhe und Entspannung, für langes „Ausschlafen", für individuelle oder gemeinschaftliche Freizeitgestaltung, für Verwandtenbesuche und – last, but not least – für Mediennutzung, besonders des Fernsehers. Letzteres dient vielfach der Überbrückung der Zeit, nicht selten dem Vertreiben der Langeweile – repräsentative Umfragen belegen dies. Interessant ist der Befund, dass vor allem Spontaneität die Sonntagsgestaltung bestimmen sollte, aber als weit verbreitete Sonntagsstimmung die Langeweile genannt wird.[1] Die Freizeit, ihrerseits von einer gigantischen Industrie angetrieben, wird von vielen im Rückblick

---

[1] Vgl. Grethlein, Grundfragen, S. 272 f.

offenbar auch als unausgefüllte Zeit, als mühsamer Leerlauf zwischen den beruflich strikt gesetzten Zeitstrukturen erlebt. Ältere Arbeitnehmer berichten mitunter, dass sie angesichts der beschleunigten Arbeitsprozesse, der wieder zunehmenden Arbeitszeit und nicht zuletzt angesichts der Bedrohung durch Arbeitslosigkeit das Wochenende sehr bewusst zur Regeneration nützen: „Das Wochenende reicht gerade zum Ausschlafen!".

Nur für eine Minderheit der Bevölkerung gehört der Gottesdienstbesuch zum festen Programmpunkt der Sonntagsgestaltung. Immerhin besuchten im Jahre 2002 im Durchschnitt rund 1 Million Menschen sonntags einen evangelischen Gottesdienst; an besonderen Feiertagen, z. B. dem Erntedankfest, verdoppelte sich die Zahl, während am Heiligabend fast 9 Millionen Menschen in evangelischen Kirchen waren. Im Laufe eines Jahres kommt man auf rund 70 Millionen Besucher evangelischer Gottesdienste. Die ZDF-Fernsehgottesdienste erreichen ebenfalls durchschnittlich 1 Million Zuschauer pro Sendung, sind also so erfolgreich wie alle Gottesdienste vor Ort zusammengenommen. Wie immer man „Minderheit" versteht oder in welchen Relationen man rechnet und bewertet – die Zahl der Gottesdienstbesucher ist nach wie vor erstaunlich hoch!

Ausführung

1. Der Stellenwert des Sonntags

Der Sonntag – nach christlicher Auffassung der erste Tag der Woche – wird von nahezu jedem inzwischen als Teil des Wochenendes, als siebter Tag erlebt. Er ist – vor allem infolge der Prägung durch christliche Kultur – ein staatlich anerkannter und geschützter Feiertag.[2] Durch Übernahme von Art. 139 der Weimarer Reichsverfassung bestimmt das Grundgesetz:

> Der Sonntag und die staatlich anerkannten Feiertage bleiben als Tage der Arbeitsruhe und der seelischen Erhebung gesetzlich geschützt.

Der Schutz des Sonntags besitzt also Verfassungsrang. Noch ist nicht absehbar, welche gesetzlichen Entwicklungen im Blick auf Ladenschlussbestimmungen, den verkaufsoffenen Sonntag, Sonntagsarbeit im Dienstleistungssektor (und darüber hinaus) bevorstehen und welche gesellschaftlichen Veränderungen dies nach sich ziehen wird. Ein gewisser gesellschaftlicher Konsens scheint immer noch darin zu bestehen, dass es prinzipiell einen Feiertag in der Woche geben muss, der möglichst allen Bürgern gemeinsam ist.

---

[2] Zur Geschichte vgl. Schwier, Sonntagsgottesdienst, 395–406.

Sonntag als Teil des Wochenendes ist Teil der Freizeit. Sie zu gestalten, geschieht einerseits vielfältig und individuell, andererseits scheinen die bereits genannten Freizeitaktivitäten (s. o.) durchaus für sehr viele zutreffend zu sein. Wer vor allem die Spontaneität als oberstes Prinzip seiner Freizeitgestaltung ansieht, der wird Teilnahmeaktivitäten, die Organisationen und Vereine von ihren Mitgliedern erwarten, als einengend empfinden. Dazu zählt auch der Kirchgang, der zudem nicht selten in früheren Zeiten als Zwang erlebt wurde, von dem man sich nun emanzipiert fühlt. Der Gottesdienstbesuch ist nicht mehr gepflegte Tradition, sondern eine individuelle Option, eine von zahlreichen Wahlmöglichkeiten innerhalb einer pluralen Gesellschaft. Sie wird – wie oben belegt – noch von relativ vielen Menschen gewählt, sowohl ortsgebunden als auch überörtlich.

Diese Beobachtung lässt sich auch in Bezug auf die ZDF-Fernsehgottesdienste formulieren, die von den Zuschauern aufgrund einer persönlichen Entscheidung eingeschaltet und nicht als ein kirchliches Pflichtprogramm wahrgenommen werden. Man hat also freie Entscheidung, sich für oder gegen einen Gottesdienst am Sonntagmorgen zu entscheiden, ohne sich verbindlich für oder gegen die Institution Kirche zu stellen. Diese Unverbindlichkeit wird von vielen Zuschauern aber auch deshalb als Befreiung empfunden, weil sie den christlichen Glauben als etwas sehr Persönliches ansehen, das mit einer verbindlichen Gemeinde oder der verfassten Kirche zunächst einmal wenig zu tun hat. Von daher werden die Fernsehgottesdienste zwar nicht von allen Zuschauern, aber sicherlich von einem großen Teil der Zuschauer als eine individuelle religiöse Grundversorgung wahrgenommen, die ihm von einem großen öffentlichrechtlichen Sender durch die Zusicherung eines verbindlichen Sendeplatzes regelmäßig zukommt. Die Befreiung von der Institution Kirche ist jedoch nur teilweise richtig, denn der Fernsehgottesdienst liegt zwar im rundfunkrechtlichen Verantwortungsbereich des Senders, die inhaltliche Verantwortung für Verkündigung, Liturgie und Predigt liegt jedoch uneingeschränkt bei der Kirche, die den Fernsehgottesdienst bewusst als gottesdienstliche Basisversorgung im Medium Fernsehen konzipiert. Daher ist der Fernsehgottesdienst zumindest inhaltlich als kirchlicher Sendeplatz am Sonntagmorgen anzusehen, der von seinem Sendeformat auch eindeutig als Gottesdienst von einer kirchlich verfassten Gemeinde wahrzunehmen ist. Deshalb mag sich der eine oder die andere beim Einschalten eines Fernsehgottesdienstes zwar von dem Zwang, in die Kirche gehen zu müssen, entbunden fühlen, er oder sie scheint jedoch diese Freiheit zu nutzen, um via Fernsehen an einem Angebot von Kirche am Sonntagmorgen teilzunehmen. Die Gründe mögen in der Unverbindlichkeit des Mediums liegen, sicherlich auch in der ansprechenden Form der

Fernsehgottesdienste, die bewusst als Angebot für den Zuschauer gestaltet und von ihm unabhängig von einer Kirchenzugehörigkeit oder Religion eingeschaltet werden. Die große Resonanz, die die Fernsehgottesdienste gerade in den letzten Jahren erfahren haben, lässt jedoch auch vermuten, dass der Gottesdienst – gerade am Sonntagmorgen – nach wie vor einen großen Stellenwert in der Gesellschaft besitzt und das Interesse an christlich-religiösen Fragestellungen noch immer vorhanden ist. Daher muss der christliche Sonntag die Konkurrenz zum wochenendlichen Freizeitprogramm nicht scheuen, auch nicht im Bereich Fernsehen. Denn trotz einer Vielzahl von Angeboten und Programmen wird der kirchliche Beitrag zur Sonntagskultur via Fernsehen von vielen Zuschauern genutzt und im Gegensatz zu anderen Sendungen auch durchgängig gesehen.

2. Die Herausforderungen der säkularen Gesellschaft

Zwei grundsätzliche Herausforderungen für Theologie und Kirche sind seitens der säkularen Gesellschaft heute zu benennen: eine wachsende Religiosität und eine teils indifferente, teils skeptische Haltung gegenüber christlichen Glaubensinhalten, die mit der Kritik an der Institution Kirche häufig einhergeht.

Die *wachsende Religiosität* zeigt sich einerseits in den boomenden Angeboten unterschiedlicher religiöser Gruppierungen und Weltanschauungen. Traditionsreiche christliche Sondergemeinschaften, früher als Sekten bezeichnet, unterschiedlichste Spielarten fernöstlicher Religionen, revitalisierte Kulte vorchristlich-heidnischer Provenienz bieten gestressten Mitteleuropäern Antworten auf Sinnfragen, Wege zur Selbstfindung oder neue Rituale. Sie verstehen sich häufig selbst als Gegenwelt zur säkularen Gesellschaft, bieten aber ebenso Transformationen oder Anpassungen an modernes Bewusstsein und stellen sich so als interessante Alternative zum als veraltet angesehenen Christentum kirchlicher Prägung dar. Andererseits gehört zur wachsenden Religiosität die bleibende Präsenz muslimischer Gemeinden in Deutschland und der westlichen Welt. Aktuelle Fragen wie der öffentliche Muezzinruf oder das Kopftuchtragen in staatlichen Kindergärten und Schulen führen immer wieder zu erhitzten Diskussionen und konfliktreichen Auseinandersetzungen. Nicht immer ist klar, wo es sich um Bekenntnisse im Rahmen der Religionsfreiheit und wo es sich um Bedrohungen westlicher Grundwerte wie Freiheit und Gleichheit handelt. Während in Frankreich infolge des Prinzips der Laizität die öffentliche Wirksamkeit der Religionen ohnehin starken Beschränkungen unterliegt, ist in Deutschland die Situation offener und damit auch in Diskussionen und Argumentationen unsicherer. Deutlich ist, dass Religionsfreiheit nicht nur die Freiheit beinhaltet, sich ohne gesellschaftlichen Druck und ohne gesellschaftliche Nachteile einer bestimmten oder gar keiner Religion anzuschließen, sondern auch die Freiheit, seiner Religion im Rahmen der geltenden Gesetze öffentlich Ausdruck zu verleihen. Noch unentschieden scheint die Frage, welche Befugnis (und Kompetenz) der neutrale Staat besitzt, in Fragen positiver Religionsfreiheit zu regulieren und in welchem Ausmaß er das darf. Für die Kirchen besteht die Herausforderung darin, ob und inwieweit sie sich als kulturprägende Faktoren mit berechtigten Privilegien oder als einer von mehreren Bestandteilen innerhalb einer multireligiös gewordenen Gesellschaft verstehen.

Indifferente oder ablehnende Haltungen gegenüber der Religion bzw. dem Christentum oder dessen Glaubenslehren sind weit verbreitet. Hier sind westdeutsche und ostdeutsche Biographien und Prägungen zu unterscheiden. Während im Westen nominelle Konfessionslosigkeit zumindest in den meisten Regionen auffällig ist, gilt sie im Osten vielfach als „normal". Trotz der Unterschiede gibt es Gemeinsamkeiten in Gestalt einer landläufigen Ablehnung des Gottesglaubens infolge der Dominanz wissenschaftlich-technischer Welt- und Lebenserklärung. Abgelehnt werden in der Regel theistische Anschauungen, also solche, die mit Hilfe einer allgemeinen Gottesvorstellung (das berühmt-berüchtigte „höhere Wesen") Welt und Leben deuten oder in ihr zumindest eine Basis ethischer Grundwerte sehen. Zwar herrscht innerhalb der Theologie große Übereinstimmung darüber, dass das christliche Gottesverständnis – vor allem in seiner trinitarischen Ausprägung – mit solchen theistischen Anschauungen eigentlich wenig gemein hat, allerdings beruht die Reichweite des christlichen Glaubens (und der Einfluss der Kirche) seit Jahrhunderten nicht zuletzt auf der Akzeptanz einer allgemeinen Gottesvorstellung. Deren Zusammenbruch betrifft daher auch das Christentum und stellt es mitsamt seiner Theologie vor weitere Herausforderungen.

Der *11. September 2001* bezeichnet aus unserer Sicht einen Epocheneinschnitt, den Beginn des 21. Jahrhunderts mit seinen globalisierten neuen Auseinandersetzungen und veränderten Konflikt- und Frontlinien. Dass es letztlich nicht zu einem *Kampf der Kulturen* kommt, ist inständig zu hoffen. In geistesgeschichtlicher Hinsicht wurde deutlich, dass die Ausprägungen westlicher Aufklärung und Rationalität auch an Grenzen stoßen, zunächst einmal an Grenzen der Kommunikation. Diese Kommunikationsgrenzen betreffen zentral die Fragen nach dem Stellenwert religiöser Traditionen und ihrer Verstehbarkeit in säkular geprägten Gesellschaften. Jürgen Habermas hat in seiner wichtigen Frankfurter Rede zur Verleihung des Friedenspreises im Oktober 2001 darauf hingewiesen, dass sich nicht nur wie bisher die Religion um Verstehbarkeit im Säkularen zu bemühen hat, sondern dass sich auch die säkulare Seite

„einen Sinn für die Artikulationskraft religiöser Sprachen"[3] bewahren müsse und wahrzunehmen habe, dass eine bloße Eliminierung von in religiöser Sprache artikulierten Inhalten zu großen Irritationen führe. Dies gehört in den Kontext der These, dass wir nun in einer „postsäkularen Gesellschaft"[4] leben, einer These, die durchaus den Abschied von alten Denkmodellen bedeutet, welche „Säkularisierung" als mit der Marginalisierung von Religion und Kirche verbundenen unaufhaltsamen Fortschritt zu deuten sich angewöhnt hatten.

Die festgefahrene, kulturkämpferische Alternative zwischen Säkularisierung einerseits, einem sei es reaktionären, sei es bloß naiv-nostalgischen „Zurück zur Religion" andererseits löst sich auf. Etwas Drittes wird erkennbar, eben jene „postsäkulare Gesellschaft", welche die Säkularisierung nicht rückgängig machen, aber auch nicht bis zu ihrem bitteren, möglicherweise selbstzerstörerischen Ende auskosten will.[5]

Dieses Diskursangebot sollte von der evangelischen Theologie, die sich in ihren kritischen Teilen stets um säkulare Verstehbarkeit und Kommunikation mit der Moderne bemüht hat, erneut ernst genommen werden. Sie wird dazu eine Zweisprachigkeit entwickeln und pflegen, die sie in säkularen wie religiösen Kontexten als gesprächsfähig erscheinen und darauf hoffen lässt, dass sich auch die „religiös unmusikalischen" säkularen Zeitgenossen zu einem ernsthaften Diskurs bereit finden. Der Gottesdienst spielt in diesem Zusammenhang eine zentrale Rolle. Aber nur dann, wenn es gelingt, den Dialog offen zu führen und durch die Art und Weise der Gestaltung und inhaltlichen Schwerpunktsetzung eines Gottesdienstes auch Möglichkeiten zu finden, die säkulare Herausforderung wirklich ernst zu nehmen. Dazu gehört jedoch auch, sich ganz bewusst mit seinem eigenen Profil auf das säkulare Parkett zu begeben, ohne Angst davor zu haben, den kirchlichen Sektor damit aufgeben zu müssen.[6]

In diesem Zusammenhang kann auf die positiven Erfahrungen der Fernsehgottesdienste zurückgegriffen werden, die es über die Jahre geschafft haben, sich in einem öffentlich-rechtlichen Sender, also in einem säkularen Medium, zu bewähren und ihre große Akzeptanz bei den Zuschauern vor allem deshalb erreichen konnten, weil es die kirchlichen Beauftragten über die Jahre gelernt haben, auf ein institutionelles Anspruchsdenken von Kirche und die Durchsetzung eigener, kirchlicher Interessen zu verzichten und ihren Fokus auf die gesellschaftliche Aufgabenstellung von Kirche auszurichten. Ein Lernprozess, der vor allem durch den damaligen Leiter der Redaktion „Kirche und Leben ev." im

---

[3] Habermas, Glauben und Wissen, S. 22.
[4] Vgl. ebd., S. 12 ff.
[5] Nolte, Bürgergesellschaft, S. 236.
[6] Vgl. auch W.-R. Schmidt, Hier endet der christliche Sektor, in: ZDF-Jahrbuch, Mainz 1991, S. 162 ff.

ZDF, Dr. Wolf-Rüdiger Schmidt, schon in den 1990er-Jahren stark vorangetrieben wurde, indem er betonte, dass der den Kirchen zugestandene Sendeplatz nicht der Kirche gehöre, sondern ausschließlich der Gesellschaft. Diese *Zurechtweisung* durch die öffentlich-rechtlichen Medien wurde von den Senderbeauftragten als ein *Zurechtrücken* der eigenen Position erfahren. Dies führte zu einer neuen Standortbestimmung von Kirche und zu einem neuen Profil der evangelischen Rundfunkarbeit auf diesem Sendeplatz, indem man auf die Herausforderungen einer immer stärker werdenden säkularen Gesellschaft zunächst einmal nicht ängstlich, sondern positiv reagierte und die Aufgabenstellung von Kirche angesichts eines veränderten Koordinatensystems, das durch ein öffentlich-rechtliches Medium nun einmal vorgegeben ist, neu definieren musste, ohne jedoch das eigene christliche Proprium aufzugeben. Die Neubestimmung entwickelte sich also nicht aus einer Defensivhaltung, sondern aus einem Perspektivenwechsel, der einzunehmen ist, wenn man als Kirche auf die säkularen Herausforderungen der Gesellschaft innerhalb eines säkularen Mediums angemessen reagieren will.

3. Der kulturelle Beitrag des Gottesdienstes

Was ist Kultur? Versteht man mit der neuesten EKD/VEF-Denkschrift zum Thema unter Kultur „die Gesamtheit von Sinnhorizonten, in denen Menschen sich selbst und ihre Welt mit Hilfe von Worten, Zeichen und Bildern gestalten und sich über ihre Deutungen verständigen",[7] so ist die gottesdienstliche Feier selbst zunächst einmal ein exemplarischer Ort von Kultur. Hier begegnen wir einer Vielfalt von Worten, Zeichen, Bildern und Tönen. Sie gehören unterschiedlichen Welten an und bieten in ihrer Gesamtheit ein Angebot für gegenwärtige Sinn- und Lebensdeutung. Innerhalb der Predigt und innerhalb anderer Formen gemeindlicher Gruppenarbeit erfolgt eine Verständigung über die Pluralität und über die Relevanz solcher Sinndeutungen. Im Unterschied zu anderen Orten von Kultur besteht das Besondere des Gottesdienstes darin, dass es keine Trennung in Akteure und Publikum gibt. Alle sind in unterschiedlichen Rollen Mitvollziehende, Mitwirkende in einer gemeinsamen Aufführung. Die Lieder, Gebete und Lesungen samt ihren kulturellen Welten werden dabei nicht diskursiv interpretiert, sondern feiernd in Gebrauch genommen.

Der kulturelle Beitrag des Gottesdienstes ist aber auf dem Hintergrund der oben beschriebenen Bedingungen und Herausforderungen noch einmal weiterzuentfalten. Angesichts der veränderten Zeitrhythmen verbindet sich mit dem Sonntagsgottesdienst nach wie vor der kulturelle An-

---

[7] Räume der Begegnung, S. 11.

spruch, diesen Tag als gemeinsamen Ruhetag zu schützen. In der jüdisch-christlichen Tradition wird dies durch den Glauben an Gott, den Schöpfer, begründet. Die sabbatliche Dimension einer festlichen Ruhe und einer Unterbrechung des Werktagslebens muss auch in der christlichen Gottesdienstpraxis wieder entdeckt werden und kann dann eine Gegenkultur zu den Beschleunigungen der Zeit darstellen, die die moderne Gesellschaft samt ihrer Freizeitkultur häufig nach sich zieht. Bei allen notwendigen Bemühungen um Erneuerung der Gottesdienste darf nicht ein neuer Leistungszwang entstehen. Christliche Gottesdienste sollen Oasen der Ruhe und Besinnung sein.

Angesichts der multireligiösen Herausforderungen innerhalb der postsäkularen Gesellschaft ist der christliche Gottesdienst durch den Namen des dreieinen Gottes erkennbar. Nicht die Verehrung eines „höheren Wesens" findet in den Gottesdiensten statt, sondern des Gottes, der Leben schafft, versöhnt und vollendet. Die Feier des auferstandenen Christus ist der Ursprung aller Sonntagsgottesdienste, die gleichzeitig in jeder Feier das Gedächtnis der Auferstehung kulturell lebendig halten. Die Zukunft von Kirche und Gottesdienst wird in den Entwicklungen der kommenden Jahrzehnte vermutlich nicht in gesellschaftlich akzeptierten Privilegien liegen, sondern darin, dass sich die Auferstehungsbotschaft als kraftvolle öffentliche Option erweist.

Angesichts der säkularen Herausforderungen scheinen sich neue Begegnungs- und Diskursmöglichkeiten zu ergeben. Der Gottesdienst ist dabei nicht der Ort theologisch-philosophischer Diskurse, sondern religiöser und spiritueller Erneuerung. Nur eine mit dem Gottesdienst verbundene Theologie wird als Gesprächspartner in interreligiösen und in gesellschaftlichen Dialogen wahr- und ernst genommen. Nur ein mit wissenschaftlicher Theologie verbundener Gottesdienst wird das Evangelium heute verstehbar und erfahrbar kommunizieren können und für Erneuerung des Einzelnen wie der Gemeinschaft wirksam sein.

Neue Begegnungs- und Diskursmöglichkeiten werden sich jedoch nur dann ergeben, wenn die Kirche bereit ist, ihr Anspruchsdenken, das sie auf unterschiedliche Weise noch immer vertritt, aufzugeben und das Erscheinen ihrer Gemeindeglieder zum Gottesdienst am Sonntagmorgen weder einzufordern noch moralisch einzuklagen oder als selbstverständlich vorauszusetzen. Angesichts der säkularen Herausforderungen wird es vielmehr darum gehen, ob es die Kirche mit ihren sonntäglichen Gottesdiensten versteht, auf die Menschen zuzugehen, um sie für den christlichen Glauben zu gewinnen, einzuladen und die Relevanz des Evangeliums verständlich zu machen oder ob sie vereinnahmen will. Ein sehr sensibler Punkt, der für die Diskursfähigkeit von Kirche zukünftig bedeutsam sein wird, weil der christliche Gottesdienst schon heute von den meisten Menschen als ein religiöses Angebot unter vielen anderen wahrgenommen wird, für das man sich freiwillig entscheiden möchte und heute auch kann, ohne, im Gegensatz zu früheren Zeiten, gesellschaftliche „Repressalien" befürchten zu müssen. Das religiöse Mitbestimmungsrecht des Bürgers ist uneingeschränkt zu respektieren. Das bedeutet jedoch gerade nicht, sich im Gottesdienst auf das zunehmende Unterhaltungsbedürfnis der modernen Gesellschaft einzustellen und den Glauben kurzweilig und unterhaltsam darzustellen. Es bedeutet, den christlichen Glauben bewusst in einen Dialog zu einer Gesellschaft zu stellen, die sich selbst aufzulösen droht, weil sie die Frage nach dem Sinn und dem Wert des Menschlichen auszugrenzen versucht und immer mehr individuelle Opfer, z. B. durch Alkoholismus, Krankheit, Vereinsamung und psychisches Leid produziert, aber auch durch die Zunahme von Globalisierung für den internationalen Terror sowie weltweite Kriege und Hungersnöte mitverantwortlich ist, diese Verantwortung jedoch nur begrenzt zu tragen bereit ist. Die vor uns liegenden Auseinandersetzungen einer modernen Zivilisation, die heute sehr stark im Umbruch begriffen ist, lassen sich ohne den Faktor Religion, ohne Glauben, weder verstehen noch gestalten. Daher kann die Antwort der Kirche auf die Herausforderungen in der modernen, postsäkularen Gesellschaft nur darin bestehen, sich auf ihr ursprüngliches Potential, auf ihre ureigenste Kraftquelle zu besinnen und sich engagiert zu bemühen, diese ohne erhobenen Zeigefinger und ohne Anspruchsdenken zu vermitteln. Es geht um gesellschaftliche Integration, um Tröstung, persönliche Orientierung und moralische Vergewisserung, aber auch um gesellschaftliche Innovation, um Widerspruch, Perspektivenwechsel, Offenheit und Kritik. Dies könnte der Beitrag von Kirche in der Gesellschaft sein, der sich in einem säkularen Umfeld auch oder gerade in vertrauten Formen und Ritualen, wie der Feier eines Gottesdienstes, sicher bewähren wird, weil er sich an der Bedürftigkeit der Menschen, ihren Ängsten und Nöten auszurichten vermag und Antworten aus dem Glauben anbieten kann, die eine säkulare Gesellschaft nicht zu geben vermag. Ein wichtiger kultureller Beitrag, den jeder Gottesdienst am Sonntagmorgen leisten kann.

4. Der Öffentlichkeitsauftrag

Aus Sicht der Senderbeauftragten für ZDF-Fernsehgottesdienste, die ihre Aufgabe in der Wahrnehmung eines publizistischen Auftrags sehen und sich seit 25 Jahren auf einem Arbeitsgebiet bewegen, das eher der Kultur zuzuordnen ist als der Kirche, ist der Öffentlichkeitsauftrag stets präsent. Bereits im „Publizistischen Gesamtplan" der EKD, mit dem die evangelische Kirche 1979 den Versuch unternahm, ihr medienpolitisches Engagement umfassend als Leitfaden für zukünftige Entscheidungen darzulegen, wurden schon umfassende Schlussfolgerungen aus dem Öffentlichkeitsauftrag für den heutigen Umgang der evangelischen Kirche mit den Medien gezogen und damit der kulturelle Beitrag der Kirche in einem säkularen Medium theologisch begründet. Der Öffentlichkeitsauftrag der Kirche, so führt der Gesamtplan aus, bewähre sich darin, dass es der Kirche gelinge, im Widerspiel der Interessen das Gemeinwohl zur Geltung zu bringen:

> Ein öffentliches Gespräch kommt nur zustande, wenn das System der Massenmedien so organisiert ist, dass jedermann grundsätzlich die Möglichkeit des Zugangs zu ihm hat.[8]

Hieraus abgeleitet entwickelt der „Publizistische Gesamtplan" das Prinzip der *Stellvertretung* als zentralen Anspruch evangelischer Medienpolitik: Die Kirche müsse aussprechen, was andere verschweigen und habe im Rahmen ihres Verkündigungsauftrages auch eine komplementäre Funktion in der allgemeinen Publizistik zu erfüllen.[9] Entsprechend ihrem eigenen theologischen Selbstverständnis werde Kirche sich also innerhalb ihres Sendeauftrags besonders für Minderheiten einsetzen und für Benachteiligte einstehen. Aber auch dafür Sorge tragen, dass vernachlässigte Informationen und Meinungen im Interesse der Gerechtigkeit und Wahrheit öffentlich werden.[10]

Der Öffentlichkeitsauftrag der Kirche, mit dem der „Publizistische Gesamtplan" seine publizistische Arbeit in den Medien und seine Medienpolitik begründet, findet sich jedoch bereits in den Jahren nach 1945, als evangelische Christen in der Erkenntnis der eigenen Fehler im Dritten Reich pointiert einen Öffentlichkeitsanspruch der Kirche formulierten. Dies geschah unter Rückgriff auf die Barmer Theologische Erklärung, mit der die Bekennende Kirche die Aufgaben der Kirche dem Machtanspruch des Staates entgegengesetzt hatte. Um den *Öffentlichkeitsanspruch* nicht als Herrschaft, sondern als Dienst zu charakterisieren, wurde er sukzessive durch den Begriff des *Öffentlichkeitsauftrages* ersetzt.

Aus Sicht der christlichen Publizisten ist der Öffentlichkeitsauftrag der Kirche jedoch nicht ausschließlich auf den Bereich der elektronischen Medien zu beziehen, auch wenn er gerade dort bis heute, auch im Bereich der Fernsehgottesdienste, eingelöst wurde. Denn, so die Verfasser des „Publizistischen Gesamtplans" weiter:

> Öffentlichkeit gehört zum Wesen der Kirche und ist eine eigene Dimension kirchlichen Handelns.[11]

---

[8] Gesamtplan, S. 26 ff.
[9] Ebd., S. 29.
[10] Ebd., S. 30.
[11] Ebd., S. 24.

Die theologische bzw. ekklesiologische Begründung für die Verpflichtung der evangelischen Kirche zur Verkündigung des Evangeliums geht also auch an die Adresse der örtlichen Gemeinden und deren Aufgabenbestimmung im Bereich Gottesdienst. Die Bezugspunkte Kirche und Öffentlichkeit oder Kirche und Gesellschaft gehören demnach zum Verkündigungsauftrag der Kirche unmittelbar dazu. Durch die Verkündigung des Evangeliums partizipiert die Institution Kirche an der vorhandenen gesellschaftlichen und publizistischen Öffentlichkeit und ist in der säkularen Gesellschaft immer auch beheimatet, obwohl sie darauf zu achten hat, dass sie als Kirche in der Welt nicht aufzugehen droht und ihr ganz eigenes gesellschaftskritisches Potential behält. Die Gemeinden können in ihren Gottesdiensten ihre Aufgabe öffentlich wahrnehmen, damit der Gesellschaft das kulturelle Gedächtnis einer gesellschaftlich relevanten Institution nicht verloren geht. Bei Fernsehgottesdiensten wird die Wahrnehmung dieser Aufgabe von einem öffentlich-rechtlichen Sender geradezu erwartet, denn der Anspruch der Kirche, im Gesamtprogramm des ZDFs Berücksichtigung zu finden, leitet sich ausschließlich aus der Stellung der Kirche als gesellschaftlich relevante Gruppe ab. Daher kann es bei der Übertragung eines Gottesdienstes am Sonntagmorgen nicht um die Förderung einer eigenen, kirchlichen Sonntagskultur gehen, sondern um die Einbringung eines christlichen Kulturguts zur Selbstvergewisserung und Standortbestimmung einer modernen Gesellschaft, deren kulturelle Wurzeln und religiöses Erbe nach wie vor christlich-jüdisch sind. Einen wichtigen kulturellen Beitrag, den ein Gottesdienst am Sonntagmorgen in einer säkularen Gesellschaft leisten kann, liegt in der Hervorhebung des Sonntags als erstem Tag der Woche, der von den meisten Menschen nur noch als ein freier Tag am Ende einer Woche wahrgenommen wird. Nach christlichem Verständnis bedeutet Sonntag jedoch: die Woche beginnt mit einem freien Tag und damit nicht am Montag, also mit Arbeit. Die theologische Begründung, dass der Mensch nichts leisten muss, um von Gott akzeptiert und angenommen zu werden, kann in unserer Gesellschaft durchaus Gehör finden, wenn man bedenkt, wie viele Menschen sich über die Arbeit definieren und dabei krank werden, von Identitätskrisen durch Arbeitslosigkeit gar nicht zu reden. Die Hervorhebung des christlichen Sonntags kann für viele Menschen durchaus ein attraktives Angebot sein, diesen Teufelskreis auf heilsame Weise zu durchbrechen. Um der Menschen willen sollte es für Kirche wichtig sein, einen Raum anzubieten, wo Menschen durch gelebte christliche Spiritualität Befreiung erleben und von der Last der Arbeit wieder zu sich selbst finden können. Die kulturelle Bedeutung der Erhaltung des Sonntags, die die Kirche in der Gesellschaft lebendig erhält, ist nicht hoch genug einzuschätzen. Die kulturelle Aufgabenbestimmung eines Sonntagsgottesdienstes kann von vielen Gemeinden neu entdeckt werden.

Konkrete Planungsschritte zum Sonntag – Fragen für die Gemeinden vor Ort:

1. Schätzen wir als Gemeinde den Sonntag wirklich wert?
2. Was könnten wir für die weitere Pflege der Sonntagskultur tun?
3. Gibt es Orte, die für uns prägend sind und die wir für einen Gottesdienst fruchtbar finden?
4. Können wir damit Menschen aus anderen Bereichen mitreißen, z. B. bei der Eröffnung einer Ausstellung etc.?
5. Gibt es Feste, die besonders einen anderen Ort einfordern z. B. Weihnachten in einer Scheune oder Ostern auf dem Friedhof?

Leitsatz

Jeder Sonntagsgottesdienst ist ein aktiver öffentlicher Beitrag, um innerhalb der postsäkularen Gesellschaft der kulturellen Kraft des Evangeliums Stimme und Gestalt zu verleihen: Orientierung, Vergewisserung und Erneuerung durch das Evangelium sollen um Gottes und der Menschen willen auch heute Wirklichkeit werden.

Beispiele

Seit einigen Jahren werden evangelische ZDF-Gottesdienste nicht mehr ausschließlich aus Kirchen übertragen, sondern finden zum Teil auch an säkularen Orten statt, wie z. B. auf einem Schiff, auf dem Flughafen (mitten auf dem Terminal), im Bergwerk, in einer Werft oder einem Museum. Bei dem folgenden Beispiel aus Dresden wurde der Rundfunkbeauftragte der EKD, Pfarrer Bernd Merz, von der Museumsleitung des Dresdner Hygienemuseums direkt angesprochen, ob sich die Evangelische Kirche bei der dortigen Ausstellung zu den „10 Geboten" nicht inhaltlich einbringen wolle. Daraus ist die Idee entstanden, die neue Pfarrerin der evangelischen Kirchengemeinde aus Heidenau zu fragen, ob sie mit ihrer Gemeinde nicht im Hygienemuseum einen Gottesdienst am Sonntag feiern wolle, der dann im ZDF übertragen würde. Die Museumsleitung hat den spirituellen Beitrag der Kirche als Ergänzung zu ihrer kunst- und kulturgeschichtlich ausgerichteten Ausstellung sehr begrüßt.

Die Zusammenarbeit mit dem Hygienemuseum hat sich für die Gemeinde als sehr fruchtbar erwiesen.

Prozess der Entstehung eines Fernsehgottesdienstes und seine prägenden Impulse für die Gemeinde.
Erfahrungsbericht von Pfarrerin Martina Lüttich (Kirchengemeinde Heidenau)[12]

Heidenau ist eine evangelische Kleinstadtgemeinde zwischen Dresden und Pirna, einst viel beachtet als große, wohlhabende Industriestadt vor und während der Zeit der DDR. Die Zahl der Gemeindeglieder hat sich nach der Wende stark reduziert, Stadt und auch die Gemeinde haben an Bedeutung verloren.

Ich, als neue Pfarrerin aus dem Westen, bringe die Anfrage des ZDF in die Gemeinde mit. Der Prozess beginnt. Der Kirchenvorstand diskutiert die Zusage. An diese wird die Bedingung geknüpft, einen großen Teil der Gemeinde möglichst langfristig mit einzubeziehen durch Informationsabende und Vorbereitungstreffen. Gleichzeitig beginnt ein intensiver Austausch mit der kulturwissenschaftlichen Beraterin des Deutschen Hygienemuseums. Dort soll im Jahr 2004, kurz vor dem geplanten Termin der Ausstrahlung, eine Ausstellung über die 10 Gebote stattfinden. Das Deutsche Hygienemuseum lädt die kleine Gemeinde ein, den Gottesdienst unter dem Thema der Ausstellung in den Räumen des Museums auszurichten.

Nicht nur im Kirchenvorstand wird eine heftige Diskussion entfesselt, die, inhaltlich betrachtet, zukünftig gemeindeprägende Wirkung haben wird. Der Sachverhalt betrifft liturgisches Handeln im säkularen Raum. Die Entscheidung fällt schwer, weil die Durchführung als Präzedenzfall eines zukünftigen Gemeindeleitbildes angesehen wird. Die Provokation, ein solches zu entwickeln, ergibt sich, zeitlich gesehen, nur aus dem Medium Fernsehen. Angesichts gesetzter Termine müssen solche Fragen umgehend geklärt werden, deren Beantwortung sonst Jahre gebraucht hätte. In diesem Sinne wirkt die Planung eines Fernsehgottesdienstes im positiven Sinne beschleunigend in der Selbstdefinition, Orts- und Zielbestimmung einer Gemeinde.

Gleiches gilt für das liturgische Handeln, das sich seit Jahrzehnten eingeschliffen hat. Die Frage nach Gründen und Zweckbestimmung einzelner liturgischer Elemente wird zwingend. Die Gemeinde läutert sich in diesem Prozess der Infragestellung hinsichtlich ihrer theologischen Verortung. Als Gemeinschaft werden viele aus der Gemeinde wachge-

---

[12] Das ausführliche Drehbuch findet sich im Anhang unter S. 189 ff.

rüttelt durch die Tiefendimension des Themas, dem eine Gottesdienstreihe gewidmet wird, und in ihrer Mitarbeit am Fernsehgottesdienst motiviert. So wirkt das Projekt als Ganzes „sinnstiftend", der Einzelne und die Gemeinde werden nicht nur allgemeiner Bedeutungslosigkeit enthoben, sondern auch ernst genommen hinsichtlich ihrer kreativen, inhaltsbezogenen Ideen und Vorschläge.

Die vielen inhaltlichen Treffen unterstützen dies, Menschen bieten ihre Mitarbeit an, die lange nichts mehr von sich hören ließen. Mit Interesse wird der Prozess verfolgt und auch begleitet, auch spirituell durch Gebetsgruppen. Der Fernsehgottesdienst kann so Identität stiften oder vertiefen und Verantwortung des Einzelnen herausfordern. Neugier wird geweckt an liturgischen und theologischen Fragen durch den Freiraum, textlich Vorgegebenes nach eigener Façon verändern zu dürfen. Das Drehbuch, immer wieder in neuen Fassungen an viele verteilt, ist der geschriebene Beweis, dass Gemeindemeinung ernst genommen wird.

Je näher der geplante Termin rückt, kommt beinahe die gesamte Gemeinde in Bewegung. Begabungen tauchen aus der Versenkung auf, die sonst so nicht zum Tragen gekommen wären. Wo ist es sonst nötig, in einer Kirche zu schminken, zu frisieren, Kleider nähen zu können? Wo sind sonst die Fertigkeiten eines Tischlers gefragt, der ein Kreuz herstellt, das die Gemeinde sonst niemals hätte anfertigen lassen? Oder, wo ist ein Video, das zur Selbstkritik bei einer der Hauptproben erstellt wird, sonst von so großer Bedeutung? Fragen der Logistik werden plötzlich genauso hoch geschätzt wie Fragen der Kreativität und Gesprächskunst.

Der gesamte Prozess dauert in etwa ein Jahr bis zur Ausstrahlung und beflügelt die Gemeinde durch ständige Herausforderung und Infragestellung ihrer Geschichte und Gegenwart, aber auch ihrer theologischen Grundlagen, denn natürlich darf nicht verschwiegen werden, dass Heidenau eine Stadt in den neuen Bundesländern ist. Auf diese Weise trägt das Medium Fernsehen auch zur politischen Verortung einer Kirchengemeinde bei. In unserem speziellen Fall ist die politische Infragestellung noch durch den ständigen Kontakt mit der säkularen Institution des Museums gegeben.

Das erfolgreiche Gelingen der Ausstrahlung motiviert viele der Akteure über diesen Zeitpunkt hinaus auch auf zukünftige Veranstaltungen hin und trägt zur allgemeinen Akzeptanz der neuen Pfarrerin aus dem Westen bei. Die Fülle der positiven Rückmeldungen aus ganz Deutschland und angrenzenden Ländern wie Österreich und der Schweiz verstärken die Identität des *Leibes Christi*: Kirche übergreift Grenzen.

Anhang

Für die im Folgenden beschriebenen Gottesdienste oder Gottesdienstteile sind jeweils ausführliche Informationen unter www.zdf.fernsehgottesdienst.de erhältlich.

Zu Kapitel 1:

Folgende ZDF-Gottesdienste bieten Beispiele für erfolgreiche Einladungen an Einzelne oder Gruppen, sich am Gottesdienst zu beteiligen:

- Einladungen an Gruppen oder einzelne Personen aus der Gemeinde: Gottesdienst aus der Dorfkirche St. Arbost in Muttenz mit Konfirmandengruppe am 11. September 1994
- Einladungen an Gruppen oder einzelne Personen aus den Nachbargemeinden (kath./freikirchlich/andere Religionen):
Gottesdienst aus der Bergkirche St. Peter in Worms-Hochheim am 7. Oktober 1990 mit Pfarrer Hannes-Dietrich Kastner und Hanns Herbert (Jüdische Gemeinde Worms)
Gottesdienst aus dem Berliner Dom am 31. Dezember 2000 mit Bischof Dr. Wolfgang Huber und Dr. Andreas Nachama (Vorsitzender der Jüdische Gemeinde in Berlin); Jürgen Manshardt (Sprecher des tibetisch-buddhistischen Zentrums Berlin; Ekin Deligöz (Alevitin und MdB der Fraktion Bündnis 90/Die Grünen)[1]
- Einladungen an Gruppen oder einzelne Personen aus dem privaten Bereich:
Gottesdienst aus der Andreaskirche in Bremen-Gröperlingen am 13. November 1983 mit Pastor Peter Walter und Helga Grave u. a.
- Einladungen an Gruppen oder einzelne Personen aus dem Arbeitsumfeld:
Gottesdienst aus dem Zechensaal der Steinkohlegrube aus Göttelborn-Reden/Saarland am 25. April 1998 mit Pfarrer Karl Wolff und Peter Weißkircher, Bergleuten u. a.
- Einladungen an Gruppen oder einzelne Personen aus dem Kulturbereich:
Gottesdienst aus der Bartholomäuskirche in Lütgendortmund am 27. November 2003 mit Pfarrerin Elke Rudloff und Justo Moret Ruiz (Tanz)
- gezielte Anfragen: ZDF-Gottesdienst aus der Altmünster-Kirche Mainz am 24. Januar 1988 mit Prof. Dr. Gert Otto (Gastprediger)

---

[1] Vgl. das vollständige Drehbuch zu diesem Gottesdienst hier im Anhang und die Ausführungen dazu in Kapitel 5.

Zu Kapitel 2:

Ein Kurzablauf entsteht
Beispiel eines Kurzablaufs für den Gottesdienst in lutherischer Tradition aus der evangelischen Kirche in Gartow am 12. September 1982 mit Pfarrer Mahlke.

Position/ Dauer	Wer/Was	Text
0 0:30	Einblendung: Kirche	(Hinweis auf ZDF-Fernsehgottesdienst, Ort und Titel)
1 1:30	Pfarrer Mahlke Einblendungen: Dia 1: Bäume/Wiesen Dia 2: Nebel/Eichen Dia 3: Bläuling Dia 4: Feuchtwiesen Dia 5: Elbe Dia 6: Elbdeich Dia 7: Frosch Dia 9: Kiefern Dia 10: Urwald Dia 11: Kraniche Dia 12: Iris Dia 13: Küchenschelle Dia 14: Schwanenblatt Dia 15: Elbholz Dia 16: Wasserblüten Dia 17: Gegenlicht Dia 18: Seerose Dia 19: Elbholz	Einführung: Bildmeditation mit Rede des Indianerhäuptlings Seattle von 1852
2 1:30	Pfarrer Mahlke	Begrüßung mit Bezug auf Einführung
3 1:30	Gemeindechor	J. S. Bach: „O Gott, du frommer Gott" 1. Strophe vierstimmig 2. Strophe sechsstimmig
4 0:45	Karl Heinz Michaelis	Lesung: 1. Mose 1, 1 ff.
5 2:00	Orgel und Gemeinde Einblendung: Symbol Zündhölzer als Mahnung	Kanon: „Jeder Teil dieser Erde ist meinem Volk heilig"
6 0:45	Brunhilde Reinicke	Gebet

Position/ Dauer	Wer/Was	Text
7 1:30	Orgel und Gemeinde	Gemeindelied: „Geh aus mein Herz"
8 2:00	Pfarrer Mahlke Einblendung von Dias: Bilder von gewalttätigen Auseinandersetzungen (Gorleben)	Ansprache 1: Bezug zum Schöpfungslied Problemansage
9 1:00	Orgel Einblendung: Zündhölzer	Musik: Hinführung zum Kyrie
10 5:00	Hermann Junack, Gräfin Bernstorff, Martina Wirth mit Zündhölzern in der Hand; dazwischen Orgel und Gemeinde	Persönliche Statements als Kyrieanliegen mit Kyrieruf
11 2:00	Bläser	Bläserintrade zu „Sonne der Gerechtigkeit"
12 1:30	Gemeinde und Orgel	Gemeindelied: „Geh aus mein Herz"
13 12:00	Pfarrer Mahlke	Ansprache 2: Bibelauslegung Ez. 18,31 ff. Thema: Notwendigkeit der Umkehr
14 1:00	Bläser	Bläserintrade zu „Sei Lob und Ehr"
15 1:30	Gemeinde und Bläser	Gemeindelied
16 2:00	Brunhilde Reinecke Karl Heinz Michaelis A. Bernstorff	Fürbittengebet
17 1:00	Pfarrer Mahlke und Gemeinde	„Vaterunser"
18 2:00	Gemeindechor	Spiritual
19 0:30	Pfarrer Mahlke	Segen
20 2:00	Orgel	Postludium J. S. Bach: „Vaterunser im Himmelreich"
21 1:00	Bläser	Intrade von Valentin Haußmann

Kurzablauf für den Gottesdienst am 11. September 1994 aus der Dorfkirche der Reformierten Gemeinde St. Arbost in Muttenz

Position/ Dauer	Wer/Was	Text
0 0:30	Einläuten. Einblendung: Muttenz/Kirche	(Hinweis auf ZDF-Fernsehgottesdienst als Übernahme von SRG sowie Ort und Titel)
1 2:00	Orgel	Eingangsspiel: Präludium in d-Moll von Johann Ludwig Krebs
2 1:30	Pfarrer Schibler	Offene Begrüßung (Hinführung zum Thema)
3 2:30	Orgel und Gemeinde	Gemeindelied: 51, 1–3 + 6
4 3:00	Pfarrerin Blocher	Entfaltete Lesung: Stimme des Lebens (der brennende Dornbusch als lebenswichtige Erfahrung)
5 1:00	Pfarrerin Blocher	Gebet
6 2:30	Chor mit Klavier	Lied: „We are the world"; der letzte Teil wird instrumental gespielt
7 6:00	Sandra, Kathrin, Nicole, Marc, Patrizia, Fabienne, David, Olivia, Patrick, Sascha, Corinne, Sabine	Hinführung zur Predigt: „Das Wichtigste und Schönste" 16 Sprechblöcke
8 2:00	Sandra und Jeaninne/Flöte Rebecca/Klavier	Zwischenspiel: Langsamer Walzer „Das Mädchen mit den hellgrünen Augen"
9 12:00	Pfarrer Schibler	Predigt
10 2:00	Chor Waldmann/Klavier Luc/Gitarre	„Laudato si". Der Chor singt in zwei Gruppen, die eine die Strophen, die andere parallel den Kehrvers
11 3:00	Kathrin und Nicole im Wechsel	Fürbittengebet als Weitergabe der persönlichen Glaubenserfahrungen
12 1:00	Pfarrerin Blocher	Ansage für Fernsehzuschauer (Abkündigung)
13 1:30	Orgel und Gemeinde	Schlusslied: 335, 1 + 6
14 0:30	Pfarrerin Blocher	Segen
15 2:30	Orgel	Ausgangsspiel

Zu Kapitel 5:

Im Folgenden findet sich das Beispiel eines vollständigen Drehbuchs für den Gottesdienst aus dem Berliner Dom am 31. Dezember 2000.

Sendetitel:	Der Mensch lebt nicht vom Brot allein Evangelischer Gottesdienst aus dem Berliner Dom zum „Dialog der Religionen"
Prediger:	Bischof Prof. Dr. Wolfgang Huber
Liturgie:	Domprediger Friedrich-Wilhelm Hünerbein, Barbara Hamm
Vertreter nichtchristlicher Religionen:	Ekin Deligöz: MdB der Fraktion Bündnis 90/Die Grünen: Jürgen Manshardt: Sprecher des tibetisch-buddhistischen Zentrums in Berlin Dr. Andreas Nachama: Vorsitzender der Jüdischen Gemeinde zu Berlin
Musikalische Gestaltung:	Staats- und Domchor Berlin Leitung: Michael Röbbelen Domorganist: Michael Pohl Jüdischer Chor Berlin mit Alexander Nachama Leitung: Monika Almikias Solisten: Urna Chahar-Tugchi und Güler Duman
Konzeption:	Charlotte Magin
Redaktion:	Dr. Wolf-Rüdiger Schmidt
Produktionsleitung:	Rolf Knebel
Aufnahmeleitung:	Silvia Heydt
Regie:	Marion Rabiga
1. Kamera:	Michael Priebe

Position/ Dauer	Wer/Was	Text
1 3.30 3.30		Musikalischer Eröffnungsteil und feierlicher Einzug
1a 0.35 0.35	A. Nachama (Eingang Mitte) elektr. Orgel (vorne links)	Musik: Hodu l'adonaj ki tow Dankt dem Ewigen, denn er ist gut. Ewig währt seine Huld!
1b 0.15 0.50	Dr. Nachama (steht daneben)	Gruß Friede sei mit Euch! Als der biblischen Überlieferung verpflichteter Jude bitte ich den Ewigen, er möge alle Menschen mit seinem unendlichen himmlischen Frieden segnen: Schalom Alechem!
1c 0.35 1.25	Güler Duman (Seiteneingang links)	Musik (Improvisation)
1d 0.15 1.40	E. Deligöz (steht daneben)	Gruß Als alevitische Muslima richte ich meinen Gruß an die Herzen der Menschen. Denn für mich steht der Mensch im Mittelpunkt des Glaubens. Und der Weg der Menschlichkeit ist der wahre Weg zum Glauben. (Zitat frei nach Haci Bektas Veli, Gründer des alevitischen Ordens in Kleinasien)
1e 0.35 2.15	Urna Chahar-Tugchi Seiteneingang rechts)	Musik: „Saihan Oron" von CD „Hödööd", Oriente-Verlag
1f 0.15 2.30	J. Manshardt (steht daneben)	Gruß Als Buddhist richte ich meinen Gruß an Sie, in dem Glauben an die befreiende Kraft von Mitgefühl, Liebe und Weisheit in jedem von uns. Denn keiner lebt für sich allein – alles Sein ist miteinander verwoben. Jeder von uns kann die Glückseligkeit in der höchsten Erleuchtung finden.

Position/ Dauer	Wer/Was	Text
1g 1.00 3.30	Bischof Huber Orgel/Empore	Liturgischer Einzug Bischof Huber und Domprediger Hünerbein kommen aus der Sakristei, stellen sich vor dem Altar auf und verneigen sich. Währenddessen laufen Sprecher- und Solisten aus unterschiedlichen Richtungen auf die Mitte zu und gehen gemeinsam nach vorne, wo sie von Bischof Huber empfangen werden. Danach setzen sich die Religionsvertreter auf die rechte Seite unterhalb des Chorraums. Die Solisten gehen auf ihre Position (auf die linke Seite unterhalb des Chorraums).
2 1.30 5.00	Bischof Huber (vor den Stufen in der Mitte) Einblendung: Gäste	Begrüßung Unsere Zeit steht in Gottes Händen. In dieser Gewissheit feiern wir Gottesdienst am letzten Tag des Jahres 2000. Wir feiern voller Erwartung einen besonderen Gottesdienst. Wir wollen nach den Zukunftsperspektiven unseres Glaubens fragen. Wir nehmen wahr, dass zu diesem Fragen auch das Gespräch zwischen den Religionen gehört. Dieses Gespräch ist ein noch kaum gehobener Schatz; es ist eine für viele noch verborgene Quelle der eigenen Glaubensgewissheit Aber es ist zugleich ein Wagnis. Ja, in der Fremdheit anderer kann uns fraglich werden, was wir bisher für sicher hielten. Mein herzlicher Gruß gilt denen, *die als Gäste diese Stunde mit uns gestalten: der Muslima Ekin Deligöz, die Mitglied des Deutschen Bundestags ist, dem Buddhisten Jürgen Manshardt, Sprecher des tibetisch-buddhistischen Zentrums in Berlin, dem jüdischen Rabbiner und Historiker Andreas Nachama, der mir als Vorsitzender der Jüdischen Gemeinde in Berlin* zu einem wichtigen Gesprächspartner geworden ist. Ich danke Ihnen sehr dafür, dass Sie sich haben einladen lassen. Ich danke Ihnen für den gemeinsamen Weg, der zu diesem Gottesdienst geführt hat.

Position/ Dauer	Wer/Was	Text
3 2.20	Orgel (Empore) Chor (Orgelempore) Gemeinde	Lied: „Nun laßt uns Gott dem Herren ...", EG 320,1.2.7.8
	Chor	Johann Crüger, Strophen 1 und 7 von EG 320 1. Nun lasst uns Gott dem Herren Dank sagen und ihn ehren für alle seine Gaben, die wir empfangen haben.
	Gemeinde/Orgel	2. Den Leib, die Seel, das Leben hat er allein uns geben; dieselben zu bewahren, tut er nie etwas sparen.
	Chor	7. Wir bitten deine Güte, wollst uns hinfort behüten, uns Große mit den Kleinen; du kannst's nicht böse meinen.
	Gemeinde/Orgel	8. Erhalt uns in der Wahrheit, gib ewigliche Freiheit, zu preisen deinen Namen durch Jesus Christus. Amen.
7.20		
4 0.15	DP Hünerbein/ (vor dem Altar) Gemeinde	Votum
	DP Hünerbein	Im Namen des Vaters und des Sohnes und des Heiligen Geistes
	Gemeinde	Amen
	DP Hünerbein	Unsere Hilfe steht im Namen des Herrn,
	Gemeinde	der Himmel und Erde gemacht hat.
	DP Hünerbein	Der Herr sei mit euch
	Gemeinde	und mit deinem Geist
7.35		
5 1.30	A. Nachama/elektr. Orgel/jüd. Chor (linke Seite unterhalb des Chorraums)	Eingangspsalm (gesungen): Psalm 118 (2. Teil) Lo amut ki echje Ich werde nicht sterben, sondern leben, und die Werke des Ewigen verkünden. Streng hat mich der Ewige gezüchtigt, doch dem Tod nicht preisgegeben. Öffnet mir die Tore der Gerechtigkeit! Ich will einziehen und dem Ewigen danken. „Dies ist das Tor zum Ewigen; nur Gerechte werden hier einziehen!" Ich danke dir, dass du mich erhört hast und meine Rettung geworden bist! Der Stein, den die Erbauer verwarfen, ist zum Eckstein geworden. Durch den Ewigen ist dies geschehen;

Position/ Dauer	Wer/Was	Text
9.05		vor unseren Augen ist es ein Wunder. Dies ist der Tag, den der Ewige gemacht hat; wir wollen jubeln und seiner uns freuen.
6 1.45	DP Hünerbein (vor dem Altar) mit Gemeinde im Wechsel DP Hünerbein	Sündenbekenntnis Wir sprechen gemeinsam das Versöhnungsgebet von Coventry: Wir sind allesamt Sünder und ermangeln des Ruhmes, den wir bei Gott haben sollten. Den Hass, der Rasse von Rasse trennt, Volk von Volk, Klasse von Klasse –
	Gemeinde	Vater, vergib
	DP Hünerbein	Das habsüchtige Streben der Menschen und Völker zu besitzen, was nicht ihr Eigen ist –
	Gemeinde	Vater, vergib
	DP Hünerbein	Die Besitzgier, die die Arbeit der Menschen ausnutzt und die Erde verwüstet –
	Gemeinde	Vater, vergib
	DP Hünerbein	Unseren Neid auf das Wohlergehen und Glück der anderen –
	Gemeinde	Vater, vergib
	DP Hünerbein	Unsere mangelnde Teilnahme an der Not der Heimatlosen und Flüchtlinge –
	Gemeinde	Vater, vergib
	DP Hünerbein	Die Sucht nach dem Rausch, der Leib und Leben zu Grunde richtet –
	Gemeinde	Vater, vergib
	DP Hünerbein	Den Hochmut, der uns verleitet, auf uns selbst zu vertrauen, nicht auf Gott –
	Gemeinde	Vater, vergib
10.50	DP Hünerbein	Lehre uns, o Herr, zu vergeben und uns vergeben zu lassen, dass wir mit dir und miteinander in Frieden leben. Darum bitten wir um Jesu Christi willen. Der Apostel mahnt uns: Seid untereinander freundlich und herzlich und vergebt einer dem anderen, wie auch Gott euch vergeben hat. AMEN.
7 1.00 11.50	Chor (Orgelempore)	Gloriateil: „Laudent Deum" Johann Stobäus (1580–1646) Laudent Deum, laudent Deum cithara, cithara, chori vox, tuba, fides, cornu, organa.

Position/ Dauer	Wer/Was	Text
8 0.30 12.20	DP Hünerbein (vor dem Altar)	Kollektengebet Wir beten: Gott, du allein bist Herr: Gib uns den Mut und das Vertrauen, die Freiheit zu gebrauchen, die du uns gewährst, und unser Leben in der Gesellschaft so zu gestalten, dass es überall gerecht und friedlich zugehe. Das bitten wir durch Jesus Christus, der uns Mut macht und unsere Kraft erneuert. Amen.
9 2.15 14.35	Orgel (Empore) Chor (Orgelempore) Einblendung: Seligpreisungen in der Kuppel	Chorstück: „Gedenk an uns ...", EG 307 Gedenk an uns, o Herr, wenn du in dein Reich kommst. Selig sind, die da geistlich arm sind, denn ihrer ist das Himmelreich. Selig sind, die da Leid tragen, denn sie sollen getröstet werden. Gedenk an uns, o Herr, wenn du in dein Reich kommst. Selig sind die Sanftmütigen, denn sie werden das Erdreich besitzen. Selig sind, die da hungern und dürsten nach der Gerechtigkeit, denn sie sollen satt werden. Gedenk an uns, o Herr, wenn du in dein Reich kommst. Selig sind die Barmherzigen, denn sie werden Barmherzigkeit erlangen. Selig sind, die reinen Herzens sind, denn sie werden Gott schauen. Gedenk an uns, o Herr, wenn du in dein Reich kommst. Selig sind, die Frieden stiften, denn sie werden Gottes Kinder heißen. Selig sind, die um der Gerechtigkeit willen verfolgt werden, denn ihrer ist das Himmelreich. Gedenk an uns, o Herr, wenn du in dein Reich kommst.
10 3.00	3 SprecherInnen (Adlerpult oben links) am Ende mit Orgel (Orgelempore)	Biblische und andere Texte

Position/ Dauer	Wer/Was	Text
10a 0.45 15.20	E. Deligöz	Text aus dem Hauptgebet der Aleviten: Kommt Freunde, seien wir eins. Lasst uns durch den Ozean der Einheit schreiten. Lasst uns den Menschen lieben, Brüder sein. Lasst uns gemeinsam aus dem gleichen Kelche trinken. An jedem Ort, zu jeder Zeit, an jedem neuen Tag soll dem Menschen das Licht der Freiheit strahlen. Frieden und Freundschaft sollen von Herz zu Herz den Menschen auf den Weg der Liebe führen. Andersgläubige haben die Kaaba. Meine Kaaba ist der Mensch. Sowohl Koran als auch Erlöser ist der Mensch und die Menscheit selbst.
10b 1.00	J. Manshardt	Buddhistischer Grundtext aus dem 1. Dharmapada des Buddha und einem Text Badhicaryavatara des indischen Meisters Shantideva: Vom Geiste gehen alle Dinge aus, sie sind geistgeboren und geistgefügt. Wer mit einem edlern Geistes spricht, wer wohlgewillten Geistes handelt, dem folgt notwendig Freude nach, so wie der Schatten stets dem Körper folgt. Obwohl die Wesen wünschen, von allen Leiden frei zu sein, rennen sie geradewegs in sie hinein. Obwohl sie sich nach Glück sehnen, zerstören sie es, als sei es ihr Feind. Aber der Erleuchtungsgedanke (der das Wohl aller Wesen anstrebt) zerstreut alle Verwirrung und alles Leid. Wo gibt es eine vergleichbare heilsame Kraft? Diese Absicht, alle Lebewesen zu netzen, die in anderen nicht einmal ihrer selbst willen aufkommt, ist ein außergewöhnliches Juwel des Geistes, und seine Geburt ist ein beispielloses Wunder.

Position/ Dauer	Wer/Was	Text
16.20		Wie kann ich erfassen die Unermeßlichkeit der Qualitäten dieses Juwels des Geistes, das Heilmittel, das die Welt von Leiden befreit und die Quelle aller Freuden ist.
10c 0.45 17.05	Fr. Hamm	Philipper 4,4–9 Freuet Euch in dem Herrn allewege, und abermals sage ich: Freuet Euch! Eure Güte lasset kundsein allen Menschen! Der Herr ist nahe! Sorgt Euch um nichts, sondern in allen Dingen lasst Eure Bitten in Gebet und Flehen mit Danksagung vor Gott kundwerden! Und der Friede Gottes, der höher ist als alle Vernunft, bewahre Eure Herzen und Sinne in Christus Jesus. Was ihr gelernt und empfangen und gehört und gesehen habt an mir, das tut; so wird der Gott des Friedens mit Euch sein.
10d 0.30 17.35	Orgel	Musikalische Überleitung
11 3.00	Bischof Huber (Kanzel)	Einleitung und Predigtteil I „Sorgt euch um nichts", liebe Gemeinde. Die unbefangene Freiheit von der Sorge wird uns am letzten Tag des alten Jahres zugerufen. Sorgt euch um nichts; denn unser Leben wird nicht aus unserer Sorge geboren, sondern aus der Liebe Gottes. Und es erneuert sich nicht durch unsere Kraftanstrengung, sondern durch Gottes Gnade. Erneuerung und Veränderung aus der Kraft Gottes, aus der Kraft des Heiligen – das ist eine Hoffnung, die vielen Religionen gemeinsam ist. Die Religionen begegnen sich auch dann, wenn sie die gleiche Würde jedes Menschen in die Mitte stellen. Aber gelingt es ihnen, ein solches „Weltethos" in die Tat umzusetzen? Scheitern wir Menschen dabei nicht immer wieder an uns selbst? Nehmen wir das Jahr, das heute zu Ende geht. So besonders, wie erwartet, war es nicht. In unserer Verschiedenheit zusammenzuleben,

Position/ Dauer	Wer/Was	Text
		haben wir noch immer nicht gelernt. Mit dem respektvollen Dialog zwischen den Kulturen und Religionen hapert es sehr. Verantwortungslose Gewalttaten haben gezeigt, dass der Antisemitismus unter uns keineswegs ausgerottet ist. Noch immer beklagen wir den Geist der Verachtung, der sich selbst überhebt. Noch immer beklagen wir die Opfer von Krieg und Gewalt, auch im Nahen Osten, wo der Konflikt zwischen Israelis und Palästinensern immer wieder aufflammt.
		Wo kämen wir hin, wenn wir für die Bilanz dieses Jahres geradestehen müssten? Wenn alles, was uns in diesem Jahr misslungen ist, ein für allemal auf unserem Schuldkonto stünde – wie sollten wir dann wieder ins Freie finden? „Sorgt euch um nichts", schreibt der Apostel Paulus an die Gemeinde in Philippi, „sondern in allen Dingen lasst eure Bitten in Gebet und Flehen mit Danksagung vor Gott kundwerden!"
		Der Mensch ist mehr, als er in seiner Sorge aus sich macht. Das ist die Grunderfahrung des Glaubens. Sie gibt uns die Kraft zum Neuanfang. Für Christen verbürgt Jesus diesen neuen Anfang. Andere Religionen reden darüber anders. Aber diese Verschiedenheit hindert uns nicht daran, voneinander zu lernen. Vor allem wollen wir lernen, für die Gegenwart Gottes offen zu sein und dem Heiligen Raum zu geben.
20.35		Was ihr empfangen habt, sagt Paulus, das soll euer Handeln bestimmen. Dann wird der Gott des Friedens mit euch sein.
12 13.00	3 SprecherInnen (Adlerpult oben links) jüd. Chor/Saz-Spielerin/ buddh. Solistin (linke Seite unterhalb des Chorraumes)	Musikalische und Wortbeiträge

Position/ Dauer	Wer/Was	Text
12a 2.10 22.45	A. Nachama/ (Eingang Mitte) Orgel (vorne links) jüd. Chor (linke Seite unterhalb des	Musik: Jüdisches Lied Fülle des Friedens lege auf dein Volk Israel für immer, denn du bist unumschränkter König allen Friedens. Wohlgefällig sei es in deinen Augen, dein Volk Israel zu jeder Zeit und zu jeder Stunde mit deinem Frieden zu segnen. Gelobt seist du, Ewiger, der sein Volk Israel mit Frieden segnet.
12b 2.00	Dr. Nachama	Fragte einmal einer Reb Joshua ben Chanaja: „Wie kommt es, dass die Schabbatspeise so wunderbar duftet?" Antwortet der Rebbe: Wir besitzen ein Gewürz, Schabbat genannt, das wir hineintun, dadurch erhält diese Speise ihren unverwechselbaren Duft. Da sprach dieser: „Gib mir etwas davon ab." Antwortet Reb Joshua ben Chanaja: „Bei dem, der den Schabbat beobachtet, wirkt es, bei dem, der den Schabbat nicht beobachtet, wirkt es nicht!" Das, was gläubigen Menschen in ihrer Tradition überliefert wird, kann nur dann auf ihr Leben wirken, wenn sie sich darauf einlassen. Nicht wie in einem Supermarkt kann man sich Spiritualität, unser Eingebundensein in das, wovon unsere Seele lebt, kaufen, sondern man muss sich darauf einlassen. Es war zu allen Zeiten nicht leicht, sich auf jenen Dialog mit dem ganz anderen einzulassen, auf dessen Suche wir immer sind. Wir sind aber auch auf der Suche nach dem anderen hier unter uns, nach dem anderen Menschen nämlich, nach dem Nachbarn, nach dem Gast, kurz nach dem DU. Ich finde es wunderbar, einem anderen von Gott in Seinem Ebenbild geschaffenen Menschen in die Augen blicken zu dürfen oder gemeinsam mit anderen dafür Verantwortung zu tragen, dass die Schöpfung, die in unsere Hände gelegt wurde, nicht von unserer Generation vernutzt wird, so erhalten bleibt für zukünftige Generationen. Adam, der erste Mensch, wurde aus Adama, dem hebräischen Wort für Erde geschaffen. Wir sind aber mehr als Erdlinge, eben Menschen im Ebenbild Gottes, die nicht allein davon leben, was aus der Erde

Position/ Dauer	Wer/Was	Text
24.45		kommt, dem Brot, sondern die erst dadurch zu Menschen werden, dass wir unsere Einbindung in die Suche nach Gott in unser tägliches Leben integrieren. Dann wird es so sein, wie in der eingangs erzählten Geschichte. Der Duft der Schabbatspeise öffnet den Weg zum Himmel für all die, die den Schabbat halten. Wollen wir hoffen, dass jeder gläubige Mensch den Duft in seiner Tradition findet, der seinen Weg aus dem Profanen ins Heilige öffnet!
12c 2.10 26.55	Güler Duman (linke Seite unterhalb des Chorraumes)	Musik „Tellâl Basim Ali' dir" (Mein Verkünder ist Ali)
12d 2.00	E. Deligöz	Die Aleviten gehören zur islamischen Religion und glauben an den Prophet Mohammed und den Koran. Wir sind jedoch eine eigene Gruppe, mit eigener Tradition und eigenen Glaubensregeln. An vielen Punkten stimmen wir mit anderen Religionen überein. So glaube auch ich an ein höheres Wesen, an einen Gott, an dem ich mich orientieren und ausrichten kann. Das heißt für mich und meinen Glauben konkret: Nichts und niemand kann sich zwischen Gott und mich stellen. Daraus ergibt sich auch die Liebe zu den Menschen. Sie allein zählt vor Gott, und deshalb führt der Weg zu Gott bei uns Aleviten auch nur über Menschen. Er hat uns Menschen geschaffen und erwartet, dass wir einander achten und respektieren. Seine Worte lehren uns: Wer den Weg zu Gott bestreiten will, der muss die Herzen der Menschen erreichen. Nach den Worten des Propheten Ali zählt für die Aleviten auch nicht so sehr das Pilgern, das Beten, das Reinwaschen. Auch nicht das Beichten und das Fasten sind maßgeblich entscheidend für mich und bestimmen den

Position/ Dauer	Wer/Was	Text
		Weg, den er mir vorgibt. Denn die Regeln und Rituale mache ich nur, um vor mir selbst zu bestehen. Wichtig vor Gott ist, wie ich mich gegenüber Menschen verhalte. Entscheidend bleibt, ob ich sie achten und lieben kann oder nicht.
		Es gibt nichts, was uns Menschen voneinander unterscheidet. Ich glaube, wir alle stammen von einer Mutter und einem Vater ab. Wir sollten uns deshalb auch nicht blenden lassen und darüber urteilen, wie der eine oder andere aussieht. Schaut mich an und seht in mir nicht die Fremde. Schaut mir in die Augen und Ihr werdet Wärme darin erkennen und nicht den Hass. Deshalb fürchtet Euch nicht vor dem, was Ihr nicht über mich wisst. Fragt danach und ich werde antworten. Versucht, mich kennen zu lernen. Seht in mir den Partner und nicht die Fremde. Wir teilen die Zukunft. Sie gehört uns. Lasst uns deshalb gemeinsam voran schreiten, ohne Hass und Feindschaft, ohne Angst vor dem anderen. Wir sind alle Menschen. Gleiche unter Gleichen.
28.55		
12e 2.10	Urna Chahar-Tugchi (linke Seite unterhalb des Chorraumes)	Musik „Chiwgaiin shili" (Auf dem Chiwga-Hügel) von CD „Hödööd", Oriente-Verlag
31.05		
12f 2.30	J. Manshardt	Der erwachte Buddha sprach davon, dass alle Menschen, ganz gleich welcher Nation, welcher Rasse, welchem Glauben sie angehören, den Keim der Erleuchtung in sich tragen. Um diesen Samen gedeihen zu lassen, müssen sie jedoch den Pfad der Wahrheit, der Güte und des inneren Wandelns beschreiten und ihren Blick nach innen richten. An den Ort, wo unermessliche Reichtümer verborgen und heilende Kräfte zu finden sind.
		Buddha selbst spricht von einem Floß, das jeder, der möchte, nutzen kann, um über den Strom des Leidens zum Glück zu gelangen.

Position/ Dauer	Wer/Was	Text
33.35		Doch solange die Menschen ihren Begierden, Aggressionen und Unwissenheiten folgen, sagt Buddha, bleiben sie in selbstgestrickten Täuschungen gefangen wie eine Raupe, die sich selbst in einen Kokon eingesponnen hat. Solange die Menschen nur in Äußerlichkeiten ihr Glück suchen, übersehen sie die unermessliche Freiheit, die in ihnen steckt. Wenn die Wirklichkeit nicht erkannt wird, kann es keinen vollständigen Frieden und keine Freiheit geben – weder für uns selbst, noch für die Welt. So möchte der Buddha alle Menschen ermutigen, sein bester Freund zu sein und sagt: Seid Euch selbst eine Heimstätte! Die Überwindung des egoistischen Lebensstils, die falsche Selbstwahrnehmung, das sind Themen, die der Buddhismus mit den anderen großen, monotheistischen Religionen teilt. Genauso wie die Folgerungen, die sich daraus ergeben: Die Hinwendung auf ein Du, auf ein Gegenüber des Menschen. In der Zuwendung aus Liebe wächst eine immer größere Kraft der Heilung heran. Allerdings begreifen wir Buddhisten den Menschen als ein mehrschichtiges, sich stets wandelndes Wesen, das nicht nur ein einziges Leben, sondern viele Existenzen durchläuft. Wir verstehen uns als ein offenes System, das nicht Sackgasse, sondern Durchlass ist und nur in Beziehung und Verbundenheit zu anderen existiert. Wir können uns über alle Grenzen hinweg die Hand reichen und uns mit anderen verbrüdern. Nur so können Einsamkeit und Egozentrik überwunden, Hass und Gier besiegt werden. Denn alles mündet in einen erhellenden Erleuchtungsgeist. Er eröffnet dem Menschen den weiten Horizont einer unendlichen Fürsorge, in der er in Gelassenheit wie auch in Tatkraft gestellt wird.
13 4.00	Bischof Huber (Kanzel)	Predigt II Liebe Gemeinde, wir haben's gemerkt: Unterschiedlich reden die Religionen von Gott. Verschieden denken sie über das

Position/ Dauer	Wer/Was	Text
		Verhältnis zwischen Gottes Gnade und dem, was wir Menschen leisten können. Aber eines ist ihnen gemeinsam: Wo immer Menschen sich auf Gott verlassen, wo immer sie dem Heiligen Raum gewähren, kommt der Sorge des Menschen um sich selbst kein letzter Ernst zu. Wo immer jemand die Sorge um sich selbst zu wichtig nimmt, setzt er sich an Gottes Stelle; der Unterschied zwischen Gott und Mensch ist verspielt. Wer sich auf Gott verlässt, nimmt sich selbst nicht zu wichtig. Er hofft auf eine Würde, die er sich nicht selbst erwerben kann. Er achtet die Heiligkeit des Lebens, die er nicht selbst hervorbringt. Besonders einprägsam beschreibt Jesus die Freiheit von der Sorge: „Seht die Vögel unter dem Himmel an: sie säen nicht, sie ernten nicht, sie sammeln nicht in die Scheunen; und euer himmlischer Vater ernährt sie doch. Und warum sorgt ihr euch um die Kleidung? Schaut die Lilien auf dem Feld an, wie sie wachsen; sie arbeiten nicht, auch spinnen sie nicht. Darum sollt ihr nicht sorgen und sagen: Was werden wir essen? Was werden wir trinken? Womit werden wir uns kleiden? Trachtet zuerst nach dem Reich Gottes und nach seiner Gerechtigkeit, so wird euch das alles zufallen." Im Gespräch der Religionen ist nicht unser Sorgen, sondern die Wirklichkeit Gottes das wichtigste Thema. Oft aber fragen wir nur nach dem menschlichen Handeln, nach einer gemeinsamen Moral. Ich schätze die Suche nach gemeinsamen Maßstäben des Zusammenlebens nicht gering. Uns verbindet die Aufgabe, für eine Kultur der Achtung einzutreten: der Achtung vor dem menschlichen Leben wie vor der Schöpfung im Ganzen. Aber eine solche Kultur der Achtung gewinnt nur Kraft, wenn die religiösen Quellen nicht versiegen, aus denen sie sich speist. Für die Zukunft der Menschheit haben die Religionen mehr einzubringen als nur die

Position/ Dauer	Wer/Was	Text
37.35		Hoffnung auf einen besseren Menschen. Sie können nichts Wichtigeres einbringen als die Hoffnung auf Gott, der auch dann für die Gerechtigkeit einsteht, wenn wir vor ihr versagen. Dass die Religionen über Gott friedlich streiten, ist ihr wichtigster Beitrag zum Frieden. Wir dürften die Zukunft der Menschen nicht länger Gott überlassen. Solcher Überheblichkeit ist zu widersprechen. Hier sollten die Religionen mit einer Stimme sprechen. Gibt es eine wichtigere Hoffnung als die, dass der Gott des Friedens mit uns ist? Sie trägt uns auch über die Schwelle des neuen Jahres. Nicht unsere Leistungsbilanz gibt uns den Mut für ein neues Jahr – auch nicht die Lautstärke der Knaller, mit denen wir es begrüßen. Dass wir unsere Bitten vor Gott bringen, ist das A und O. Bevor wir handeln können, empfangen wir. Bevor wir neu anfangen, hat Gott schon mit uns angefangen. Amen.
14 2.15	Gemeinde/Orgel	Lied: „Vertraut den neuen Wegen...", EG 395, 1+3
	Gemeinde/Orgel	1. Vertraut den neuen Wegen, auf die der Herr uns weist, weil Leben heißt; sich regen, weil Leben wandern heißt. Seit leuchtend Gottes Bogen am hohen Himmel stand, sind Menschen ausgezogen in das gelobte Land.
39.50	Gemeinde/Orgel	3. Vertraut den neuen Wegen, auf die uns Gott gesandt! Er selbst kommt uns entgegen. Die Zukunft ist sein Land. Wer aufbricht, der kann hoffen in Zeit und Ewigkeit. Die Tore stehen offen. Das Land ist hell und weit.
15 2.00	Bischof Huber/ DP Hühnerbein (vor dem Altar)	Fürbitten
	Bischof Huber	Gütiger Gott, wir danken dir für die menschliche Familie in der Vielfalt ihrer Glaubens-

Position/ Dauer	Wer/Was	Text
		weisen, die wir achten wollen, nicht nur unter unseren Freunden und Nachbarn; für den Reichtum menschlicher Erfahrungen und Gaben, die wir miteinander teilen, wenn wir aufeinander zugehen und einander annehmen im Geist der Liebe; für den Dialog in Gemeinschaft, durch den wir voneinander lernen; für wachsendes Verständnis und die gemeinsame Überzeugung, dass jeder Mensch seine Religion in Freiheit bekennen darf.
41.50	DP Hünerbein	Wir bitten dich: Lass Menschen jeden Glaubens offen und ohne Angst zum Ausdruck bringen, was ihnen wichtig ist, und in Demut aufeinander hören; lass die Religionen nicht Unduldsamkeit verbreiten, sondern die Wahrheit in Liebe bekennen, lass die Kirche ein versöhnendes Amt ausüben und so dem Misstrauen und dem Missverstehen wehren, lass die Kirche sich in Demut zu ihrem Herrn Jesus Christus bekennen, in dessen Namen wir beten:
16 0.45 42.35	DP Hünerbein (vor dem Altar)	Vaterunser Vater unser im Himmel, geheiligt werde dein Name, dein Reich komme, dein Wille geschehe, wie im Himmel so auf Erden. Unser täglich Brot gib uns heute, und vergib uns unsere Schuld wie auch wir vergeben unseren Schuldigern. Und führe uns nicht in Versuchung, sondern erlöse uns von dem Bösen. Denn dein ist das Reich und die Kraft und die Herrlichkeit, in Ewigkeit. Amen:
17 0.30 43.05	Bischof Huber (vor dem Altar)	Segen Geht hin mit Gottes Segen: Der Herr segne dich und behüte dich, der Herr lasse sein Angesicht leuchten über dir und sei dir gnädig. Der Herr erhebe sein Angesicht über dich und gebe dir Frieden.

Position/ Dauer	Wer/Was	Text
18 2.30	Chor (Orgelempore)	Chorstück „Ehre sei Gott in der Höhe" Felix Mendelssohn-Bartholdy (Verlag C. F. Peters)
	Dazu Auszug der Liturgen und der Religionsvertreter	Ehre sei Gott in der Höhe, und Friede auf Erden und den Menschen ein Wohlgefallen! Wir loben dich, wir benedeien dich, wir beten dich an, wir preisen dich, wir sagen dir Dank um deiner großen Herrlichkeit, deiner großen Herrlichkeit willen, um deiner Herrlichkeit willen. Herr, Gott! Himmlischer König! Allmächtiger Vater! Herr, du eingeborner Sohn, Jesu Christe! Herr, Gott, du Lamm Gottes, Sohn des Vaters! Der du die Sünde der Welt trägst, erbarme dich unser! Der du die Sünde der Welt trägst, nimm an unser Gebet, unser Gebet. Der du sitzest zur Rechten des Vaters, erbarme dich unser, erbarme dich unser, erbarme dich unser, erbarme dich unser, erbarme dich, erbarme dich unser. Denn du allein bist heilig, denn du allein bist der Herr, du allein bist der Allerhöchste, der Allerhöchste, Jesus Christus mit dem heiligen Geiste in der Herrlichkeit Gottes des Vaters, Gottes, in der Herrlichkeit Gottes des Vaters, in der Herrlichkeit Gottes des Vaters. Amen, Amen, Amen!
45.35		

Zu Kapitel 7:

Im Folgenden findet sich das vollständige Drehbuch zum Gottesdienst am 7. Dezember 2003 aus der Evangelischen Bartholomäuskirche in Lütgendortmund.

Sendetitel:	Provokation Bibel – Kind mit 100 Jahren
Übertragungsort:	Ev. Bartholomäuskirche in Lütgendortmund
Mitwirkende:	Pfarrerin Elke Rudloff, Norbert Kammer, Sonja Zadler, Claudia Kretzschmar, Fred und Ulrike Grittner, Anke Behle, Antje Weirauch, Dr. Hans-Werner Schmidt, Lisa Kammer, Rolf Reinke
Tanz:	Justo Moret Ruiz,
Choreographie:	Sergei Vanaer
Musikalische Gestaltung:	Band „Jau": Eric Folts (Bass, Gesang), Ron Pennings (Drums, Gesang), Ralf Romberg (Gitarre), Matthias Otto (Keyboard, Gesang), Catrin Budach (Gesang)
Pianist:	Harald Köster
Konzeption:	Frank-Michael Theuer
Redaktion:	Reinold Hartmann
Produktionsleitung:	Friedhelm Schierle
Regie:	Rolf Lauschke
1. Kamera:	Herr Flade

Position/ Dauer	Wer/Was	Text
0 0.20	MAZ	Jingle (Gottesdienste im ZDF Provokation Bibel – Kind mit 100 Jahren)
1 1.40 2.00	Band/vorne links	Vorspiel: "Those were the days my friends" (Mary Hopkins, instrumental) Dazu Außeneinstellung Kirche. Einblendung: aus der ev. Bartholomäus kirche Lütgendortmund
2 1.15 3.15	Pfarrerin Rudloff/ vorne Mitte	Begrüßung Ich begrüße Sie hier in der Bartholomäuskirche in Lütgendortmund und alle, die diesen Gottesdienst an den Bildschirmen mit uns feiern. Heute, am 2. Advent, werden wir einen Blick in die Zukunft werfen. Wir, das sind Frauen und Männer in der Lebensmitte. Also dem Alter, in dem man zu rechnen anfängt und grob schätzt, wie viel Lebens zeit wohl noch bleibt. Wir haben verschiedene Antworten gefun den. In der Musik, die die Erinnerung an goldene Tage festhalten will oder sich nach ewiger Jugend sehnt. In politischen Schlagzeilen, die düster vor der „Alterskatastrophe" warnen. Und in einer Vision des Propheten Jesaja, die uns zum Widerspruch provoziert, aber auch neue Einsichten eröffnet hat. So sind Gedanken, Bilder, Melodien und tänzerische Bewegungen entstanden, die wir mit Ihnen teilen möchten. Im Namen Gottes, der unser Leben erschaf fen hat. Im Namen Jesu Christi, der uns ins Weite führt und im Namen des heiligen Geistes, der Kraft, die uns stärkt.

Position/ Dauer	Wer/Was	Text
3 3.00	Band/vorne links und Gemeinde	Gemeindelied: Tochter Zion, EG 13,1–3
		Einblendung: „ZDF-Text Seite 554" www.zdf.fernsehgottesdienst.de
		Kurzes Intro (8 Sek.), Zwischenspiel (8 Sek.) und Nachspiel (10 Sek.).
		1. Tochter Zion, freue dich, jauchze laut, Jerusalem! Sieh, dein König kommt zu dir, ja er kommt, der Friedefürst. Tochter Zion, freue dich, jauchze laut, Jerusalem!
		2. Hosianna, Davids Sohn, sei gesegnet deinem Volk! Gründe nun dein ewig Reich, Hosianna in der Höh! Hosianna, Davids Sohn, sei gesegnet deinem Volk!
		3. Hosianna, Davids Sohn, sei gegrüßet, König mild! Ewig steht dein Friedensthron, du, des ewgen Vaters Kind. Hosianna, Davids Sohn, sei gegrüßet, König mild! Text: Friedrich Heinrich Ranke (um 1820), 1826 Melodie und Satz: Georg Friedrich Händel 1747
6.15		
4 1.45	Norbert Kammer und Anke Behle, Antje Weirauch, Dr. Hans-Werner Schmidt/ Altarraum vorne Mitte und Gemeinde	Psalmgebet nach Psalm 71
	Norbert Kammer:	Bei dir, mein Gott, bin ich geborgen. Lass mich nie zugrunde gehen. Denn du bist meine Hoffnung und meine Zuversicht von Jugend an.

Position/ Dauer	Wer/Was	Text
	Anke Behle + Gemeinde:	Gott, viele von uns haben Sorgen: Wo krieg ich eine Arbeitsstelle? Wie soll'n wir den Kredit bezahlen? Wann find' ich endlich einmal Ruh?
	Norbert Kammer:	Auf dich kann ich vertrauen seit frühen Kindertagen, ja selbst im Mutterschoß warst du mein Schutz. Du hältst mein Leben in der Hand, drum sing ich Tag und Nacht zu deinem Lob.
	Antje Weirauch + Gemeinde:	Gott, viele von uns haben Angst: Wird bald die Sonne unsre Haut verbrennen? Bin ich nur das, was meine Noten von mir sagen? Wer hilft mir, wenn die andern stärker sind?
	Norbert Kammer:	Lass mich nicht fallen, wenn das Alter kommt und halte mich, wenn meine Kräfte schwinden.
	Dr. Hans-Werner Schmidt und Gemeinde:	Manch Unglück haben wir erlebt, viel Schmerz und Trauer schon gespürt. Gott, viele von uns sind bedrückt: Wie lange komm ich mit der Technik mit? Wer bleibt mir, wenn die Freunde sterben? Auf andre angewiesen sein: Halt' ich das aus?
	Norbert Kammer:	Doch du gabst uns das Leben wieder, hast uns herausgeführt aus tiefer Not. So wollen wir für deine Treue danken und allen, die noch nach uns kommen, vom Wunder unsres Lebens singen.
8.00	Norbert Kammer + Gemeinde:	Gott, schenk uns Mut in unsren Sorgen. In allem, was wir tun, lass uns auf dich vertrauen.
5 2.30	Band/vorne rechts und Gemeinde	Gemeindelied: „Ich sing dir mein Lied, in ihm klingt mein Leben" (Fritz Baltruweit) Kurzes Intro (10 Sek.), Zwischenspiel (5 Sek.)

Position/ Dauer	Wer/Was	Text
		1. Ich sing dir mein Lied – in ihm klingt mein Leben. Die Töne, den Klang hast du mir gegeben von Wachsen und Werden, von Himmel und Erde, du Quelle des Lebens. Dir sing ich mein Lied.
		2. Ich sing dir mein Lied – in ihm klingt mein Leben. Den Rhythmus, den Schwung hast du mir gegeben von deiner Geschichte, in die du uns mitnimmst, du Hüter des Lebens. Dir sing ich mein Lied.
		3. Ich sing dir mein Lied – in ihm klingt mein Leben. Die Tonart, den Takt hast du mir gegeben, von Nähe, die heil macht, wir können dich finden, du Wunder des Lebens. Dir sing ich mein Lied.
		4. Ich sing dir mein Lied – in ihm klingt mein Leben. Die Höhen und Tiefen hast du mir gegeben. Du hältst uns zusammen trotz Streit und Verletzung, du Freundin des Lebens. Dir sing ich mein Lied.
	Solistin/ Band vorne rechts	5. Ich sing dir mein Lied – in ihm klingt mein Leben. Die Töne, den Klang hast du mir gegeben von Zeichen der Hoffnung auf steinigen Wegen, du Zukunft des Lebens. Dir sing ich mein Lied
		Text: Fritz Baltruweit, Barbara Hustedt Musik: Melodie aus Brasilien, tvd-Verlag, Düsseldorf
10.30		
6 0.45	Pfn. Rudloff/ Altarraum Mitte	Gebet Guter Gott, du bist der Ursprung der Zeit und bei dir sind alle Tage unseres Lebens aufgehoben. Viele von uns verlieren sich in der Gegenwart. Träumen von ewiger Jugend oder betreiben Raubbau mit ihrem Körper. Viele von uns verlieren sich in der Vergangenheit, trauern um verlorenes Glück und können heute keinen Frieden mehr finden. Viele von uns verlieren sich in der Zukunft. Sparen sich alles vom Munde ab und vertagen ihr Leben auf später.

Position/ Dauer	Wer/Was	Text
11.15		Gott, wir bitten dich: Hilf uns, anzunehmen, was die Jahre mit sich bringen und begleite uns in jedem Lebensalter. Amen.
7 2.30	Band/vorne links	Musik: „Forever Young" (Alphaville) Let's dance in style, let's dance for a while. Heaven can wait, we're only watching the skies. Hoping for the best, but expecting the worst. The music's played for the sadmen. Can you imagine if this race is won? Turn our golden faces into the sun. Praising our leaders, we're getting in tune, the music's played by the madmen. Forever young, I want to be forever young. Do you really want to live forever, forever young? Some are like water, some are like the heat, some are a melody and some are a beat. Sooner or later they all will be gone, why don't they stay young? It's so hard to get old without a cause. I don't want to perish like a fading horse. Youth's like diamonds in the sun, and diamonds are forever. So many adventures couldn't happen today, so many songs we forgot to play. So many dreams swinging out of the blue, we'll let them come true. Forever young, I want to be forever young. Do you really want to live forever, forever – who and ever? Forever young, I want to be forever young. Do you really want to live forever, forever young? Forever young, I want to be forever young. Do you really want to live forever, forever young?
13.45		

Position/ Dauer	Wer/Was	Text
8 2.15 16.00	Pfn. Rudloff/Pult Altarraum rechts	Predigt 1 „Sie sind doch in den besten Jahren", hören viele, die ihren 40. Geburtstag feiern. Im Beruf gelten Leute um die 40 als erfahren. Ihre Wohnungseinrichtung ist komplett. Bei den meisten sind die Beziehungen geregelt, als Familie, Alleinerziehende oder Single mit Freundeskreis. 40-jährige wissen ungefähr, wo es für sie im Leben langgeht. Sie müssen nicht mehr jede rasante Abfahrt ausprobieren. Und schrille Moden überlassen sie ihren Kindern. Denn sie haben ihren eigenen Stil gefunden. Dennoch gibt es Herausforderungen. Doch die sind unauffälliger geworden. Allein die ganz alltägliche Sorge für drei Generationen: die eigene, die der Kinder und die der Eltern. Bald steht die Frage an, wer für die Eltern da ist, wenn sie sich nicht mehr selbst versorgen können. Dabei kommt auch die eigene Altersvorsorge in den Blick. „Wer sich darum nicht rechtzeitig kümmert, kann im Alter finanziell alt aussehen", mahnen, die daran verdienen wollen. Denn alt aussehen will keiner, weder finanziell, noch im Gesicht. Jedenfalls nicht mit 40; auch wenn sich Fältchen, graue Haare und Veränderungen des Körpers nicht mehr verbergen lassen. „39b" sagen die, die vor der Zahl 40 zurückschrecken. Und davor, in der Lebensmitte angekommen zu sein. Ihre ausweichende Antwort ist mehr als ein Zahlenspiel. Sie kaschiert einen Wunsch: in der „ersten Halbzeit" zu bleiben. Sich nicht fragen zu müssen, wie viel Lebenszeit ich noch habe und wie ich sie am besten nutzen kann. Für viele Frauen und Männer wäre es darum am 40. Geburtstagdie schönste Aussicht, noch viel, viel Zeit zu haben. So, als würde jemand zu ihnen sagen: „Kein Grund zur Unruhe. Deine Lebenserwartung liegt viel höher als du denkst. Du gehst in die Verlängerung". Es gibt einen, der diese Aussicht hat: der Prophet Jesaja.

Position/ Dauer	Wer/Was	Text
9 0.30 16.30	Lisa Kammer, Justo Moret Ruiz und Rolf Reinke/Kirchenschiff Bänke vorne rechts Justo Moret Ruiz: Lisa Kammer: Rolf Reinke: Justo Moret Ruiz:	Proklamation Jesajatext (Handmikrofon) Als Kind gilt, wer mit 100 Jahren stirbt. Wenn ich 100 bin, bin ich dann immer noch wie jetzt? Heißt das, ich bin noch gar nicht alt? Als Kind gilt, wer mit 100 Jahren stirbt.
10 0.30 17.00	Pfn. Rudloff/Pult Altarraum rechts	Predigt 2 Das ist eine Lebenserwartung, die alle Erfahrungen übertrifft. Heute wie zu biblischen Zeiten. Denn sie sagt mit anderen Worten: Wer schon mit 100 Jahren stirbt, gehört noch zum jungen Gemüse. „Warum wurde er so früh aus dem Leben gerissen?" werden seine Angehörigen in der Todesanzeige fragen. „Er konnte sein Leben doch gar nicht ausschöpfen!"
11 2.30	Sonja Zadler, Claudia Kretzschmar, Fred und Ulrike Grittner/Altarraum links Sonja Zadler: Kommt nach vorn in den Altarraum zur Sprechstelle. Frau Zadler setzt sich auf die Stufen zum Altarraum. Claudia Kretzschmar: Kommt nach vorn in den Altarraum zur Sprechstelle.	Reaktionen Von wegen ausschöpfen! Ich habe Angst vor dem Alter. Rentenkürzungen, Gesundheitsreform, Arbeitszeitverlängerung! Wo soll das alles noch hinführen? Das klingt doch nicht nach schönem Lebensabend! Und selbst, wenn das Geld stimmt – bin ich mit 100 überhaupt noch fähig, das Alter zu genießen? Oder nur noch eine leere Hülle, die anderen zur Last fällt? Also, ich find das jetzt schon ziemlich schwierig. Eigentlich dürfte ich heute gar nicht hier sein. Dazu habe ich nämlich überhaupt keine Zeit! Mein Leben ist ein ständiges Hin und Her, es allen recht zu machen: meinen Söhnen, meinem Mann,

Position/ Dauer	Wer/Was	Text
		meiner Familie, meinem Freundeskreis, meinem Chef ... Und ich selbst –, meine Wünsche, Bedürfnisse und Aufgaben sind zahlreicher als meine Möglichkeiten. Es gibt Tage, da komme ich mir vor wie unser Hamster im Laufrad. Mit Grauen stelle ich mir vor, bei meinem ganzen Stress 100 zu werden. Ein Albtraum!
	Frau Kretzschmar geht zur Tür links im Altarraum.	
	Herr und Frau Grittner kommen nach vorn in den Altarraum zur Sprechstelle.	
	Ulrike Grittner:	Über 100 Jahre alt werden, gut und schön, da stelle ich aber Bedingungen.
	Fred Grittner:	Ja, aber ganz klar: Da möchte ich, dass wir beide fit bleiben, körperlich und geistig, da möchte ich noch in der Lage sein, mit dir schöne Reisen zu machen.
	Ulrike Grittner:	Und ich hätte gerne noch die Energie, endlich mal Italienisch zu lernen. Wenn ich wüsste, dass ich mit dir in einem Zimmer im Altenheim sitzen müsste und darauf warte, dass die Kinder mal vorbeischauen, da könnte ich aber auf 100 Jahre gut verzichten.
	Fred Grittner:	Nein, als altes Eisen verrosten und den Jüngeren lästig sein, darauf hätte ich auch keine Lust, aber stell dir mal vor, wir könnten unsere Erfahrungen, z. B. aus unserer langen Berufszeit, noch einbringen und die Jungen würden auch zuhören, das wäre doch was...
19.30		
12 0.30	Pfn. Rudloff/Pult Altarraum rechts	Predigt 3 Diesen Einwänden würde Jesaja sicher zustimmen. 100 Lebensjahre und mehr – für Jesaja ist das nicht nur eine Zahl, nicht nur Lebensverlängerung ohne Lebensqualität. Seine Vision heißt: Die besten Jahre kommen erst noch.
20.00		

Position/ Dauer	Wer/Was	Text
13 1.00 21.00	Norbert Kammer/ Kanzel links	Lesung A: Jesaja 65,17–20 17 Ja, siehe doch, wie ich einen neuen Himmel erschaffe und eine neue Erde. Der früheren wird man sich nicht erinnern, sie steigen nicht ans Herz hinauf. 18 Vielmehr: Darüber freut euch fort und fort, was ich erschaffe! Ja, siehe, ich erschaffe Jerusalem zum Jubel und ihr Volk zur Freude. 19 Und ich juble über Jerusalem und freue mich an meinem Volk. Kein Laut des Weinens ist mehr darin zu hören und kein Laut des Schreiens. 20 Es wird kein Kind mehr nur wenige Tage leben, kein Greis wird sein, der seine Tage nicht erfüllt. Als Kind gilt, wer mit hundert Jahren stirbt, und wer sich verfehlt, gilt als verwünscht, nur hundert Jahre geworden zu sein.
14 1.00 22.00	Pfn. Rudloff/Pult Altarraum rechts	Predigt 4 Gottes neue Welt durchziehen angenehme Klänge: Singen, Erzählen, Lachen. Kein Laut der Klage ist darunter. Mütter tragen fröhlich ihre Kinder aus. Väter bauen ohne die leiseste Sorge das Babybett auf. Sie wissen ja, dass sie mit ihren Kleinen aus dem Kreißsaal wieder nach Hause kommen. Schulkinder können bedenkenlos überall spielen: an der Straße, im Steinbruch, sogar im Wald. Es wird ihnen nichts zustoßen, dort in Gottes neuer Welt. An Aidswaisen wird man sich nicht mehr erinnern. Und Straßenkinder, die ihr Essen aus Mülltonnen fischen, gehören einer fernen Vergangenheit an. Nun ist für alle Menschen der Tisch gedeckt.
15 0.45	Norbert Kammer/ Kanzel links	Lesung B: Jesaja 65, 21-23 21 Sie bauen Häuser und wohnen darin, pflanzen Weinberge und essen ihre Frucht. 22 Nicht bauen sie, und andere wohnen darin, nicht pflanzen sie, und andere essen. Ja, wie die Tage des Baumes sind die Tage meines Volkes, und was ihre Hände erarbeiten, sollen meine Erwählten verbrauchen.

Position/ Dauer	Wer/Was	Text
22.45		23 Sie mühen sich nicht ab ins Leere und gebären nicht für jähen Tod. Nachwuchs der Gesegneten Gottes sind sie und ihre Nachkommen mit ihnen. So wird es sein: Noch bevor sie rufen, antworte ich, sie reden noch, schon erhöre ich sie.
16 1.00 23.45	Pfn. Rudloff/ Pult Altarraum rechts	Predigt 5 Wer sich häuslich niederlässt, kann bleiben. Niemand muss unfreiwillig für seine Arbeit Heimat und Freundeskreis aufgeben. Jede Arbeit gedeiht. Keine Hitze, die über Wochen die Felder verdorren lässt. Oder Hochwasser, das frisch renovierte Läden überschwemmt. Keine mühsamen Umschulungen, die das Urteil „arbeitslos" nur künstlich herauszögern. Oder Fußbälle aus Kinderhänden, die für Hungerlöhne genäht wurden. Nein, alle haben Aufgaben, die sie satt und zufrieden machen, dort in Gottes neuer Welt.

Eine gewaltige Vision ist das. Eine Lebenserwartung, die so ganz anders ist als wir sie kennen. Eine Gegenwelt zu der, in der wir leben. Maßlos in ihrem Versprechen von Glück und dennoch elementar: Arbeit, Wohnen, Kinder, täglich Brot. |
| 17 2.45 | Sonja Zadler, Claudia Kretzschmar, Fred und Ulrike Grittner/ Altarraum links Claudia Kretzschmar: Frau Kretzschmar kommt von ihrem Platz an der Tür links im Altarraum. | Reaktionen B

Das sind alles schöne Phantasien: erfülltes Leben – Gelassenheit – innere Zufriedenheit. Ich habe ja auch schon oft versucht, diese Lebensinhalte für mich zu finden. Durch meditative Gottesdienste zum Beispiel oder ein Schweigewochenende im Kloster. Das hilft dann auch für kurze Zeit und macht Mut – aber schnell hat mich der Alltag wieder eingeholt. Zeit für mich bleibt selten. Jeder möchte etwas von mir und manchmal fühle ich mich leer und ausge- |

Position/ Dauer	Wer/Was	Text
		brannt. Und so wie mir geht es vielen in meinem Alter. Da helfen Visionen gar nichts. Das lässt sich nicht so einfach ändern.
	Frau Kretzschmar stellt sich an die Wand links im Altarraum.	
	Herr und Frau Grittner kommen zur Sprechstelle.	
	Fred Grittner:	Ich seh das nicht ganz so negativ. Gut, eine Vision für die Zukunft, alt werden, aber nur unter der Bedingung, dass wir ein ausgefülltes und gutes Leben haben werden, ich bin mir nicht sicher, dass das alles so eintreffen wird. Aber wenn ich über die Zukunft nachdenke, frage ich mich doch auch, wie denn meine Gegenwart aussieht.
	Ulrike Grittner:	Na, dann schau dir mal unser Leben an: Es geht uns doch nicht schlecht. Wir haben schon jetzt einiges erreicht und verwirklicht. Wir sehen einen Sinn in unserer Arbeit, haben ein nettes Kind, können in den Urlaub fahren...
	Fred Grittner:	und die Prophezeiung sagt mir, dass wir all das, nämlich ein wirklich gutes Leben, auch tatsächlich haben sollen, dass nicht nur Stress und Arbeit unser Leben ausmachen sollen,
	Ulrike Grittner:	sondern dass wir kein schlechtes Gewissen zu haben brauchen, wenn wir einmal die Früchte unserer Arbeit genießen...
	Fred Grittner:	und wenn der Stress mich mal wieder einholt, dann fallen mir hoffentlich die Alternativen ein, die die Prophezeiung aufzeigt.
	Herr und Frau Grittner stellen sich vor den Altar.	

Position/ Dauer	Wer/Was	Text
	Sonja Zadler: Frau Zadler kommt von ihrem Platz auf den Stufen zur Sprechstelle.	Ich kann mich ja auf das Alter auch vorbereiten. „Die Zukunft rechtzeitig planen" las ich vor kurzem in der Anzeige eines Seniorenstiftes. Natürlich nicht in allen Einzelheiten, denn keiner weiß, was die Zukunft bringt. Aber es ist wichtig, dass ich mir grundsätzlich Gedanken mache, wie ich im Alter leben und wohnen will. Zum Beispiel, mich geistig fit zu halten durch ein Studium für Senioren an der Uni. Da gibt es eine Menge Themen, die ich spannend finde. Und was das Wohnen angeht, sehe ich viele Möglichkeiten, neben einer schönen Wohnung auch die entsprechende Pflege vor Ort zu bekommen. Ich muss mich nur rechtzeitig darum kümmern und kann so auch gelassener mit dem Alter umgehen.
26.30	Frau Zadler stellt sich links vorne in den Altarraum in die Nähe der Kanzel.	
18 6.00	Pfn. Rudloff/Pult Altarraum rechts	Predigt 6 Jesajas Vision provoziert. Bei einigen den Widerspruch: unrealistische Phantasien. Angesichts der Bevölkerungsentwicklung in unserem Land und des drohenden Kollaps der Sozialsysteme eine vernünftige Reaktion. Trotzdem macht Jesajas Vision Sinn. Denn unabhängig von allen Statistiken und Prognosen zeigt sie im Vergleich, wo das eigene Leben heute schon glücklich und erfüllt ist. Sicher nur in Teilen. Aber immerhin! Außerdem regt sie dazu an, das Leben früh nach eigenen Vorstellungen zu gestalten. Anstatt das Übliche für das einzig Mögliche zu halten. Lebenserwartung ist dann mehr als ein trockenes Datum. Lebenserwartung heißt, etwas vom Leben erwarten zu können: Glück. Und das um Gottes Willen nicht zu knapp. Auch in den späteren Jahren. Wie finster wäre es, wenn wir nichts mehr zu erwarten hätten. Wie brutal, wenn wir

Position/ Dauer	Wer/Was	Text
		uns selbst oder anderen sagen müssten: Spar dir deine Träume. Dir wird's nie besser gehen. Wie armselig, wenn wir Glück nur als fremdes Glück auf der Leinwand im Kino finden. Oder es uns, wie es in der Werbung heißt: Glück, Glück, Glück – mit einem kräftigen Kater erkaufen müssten.
		Jesajas Vision hilft, solche flüchtigen Ersatzträume und gar nicht so harmlosen Glücksversprechen zu durchschauen. Und sie bewahrt davor, sich damit abspeisen zu lassen. Oder in bedrückenden Situationen zu kapitulieren. Denn sie sagt: Das, was ist, ist noch lange nicht alles! Und das, was uns Wirtschaftsweise und Politiker vorrechnen, sollten wir zwar ernst nehmen, uns davon nicht beherrschen und schon gar nicht entmutigen lassen. Denn Gott kann noch ganz anders.
	Einblendung: Prophetenfenster	So verstehe ich diese Vision auch als ein Fenster, das mir Durchblick in eine andere Welt verschafft, die Gott für uns noch bereiten wird. Unsere Gemeinde hat darum den Propheten des Ersten Testaments ein Kirchenfenster gewidmet. Die Künstlerin Ute Rakob malte mehrere Symbole darauf. Oben das Auge: Gottes Weitblick. Darunter das Ohr: Der Prophet vernimmt Gottes überirdische Botschaft. Dann der Mund: das verinnerlichte Wort: und die flammende Rede. Schließlich ganz unten die Hand: Sie ist gefüllt mit Blau, der Farbe des Himmels. Und sie ist offen. Sie empfängt bereitwillig, was in sie hineingelegt wird.
		Für Menschen in der Lebensmitte eine untypische Haltung. Geht es doch in diesen Jahren darum, das Leben in den Griff zu kriegen. Sich nichts aus den Händen gleiten zu lassen: Familie, Beruf oder Freizeit aktivitäten. Alles muss aus eigenen Kräften gepackt werden. Das ist anstrengend. Oft genug überfordert es. Denn wesentliche Dinge in unserem Leben liegen gerade nicht in unserer Hand, so sehr wir darum

Position/ Dauer	Wer/Was	Text
		ringen: Gesundheit, Kindersegen oder Liebe können uns nur von anderer Seite geschenkt werden.
		Wenn wir Jesajas Vision auch für uns gelten lassen, können wir uns jedoch eine andere Lebens- und Körperhaltung erlauben als die geschlossenen Hände. Wir können sie öffnen und entspannter entgegennehmen, was uns von Gott dort hineingelegt wird. Wir brauchen nicht mit aller Gewalt um unser Lebensglück zu kämpfen.
		Mit dieser zuversichtlichen Vision vor Augen können wir darauf vertrauen, dass Gott uns unser Lebensglück auf seine Weise schenken wird. Nichts anderes meint das Wort „Advent" eine neue Erwartungshaltung einnehmen. Loslassen von der Sorge um mich selbst. Erwartungsvoll mein Leben von Gott empfangen.
	Einblendung: Christusfenster	Dafür steht Jesus von Nazareth, Gottes Sohn. Als er unter den Menschen lebte, hat er ihnen diese Lebenshaltung vermittelt. Indem er sie heilte, ermutigte und nährte. Sie spürten: Durch ihn ist vieles schon Wirklichkeit geworden, was Propheten wie Jesaja geweissagt haben.
		Ihre Erfahrung, dass Jesus aus der Sorge um sich selbst erlöst, machen viele Menschen auch heute. Und vertrauen darauf, dass er wiederkommen wird, um in Gottes neuer Welt allen Menschen und für immer Lebensglück zu bringen.
32.30		Eine alte Melodie singt von dieser Hoffnung: Christus kommt uns aus der Zukunft entgegen – darum können wir die Jahre, die vor uns liegen, zuversichtlich erwarten. Diese Melodie wurde schon zur Zeit Jesu gesungen. Sie gilt auch uns heute: „Seht auf und erhebt eure Häupter, weil sich eure Erlösung naht". Amen.

Position/ Dauer	Wer/Was	Text
19 2.30 35.00	Pianist/vorne rechts, Tänzer/Altarraum, Gruppe im Hintergrund Während des Flügelspiels Ausdruckstanz. Der Tänzer bringt die einzelnen Sprecher von ihren Positionen (vor Altar, Wand, Nähe Kanzel) zusammen zur Sprechposition	Ausdruckstanz zu: „Seht auf und erhebt eure Häupter" (EG 21, instrumental)
20 3.15	Fred Grittner, Sonja Zadler, Ulrike Grittner, Claudia Kretzschmar, Lisa Kammer, Rolf Reinke Altarraum vorne Mitte	Fürbitten Zwischen den Fürbitten: Band und Gemeinde EG 21: „Seht auf und erhebt eure Häupter" als Band/vorne rechts und Liedruf Gemeinde
	Fred Grittner:	Guter Gott, du spielst uns Zukunftsmusik ins Herz, die uns erwartungsvoll und gelöst stimmt. Doch viele können deine Melodie nicht hören, weil ihr Leben voller Missklänge ist.
	Sonja Zadler: Einblendung: Ohr (Prophetenfenster)	Wir beten für alle, die ihre Familien mit Minijobs über Wasser halten müssen und Altersvorsorge nur vom Hörensagen kennen. Lass uns unsere Güter in diesem reichen Land gerechter teilen, damit alle Generationen Freude am Leben haben.
	Gemeinde:	EG 21: Seht auf und erhebt eure Häupter, weil sich eure Erlösung naht, weil sich eure Erlösung naht. Text: Lukas 21,28 Melodie: Volker Ochs um 1980
	Ulrike Grittner: Einblendung: Auge (Prophetenfenster)	Wir beten für alle, die auf einer hohen Brücke stehen und denken, sie hätten ihr Leben verpasst. Lass sie entdecken, was ihnen bisher gelungen ist und auch in Zukunft wieder gelingen kann.

Position/ Dauer	Wer/Was	Text
	Gemeinde:	EG 21: Seht auf und erhebt eure Häupter, weil sich eure Erlösung naht, weil sich eure Erlösung naht.
	Claudia Kretzschmar: Einblendung: Hand (Prophetenfenster)	Wir beten für alle, die behinderte Kinder großziehen und sich fragen, wer sie nach ihrem eigenen Tod in die Arme nimmt. Lass Menschen um sie sein, denen sie ihre Kinder mit gutem Gewissen anvertrauen können.
	Gemeinde:	EG 21: Seht auf und erhebt eure Häupter, weil sich eure Erlösung naht, weil sich eure Erlösung naht.
	Lisa Kammer: Einblendung: Schriftrolle (Prophetenfenster)	Wir beten für alle, die Angst haben, in die Schule zu gehen, weil sie nicht so schnell lernen wie andere. Lass sie genügend Zeit zum Spielen, Toben und Träumen finden.
	Gemeinde:	Gemeinde EG 21: Seht auf und erhebt eure Häupter, weil sich eure Erlösung naht, weil sich eure Erlösung naht.
	Rolf Reinke: Einblendung: Mund (Prophetenfenster)	Wir beten für alle, deren Seele im alten Körper gefangen ist und für die, deren Mund nur noch verwirrte Worte murmelt. Lass nicht zu, dass ihre Würde verletzt wird. Halte sie geborgen bis zu ihrem letzten Atemzug. Amen.
38.15		Die Sprecher setzen sich.
21 2.30	Band/vorne rechts und Gemeinde	Gemeindelied: „Wie soll ich dich empfangen" EG 11,1.2.7 Einblendung: „ZDF-Text Seite 554" www.zdf.fernsehgottesdienst.de Zuschauerberatung: 01803/67 83 76 (9 Cent/Min.) Kurzes Intro (10 Sek.), Zwischenspiel (7 Sek.) und Nachspiel (7 Sek.).

Position/ Dauer	Wer/Was	Text
		1. Wie soll ich dich empfangen und wie begegn ich dir, o aller Welt Verlangen, o meiner Seelen Zier? O Jesu, Jesu, setze mir selbst die Fackel bei, damit, was dich ergötze, mir kund und wissend sei.
		2. Dein Zion streut dir Palmen und grüne Zweige hin, und ich will dir in Psalmen ermuntern meinen Sinn. Mein Herze soll dir grünen in stetem Lob und Preis und deinem Namen dienen, so gut es kann und weiß.
		7. Ihr dürft euch nicht bemühen noch sorgen Tag und Nacht, wie ihr ihn wollet ziehen mit eures Armes Macht. Er kommt, er kommt mit Willen, ist voller Lieb und Lust, all Angst und Not zu stillen, die ihm an euch bewußt.
40.45		Text: Paul Gerhardt 1653 Melodie: Johann Crüger 1653
22 0.45	Pfn. Rudloff/Altarraum vorne Mitte und Gemeinde	Vaterunser
41.30		Vater unser im Himmel, Geheiligt werde dein Name. Dein Reich komme. Dein Wille geschehe, wie im Himmel, so auf Erden. Unser tägliches Brot gib uns heute. Und vergib uns unsere Schuld, wie auch wir vergeben unsern Schuldigern. Und führe uns nicht in Versuchung, sondern erlöse uns von dem Bösen. Denn dein ist das Reich und die Kraft und die Herrlichkeit in Ewigkeit. Amen.

Position/ Dauer	Wer/Was	Text
23 0.15	Pfn. Rudloff/Altarraum Mitte	Sendung und Segen Und nun geht in die Zeit, die vor euch liegt. Geht mit Gottes Segen:
		Der Segen des Gottes von Abraham und Sarah, der Segen des Sohnes – von Maria geboren und der Segen des Heiligen Geistes, der uns tröstet, wie uns unsere Mutter tröstet sei mit euch allen. Amen.
41.45		
24 2.45	Band/vorne rechts	Nachspiel: „Forever young" (Rod Steward) Zeitlich variabel. May the good Lord be with you down every road you roam and may sunshine and happiness surround you when you're far from home. And may you grow to be proud dignified and true and do onto others as you'd have done to you.
		Be courageous and be brave and in my heart you'll always stay
		forever young forever young.
		May good fortune be with you may your guiding light be strong. Build a stairway to heaven with a prince or a vagabond.
		And may you never love in vain and in my heart you will remain
		forever young – forever young forever young – forever young forever young forever young.
		Solo
		And when you finally fly away I'll be hoping that I've served you well for all the wisdom of a lifetime no one can ever tell. But whatever road you choose I'm right behind you win or lose

Position/ Dauer	Wer/Was	Text
44.30		forever young – forever young forever young – forever young forever young forever young for-forever young forever young Abspann/Telefonnummer/Buchhinweis

Zu Kapitel 8:

Vollständiges Drehbuch des Gottesdienstes aus dem Hygienemuseum in Dresden am 3. Juli 2004:

Sendetitel:	Frieden – Orientierung finden
Mitwirkende:	Pfarrerin Martina Lüttich 10 Gebote mit Casel, Kilian Tschöke, Barbara Schmidt, Walter Klipphahn, Elisabeth Gnoyke, Rene Franzke, Andreas Sorge, Carla Aehlig, Annemarie Ritschel, Kerstin Noth, Susanne Opitz, Klaus Vogel
Musikalische Gestaltung:	Leitung: Michael Jeremias Keyboard: Juliane Jeremias Querflöte: Simone Weber Gitarre: Peter Lippert 2 Blockflöten: Tina Lehnert/Vincent Leonhardt Gesang: Britta Sommer Percussion/Drums: Sebastian Jeremias Bassgitarre: Michael Jeremias
Konzeption:	Charlotte Magin
Redaktion:	Gunnar Petrich
Produktionsleitung:	Friedhelm Schierle
Aufnahmeleitung:	Stefanie Wenzel
Regie:	Marion Rabiga
1. Kamera:	Ingo Folk

Position/ Dauer	Wer/Was	Text
1 0.20	MAZ	Jingle: Gottesdienste im ZDF
2 1.30 1.50	MAZ vor dem Hygiene-museum od. Eingangs-bereich Klaus Vogel:	Anmoderation: (Hygienemuseum) Liebe Zuschauerinnen und liebe Zuschauer, ich heiße Sie und die evangelische Kirchen gemeinde aus Heidenau ganz herzlich will-kommen hier im Deutschen Hygiene-museum. Der Grund, warum der ZDF-Fernseh-gottesdienst heute hier gefeiert wird, ist unsere aktuelle Sonderausstellung, die sich mit den zehn Geboten beschäftigt. Mehr als 60 Künstlerinnen und Künstler haben Werke zu dieser Ausstellung beigesteuert. Und dazu gehören viele Stars der interna-tionalen Kunstszene. Die Ausstellung stellt uns viele Fragen in der gegenwärtigen Zeit. In einer Zeit, die geprägt ist von vielen ethischen, morali-schen, politischen und ökonomischen Fragestellungen. Sie werden sich möglicher-weise fragen, warum diese Ausstellung ausgerechnet im Dt. Hygienemuseum stattfindet, einem doch eher naturwissen schaftlich ausgerichteten Museum. Nun, seit einigen Jahren hat sich unser Blick geweitet und wir versuchen, den ganzen Menschen zum Thema unserer Ausstellun gen zu machen. Die naturwissenschaftlichen Fragestellun-gen haben uns allerdings dazu geführt, die ethischen Grundlagen, auf denen unsere Arbeit beruht, genauer zu betrachten. Und das Wichtigste auf der Welt sind nach wie vor die zehn Gebote. Wir freuen uns, mit Ihnen zusammen im ZDF-Fernsehgottesdienst diese zehn Gebote auf ihre Aktualität zu befragen.

Position/ Dauer	Wer/Was	Text
3 2.50	Musikgruppe/ vorne links MAZ: ZDF Petrich Renaissance-Bilder zu einzelnen Geboten (Hans der Maler)	Lied: Missa de Solidaridad Zuspielungen als Zwischenschnitt! 1. Straßen hier und da, Straßen durch Wüste und Wald. Straßen mit Staub und Asphalt, Straßen krumm und grad. Straßen verbinden uns. Macht euch auf den Weg! Jubelt unserm Gott, danket dem Herrn! 2. Häuser hier und da. Häuser aus Stroh und aus Stein. Häuser aus Liebe und Leid, Häuser groß und klein. Kommt her aus eurem Haus. Macht euch auf den Weg! Jubelt unserm Gott, danket dem Herrn! 3. Menschen hier und da, Menschen in Norden und Süd. Menschen ganz arm und ganz reich. Menschen jung und alt. Schaut euch doch ins Gesicht. Macht euch auf den Weg! Jubelt unserm Gott, danket dem Herrn! Musik:Thomas Gabriel Text: Johannes Stein/Bruno Sonnen Strube-Verlag München/Berlin
4.40		
4 2.30	Pfrin. Lüttich/ vor dem Altar Mitte	Begrüßung Ja, liebe Gemeinde, hier und vor den Bildschirmen zu Hause! Macht euch auf den Weg! So sind die 10 Gebote doch gemeint: als Wegweiser. Sie wollen Grenzen abstecken und Freiräume eröffnen, Frieden ermöglichen und uns den Weg zeigen in einer unübersichtlichen Welt. Diese Vorstellung verbindet uns ein Stück weit mit der Ausstellung über die 10 Gebote hier im Hygienemuseum. Sie werden sehen: Hier geht es um Störungen im menschlichen Miteinander. Von den Geboten ans Licht gebracht.
	Einblendung: Altarbild	Hinter mir auf dem Wandbild sehen wir ein Symbol für Christus mit den griechischen Buchstaben Chi und Rho, eingebettet in

Position/ Dauer	Wer/Was	Text
		die Andeutung der Gesetzestafeln. Das Chi sieht aus wie die röm. Ziffer 10. Das Bild steht so für die 10 Gebote und für Christus. Durch Jesus Christus werden wir verbunden mit dem Gott des Lebens. Begeistert von seiner Liebe zu uns können wir uns selbst annehmen und unserem Mitmenschen in Freiheit und Liebe begegnen.
		Davon wollen wir heute als evangelische Kirchengemeinde Heidenau in diesem Gottesdienst reden. Dazu wurden wir vom Hygienemuseum eingeladen.
		Wir wollen Gott zur Sprache bringen in einem Haus, das sonst hauptsächlich vom Menschen redet.
	Einblendung: Weltkarte	Überall auf der Welt glauben Menschen an Gott. Da gibt es unseren christlichen neben jüdischem Glauben und anderen Richtungen und Religionen.
		So kann man das auf einer der 10 Weltkarten sehen, die hier im Museum ausgestellt werden zu je einem Gebot unter verschiedenen Gesichtspunkten.
		Wo so viel an Glauben da ist auf unserer Welt, müsste man denken: eigentlich kann es nur ein Gebot für alle Menschen geben, nämlich: um Gottes willen Frieden zu halten. Und Jesus Christus, an den wir glauben, stellt ein einziges Gebot vor alle anderen:
		Darin ist alles zusammengefasst, was für uns Menschen im Miteinander wichtig ist. Und in allen Geboten, die selbst zu Wort kommen werden, geht es heute hier im Foyer des Hygienemuseums immer wieder um dieses 11. oder eine Gebot: Liebe Gott und deinen Nächsten wie dich selbst.
7.10		Gott, der Ursprung unserer Welt, der Ursprung unseres Lebens und der Ursprung unseres Heils, segne uns alle in diesem Gottesdienst.

Position/ Dauer	Wer/Was	Text
5 1.30	Musikgruppe/ vorne links	Lied: „Gott gab uns Atem", EG 432, 1+2 Vorspiel und 2 Strophen Einblendung: „ZDF-Text Seite 551" www.zdf.fernsehgottesdienst.de
	Dazu: 10 Gebote ziehen ein und stellen sich auf! Tschöke/Klipphahn/ Franzke/Aehlig/Noth: Mikro links (Nähe „Gläsernem") Schmidt/Gnoyke/Sorge/ Rischel/Opitz: Mikro rechts (Nähe Kreuz)	1. Gott gab uns Atem, damit wir leben. Er gab uns Augen, dass wir uns sehn. Gott hat uns diese Erde gegeben, dass wir auf ihr die Zeit bestehn. Gott hat uns diese Erde gegeben, dass wir auf ihr die Zeit bestehn. 2. Gott gab uns Ohren, damit wir hören. Er gab uns Worte, dass wir verstehn. Gott will nicht diese Erde zerstören. Er schuf sie gut, er schuf sie schön. Gott will nicht diese Erde zerstören. Er schuf sie gut, er schuf sie schön.
8.40		Text: Eckart Bücken 1982 Melodie: Fritz Baltruweit 1982
6 0.45	Tschöke/Klipphahn/ Franzke links (Nähe „Gläsernem") Schmidt/Gnoyke/ rechts (Nähe Kreuz) Pfrin. Lüttich/Altar Mitte	Auftritt der 10 Gebote: Teil I Gebote 1–5 und anschließender Sprechchor
	Herr Tschöke:	1. Ich bin der Herr, dein Gott. Du wirst keine anderen Götter neben mir haben.
	Frau Schmidt:	2. Du wirst den Namen deines Gottes nicht missbrauchen und wirst dir kein Bildnis von ihm machen.
	Herr Klipphahn:	3. Du wirst meinen Tag heiligen.
	Pfrin. Lüttich:	Ehre sei Gott in der Höhe und auf der Erde!
	Frau Gnoyke:	4. Du wirst Vater und Mutter ehren, dann wirst Du lange leben auf der Erde.
	Herr Franzke:	5. Du wirst nicht töten!
9.25	Alle:	Ehre sei Gott in der Höhe und auf der Erde!

Position/ Dauer	Wer/Was	Text
7 0.50	Musikgruppe/vorne links mit Gemeinde	Lied: „Gott gab uns Atem", EG 432 Vorspiel und 3. Strophe
		3. Gott gab uns Hände, damit wir handeln. Er gab uns Füße, dass wir fest stehn. Gott will mit uns die Erde verwandeln. Wir können neu ins Leben gehen. Gott will mit uns die Erde verwandeln. Wir können neu ins Leben gehen.
10.15		Text: Eckart Bücken 1982 Melodie: Fritz Baltruweit 1982
8 0.45	Sorge/Ritschel/Opitz/ rechts Nähe Kreuz Pfrin. Lüttich/Altar Mitte Aehli /Noth/links Nähe „Gläsernem"	Auftritt der 10 Gebote: Teil II Gebote 6–10 und anschließender Sprechchor
	Herr Sorge:	6. Du wirst nicht ehebrechen!
	Frau Aehlig:	7. Du wirst nicht stehlen!
	Pfrin. Lüttich:	Ehre sei Gott in der Höhe und auf der Erde!
	Frau Ritsche:	8. Du wirst nicht lügen!
	Frau Noth:	9. Du wirst nicht begehren deines Nächsten Haus
	Frau Opitz:	10. Du wirst nicht begehren Deines Nächsten Frau noch alles, was sein ist.
11.00	Alle:	Ehre sei Gott in der Höhe und auf der Erde!
10 0.45	Musikgruppe/vorne links Dazu: 10 Gebote versammeln sich im Halbkreis um den „Gläsernen" mit Blick zur Gemeinde und beten mit	Vorspiel zu Lied: „Gott, Du bist eine Brücke" Musik: Peter Janssens Text : F. K. Barth/P.Horst Peter Janssens-Musik Verlag, Telgte/ Westfalen
11.45		

Position/ Dauer	Wer/Was	Text
11 2.00	Pfrin. Lüttich/vor dem Altar Mitte Einblendung: 10 Gebote um den „Gläsernen" Einblendung: „Gläserner" im Detail/ Überblendung mit Plakat und dem Christuszeichen	Kollektengebet Der Mensch sieht, was vor Augen ist, aber Du, Gott, siehst unser Herz an. Wenn wir nur um uns selbst kreisen, hängen wir nicht an Dir, sondern oft nur an wertlosen Dingen, kommen nicht über uns selbst hinweg, bleiben allein, verbittert, enttäuscht. Deine Liebe zu uns ist wie eine starke, tragende Brücke. Sie verbindet uns Menschen miteinander. Sie hilft uns auch, uns selbst anzunehmen. Weise uns in diesem Gottesdienst den Weg zu Dir über alle Abgründe von Schuld hinweg. Begeistere uns mit Deiner Liebe, dass wir so auch den Weg zum anderen und zu uns selbst finden. Amen. Hinführung Der gläserne Mensch ist eines der Sinnbilder des Hygienemuseums, bis in die kleinsten Teile seines biologischen Menschseins erforscht. Er erhebt die Arme im Selbstbewusstsein seiner Kraft, Schönheit und Intelligenz: „Ich bin der Mittelpunkt der Welt. Ich komme ohne Hilfe aus." Das gilt, solange er jung und gesund ist. Aber seine Vergänglichkeit wirft ihn auf die Frage nach seinem Ursprung, auf die Frage nach Gott. Von Gott heißt es in der Bibel: Du er forschst und kennst mich bis in mein Inneres hinein. Immer noch kreise ich auch in dieser Frage um mich selbst. Der Nächste ist es, der meine Kreise stört. Der andere hindert mich daran, immer im Mittelpunkt stehen zu können. Er stört meine Freiheit. So geht es uns doch oft, dass der andere mich ärgert und ich mache ihn nieder, dränge ihn an den Rand, räume ihn gar aus dem Weg.

Position/ Dauer	Wer/Was	Text
		Wendet sich aber mein Blick, richte ich ihn auf das Kreuz Jesu, sehe ich auf einmal, wo ich dem anderen im Weg bin, ihn gestört und behindert habe. Ich erkenne, dass ich mich schuldig mache.
13.45	Anschließend: Die 10 Gebote blicken zum Kreuz und bewegen sich dorthin!	
12 2.00	Musikgruppe/ an Fensterseite mit Gemeinde	Vortragsstück: „Gott, Du bist eine Brücke" Musik: Peter Janssens Text : F. K. Barth/P.Horst Peter Janssens-Musik Verlag , Telgte/West falen
15.45	Dazu: Die 10 Gebote bewegen sich aufs Kreuz zu und stellen sich halbschräg zur Gemeinde! Oder: Die 10 Gebote bilden eine Menschenkette von „Gläsernem" zu Kreuz	
13 1.30	Tschöke/Schmidt/ Klipphahn/rechts Nähe Kreuz	Einzelne kurze Statements
	Herr Tschöke:	G1: Das Wort „Gott" höre ich oft im Alltag – aber auf Gott höre ich nur selten im Alltag. Ich habe viele andere Dinge im Kopf und vergesse, dass Gott der Einzige ist in meinem Leben.
	Frau Schmidt:	G2: Ich habe Probleme mit den Bildern, die wir uns von Gott machen, weil sie Andersdenkende ausgrenzen.
	Herr Klipphahn:	G3: Als Selbständiger sitze ich oft auch am Sonntag im Büro. Da klingelt mal kein Telefon. Ich kann konzentriert arbeiten.

Position/ Dauer	Wer/Was	Text
17.15	Danach: Die 3 Gebote gehen am Altar vorbei, holen sich die Bibel und laufen zur rechten Sprechposition	Und die Einnahmen werden ja dringend gebraucht. Aber ich merke: Die Arbeit hat über mich Macht gewonnen, die Besinnung auf Gott, auf meinen Nächsten und meine eigentliche Bestimmung geraten mir aus dem Blick.
14 0.40 17.55	Musikgruppe/ vorne links Dazu: Die 4 nächsten Gebote stellen sich in die „schräge" Sprechposition Zuspielung: Laterne von Martin Hohnert	Kyriegesang: Kyrie eleison Kyrie eleison, Gott erbarm dich unser. Kyrie eleison, du Gott sei bei uns. Kyrie eleison, du Gott sei bei uns. Text und Musik: Thomas Quast tvd-Verlag
15 1.50	Gnoyke/Franzke/ Sorge/Aehlig/ rechts Nähe Kreuz	Einzelne kurze Statements
	Frau Gnoyke:	G4: Meine alt gewordenen Eltern wohnen bei mir im Haus. Da ich einen meinen Alltag ausfüllenden und verantwortungsvollen Beruf ausübe, bedeutet das oft eine Mehrbelastung. Manchmal stöhne ich darunter.
	Herr Franzke:	G5: In vielen Momenten meines Lebens entdecke ich, dass ich, ohne es wirklich zu wollen, am Prozess des Tötens in der Welt beteiligt bin. Für meinen Genuss und mein Aussehen werden Tiere getötet, müssen Menschen in anderen Erdteilen hungern.
	Herr Sorge:	G6: Meine Frau und ich sind seit 25 Jahren verheiratet. Es gab Tage, da war ich mir

Position/ Dauer	Wer/Was	Text
		meiner Liebe nicht mehr sicher. Dunkle Schatten trübten den Blick füreinander. Immer wieder suchten wir nach einem neuen Anfang.
	Frau Aehlig: Dabei	G7: Meine Arbeit ist mir sehr wichtig. verliere ich oft meine Familie, meine Gesundheit, mich selbst aus dem Blick. Ich lasse zu, dass die Arbeit uns Zeit stiehlt.
19.45	Danach: Die 4 Gebote gehen am Altar vorbei, holen sich die Bibel und laufen zur mittleren Sprechposition	
16 0.40	Musikgruppe/ vorne links	Kyriegesang: Kyrie eleison
	Dazu: Die 3 nächsten Gebote stellen sich in die „schräge" Sprechposition	Kyrie eleison, Gott erbarm dich unser. Kyrie eleison, du Gott sei bei uns. Kyrie eleison, du Gott sei bei uns.
20.25	Zuspielung: Installation von M. van Warmerdam	Text und Musik: Thomas Quast, tvd-Verlag
17 1.30	Ritschel/Noth/Opitz/ rechts Nähe Kreuz	Einzelne kurze Statements
	Frau Ritschel:	G8: In meiner Parallelklasse gibt es ein Mädchen, sie wird von vielen gemobbt und beschimpft. Viele bekommen das mit, doch sie schweigen, und auch ich halte nicht immer zu ihr.
	Frau Noth:	G9: Seit vielen Jahren lebe ich für meine Familie. Ich teile Raum, Zeit und Besitz. Oft neide ich anderen Frauen die Möglichkeit über Raum, Zeit und Besitz allein zu verfügen. Dabei verliere ich die aus den Augen, die nichts zum Teilen haben.
	Frau Opitz:	G10: Nach der Wende ging es auch uns finanziell besser. Ich konnte mir vieles kaufen, was vorher nicht möglich gewesen wäre. Trotz meines wachsenden Wohl

Position/ Dauer	Wer/Was	Text
21.55	Danach: Die 3 Gebote gehen am Altar vorbei, holen sich die Bibel und laufen wieder zur rechten Sprechposition	stands ertappte ich mich immer wieder dabei, immer mehr haben zu wollen.
18 0.40 22.35	Musikgruppe/ an Fensterseite mit Gemeinde Zuspielung: 99 Cent (Blick Supermarkt) von Andreas Grusky oder Exponat $-Zeichen	Kyriegesang: Kyrie eleison Kyrie eleison, Gott erbarm dich unser. Kyrie eleison, du Gott sei bei uns. Kyrie eleison, du Gott sei bei uns. Text und Musik: Thomas Quast, tvd-Verlag
19 1.00	10 Sprecher/verteilt auf 3 Mikros Die „10 Gebote" lesen das Evangelium im Wechsel. Jeder hat eine Bibel in der Hand, die er dann auf den Altar legt Tschöke/Schmidt/ Klipphahn/links Nähe „Gläsernem"	Lesung: Liebesgebot
	Herr Tschöke Tschöke:	Wir lesen im Matthäusevangelium:
	Frau Schmidt:	Als aber die Pharisäer hörten, dass er den Sadduzäern das Maul gestopft hatte, versammelten sie sich.
	Herr Klipphahn:	Und einer von ihnen, ein Schriftgelehrter, versuchte ihn und fragte:
	Gnoyke/Franzke/Sorge/ Aelig/v. d. Altar Mitte	
	Frau Gnoyke:	Meister, welches ist das höchste Gebot im Gesetz?
	Herr Franzke:	Jesus aber antwortete ihm: Du sollst den Herrn, deinen Gott, lieben von ganzem Herzen,

Position/ Dauer	Wer/Was	Text
	Herr Sorge:	von ganzer Seele und von ganzem Gemüt.
	Frau Aehlig: Ritschel/Noth/Opitz/ rechts Nähe Kreuz	Dies ist das höchste und größte Gebot.
	Frau Ritschel:	Das andere aber ist dem gleich:
	Frau Noth:	Du sollst deinen Nächsten lieben wie dich selbst.
23.35	Frau Opitz:	In diesen beiden Geboten hängt das ganze Gesetz und die Propheten.
20 1.10	Musikgruppe vorne links	Lied: „Wo ein Mensch Vertrauen gibt..." (1. und 2. Strophe)
	Dazu: Die „10 Gebote" gehen zum Bekenntnis in die Gemeinde als Zeichen, dass alle das Gebot auf diese Weise durch ihr Bekenntnis erfüllen können und bleiben dort stehen. Ritschel steht in der mit Nähe zum Mittelgang; Tschöke sitzt vorne in der 1. Reihe	1. Wo ein Mensch Vertrauen gibt, nicht nur an sich selber denkt, fällt ein Tropfen von dem Regen der aus Wüsten Gärten macht.

Musik: Fritz Baltruweit Text: Hans-Jürgen Netz, tvd-Verlag |
| 24.45 | | |
| 21 1.15 | Pfrin. Lüttich/ v. d. Altar Mitte | Glaubensbekenntnis Lasst uns gemeinsam unseren christlichen Glauben bekennen:

Ich glaube an Gott, den Vater, den Allmächtigen, den Schöpfer des Himmels und der Erden und an Jesus Christus, seinen eingeborenen Sohn, unseren Herrn. Empfangen durch den Heiligen Geist, geboren von der Jungfrau Maria, gelitten unter Pontius Pilatus, gekreuzigt, gestorben und begraben. Hinabgestiegen in das Reich des Todes. Am dritten Tage auferstanden von den Toten, aufgefahren in den Himmel. |

Position/ Dauer	Wer/Was	Text
26.00		Er sitzt zur Rechten Gottes, des Allmächtigen Vaters. Von dort wird er kommen, zu richten die Lebenden und die Toten. Ich glaube an den Heiligen Geist, die heilige christliche Kirche, die Gemeinschaft der Heiligen, Vergebung der Sünden, Auferstehung der Toten und das Ewige Leben. Amen.
22 0.45	Musikgruppe/vorne links Dazu: Ritschel geht nach vorne zur linken Sprechstelle (Nähe „Gläsernem")	Lied: „Wo ein Mensch Vertrauen gibt ..." (Vorspiel und 3. Strophe) 3. Wo ein Mensch sich selbst verschenkt und den alten Weg verlässt, fällt ein Tropfen von dem Regen, der aus Wüsten Gärten macht. Musik: Fritz Baltruweit Text: Hans-Jürgen Netz, tvd-Verlag
26.45		
23 1.00	Ritschel/links Nähe „Gläsernem"	1. Begegnung: Ich habe gerade meine Prüfung abgeschlossen, einige von meinen Mitschülern werden wie ich eine weiterführende Schule besuchen, andere fangen eine Lehre an und werden dazu in den Westen gehen. Ich finde es schade, dass es nicht möglich ist, in der Nähe von Heidenau eine ordentliche Ausbildungsstätte zu finden. Aber hierbei geht es nicht nur um eine Ausbildung, sondern es geht ja auch um die Bezahlung. Natürlich kann ich verstehen, dass keiner für wenig Geld viel arbeiten will. Ich möchte auch nicht als Person der Sonder wirtschaftszone Ost angesehen und dadurch schlechter behandelt und bezahlt werden. Ich finde das ungerecht. Wenn ich mir den Arbeitsmarkt im Osten ansehe, erschrecke ich. Vielleicht werde ich später auch in den Westen gehen. Es scheint ja keine andere Möglichkeit zu geben.
27.45		

Position/ Dauer	Wer/Was	Text
24 5.00	Pfrin. Lüttich/ v. d. Altar Mitte	1. Auslegung Deinen Nächsten lieben wie dich selbst? An der Grenze zwischen Ost und West hört diese Liebe doch schon auf. Ich kenne Menschen, die zu mir sagten, als ich aus dem Westen hierher umzog, was ich denn in Dunkeldeutschland wolle. Und als ich hier ankam, fragte mancher erstaunt, warum ich den goldenen Westen verlassen hätte. Christsein hüben und drüben. Jeder nach seiner Façon, aber miteinander? Nein, da soll doch jeder selber sehen, wo er/sie bleibt. Wäre die Mauer doch nur stehen geblieben, denken manche im Westen, die sich über den Abzug ihres Solidaritäts-beitrages ärgern, und manche im Osten denken das auch, denn früher war doch die Gemeinschaft hier so viel besser, nicht wie im Westen, wo jeder nur an sich denkt. Beide Seiten, Ost und West, bringen wenig Verständnis füreinander auf, auch noch 15 Jahre nach der Wende. Vorurteile, Bilder vom Anderen blockieren unser Denken und erschweren unser Miteinander. Liebe, da kann man ja nur lachen. Den aufgeblasenen Wessi kann man doch nicht lieben, der nur zum Abzocken hierher kommt. Den blöden Ossi kann man doch nicht lieben, der nur unser Geld kostet und unsere Arbeit stiehlt. Vor Ort gewinnt man manchmal den Eindruck, dass es immer noch oder schon wieder zwei deutsche Länder gibt und der Abstand zwischen ihnen wieder größer wird. War er je kleiner? Wo ist da eine Lösung zu sehen? Ich entdecke eine Chance vor Ort in der Begegnung von Mensch zu Mensch. Hier lerne ich kennen, dass die Kirche in den neuen Bundesländern stärker ist als in den alten. Hier finde ich ChristInnen in der Kirche, die ihren Glauben noch immer sehr ernst nehmen und leben. Hier höre ich von KonfirmandInnen schon zu Beginn ihrer Konferzeit, dass sie an Gott glauben, nicht wie in vielen Gemeinden im

Position/ Dauer	Wer/Was	Text
		Westen, wo nur das Geld am Ende zählt. Hier vor Ort lerne ich die in DDR-Zeiten gewachsene Solidarität schätzen in meinem eigenen Leben. Hier finde ich mehr Bereitschaft zum Teilen von Zeit, Geld und Gütern. Aus dem Westen bringe ich selbst aber mehr Mut zur Veränderung, zum Risiko mit und manchmal einen weiteren, freieren Blick für vieles. Ich könnte noch vieles nennen und Sie, liebe Gemeinde, könnten sicherlich viele Ihrer Erfahrungen hier eintragen. Liebe Deinen Nächsten wie Dich selbst! Welche Herausforderung an uns! Aber, wer, wenn nicht wir ChristInnen können so zu einer Gemeinschaft zwischen Ost und West beitragen? Wie?, werden Sie fragen. Vielleicht erst einmal den Schritt, die Dinge, die stören, ehrlich beim Namen zu nennen. Fühle ich vielleicht Neid, wenn es dem anderen finanziell besser geht als mir? Was ist eigentlich mit mir los? Ich will doch, dass wir zusammenwachsen, uns zusammengehörig fühlen, oder etwa nicht? Und mit diesen Fragen komme ich zu Gott und kann mein Leben vielleicht wie der annehmen wie es ist und mich selbst wieder ein Stück mehr verstehen. Und dann kann ich Schritte tun zum andern, z. B.: Gemeindepartnerschaften von vor der Wende weiter zu pflegen. Sich-besuchen in Ost und West, einander die Häuser öffnen, sich austauschen entkräftet Vorurteile. Tun wir doch kleine Schritte in diese Richtung! Vielleicht ist Ihnen jetzt schon etwas eingefallen, was Sie diesbezüglich tun können? Wenn wir schuldig werden oder geworden sind, gibt es in Jesus Christus immer wieder einen Neuanfang. Das ist das großartige an unserem Glauben.
32.45		

Position/ Dauer	Wer/Was	Text
25 0.30 33.15	Tschöke/rechts Nähe Kreuz	2. Begegnung: Bei uns in Heidenau leben viele Russlanddeutsche. Noch 60 Jahre nach dem Krieg kommen Russen, die eigentlich Deutsche waren, zurück in ihre „Heimat". Aber was heißt eigentlich Heimat? Die Heimat ist es nur noch für die ganz Alten, die Jungen kommen hierher, wegen ... ja warum eigentlich? Ich frage mich, was die hier wollen? Deutsch sprechen sie nicht und arbeiten wollen sie nicht. Sie lungern unter sich rum, sprechen nur Russisch und fangen Streit und Schlägereien an. Die „Russen", wie sie von allen genannt werden, wollen sich nicht anpassen, aber wir sollen sie akzeptieren? Wieso? Die müssen sich doch an uns anpassen!
26 3.00	Pfrin. Lüttich/ v. d. Altar Mitte	2. Auslegung Deinen Nächsten lieben wie Dich selbst? Auch wenn er/sie ein/e Russlanddeutsche/r ist? Manche sagen: ich habe da keine Probleme mit denen, aber von Liebe will ich da nicht sprechen. Natürlich, von Liebe wollen wir in diesen Zusammenhängen alle nicht sprechen. Das kommt zu dicht an uns ran, da müssten wir ja vielleicht umdenken und neue Wege gehen. So etwas ist meistens unbequem, unangenehm. Ich bleibe lieber beim Alten und denke nicht weiter. Aber die Gebote stellen uns in Frage. So fordern die ersten drei uns auf, Gott an erste Stelle zu setzen in unserem ganz persönlichen Leben, ihn zuerst zu suchen, an ihn zu denken trotz aller Zweifel. Wenn ich das tue, entdecke ich ja vielleicht, wie schwer es für mich selbst ist, in einer fremden Gruppe mich wohl zu fühlen. Vielleicht lerne ich, mich selbst mit meinen Grenzen anzunehmen und entdecke, wie

Position/ Dauer	Wer/Was	Text
		oft ich selbst Hilfe brauche unter Fremden, und dann komme ich vielleicht auf die gute Idee, z. B. Russlanddeutsche zu Hause zu besuchen und ihre Gastfreundschaft kennen zu lernen. Dann kann ich auch ihren tiefen Glauben erleben, der sie über Jahrhunderte im fremden Land getragen hat und fange an, von ihnen zu lernen und zu staunen.
		Jesus Christus hat uns bedingungslos geliebt, uns zuerst Liebe vorgelebt. Deshalb können auch wir lieben. Die Gebote mit ihren Grenzen erkenne ich dann nicht mehr als Einengung und Moral, sondern als Hilfe und Befreiung. Wie selbstverständlich kann ich sie halten aus dieser meiner Freiheit heraus. Das Versprechen ist es dann, das uns ermutigt: Du wirst nicht töten und stehlen und lügen, weil Du es nicht zu tun brauchst. Du liebst ja Gott mit dem Gesicht des Jesus von Nazareth. Und du liebst ihn in jedem Menschen an deiner Seite: im Gesicht deines westdeutschen Chefs oder ostdeutschen Nachbarn oder im Gesicht der russlanddeutschen Fremden in deiner Stadt.
		Und wenn wir so Gott zuerst lieben lernen in unserem Leben und das Gesicht Jesu im anderen entdecken, dann brauchen wir unser Herz nicht mehr an unseren Besitz zu hängen, müssen nicht mit unseren Gedanken an uns selbst kleben.
36.15		Dann können wir loslassen, weil wir gehalten und getragen werden von dem Gott der Liebe, der uns frei macht, der uns den Weg zum Leben weist. Amen.
27 2.45	Musikgruppe/vorne links	Lied: „Da berühren sich Himmel und Erde"
		Einblendung: „ZDF-Text Seite 551" www.zdf.fernsehgottesdienst.de Zuschauerberatung: 01803/67 83 76
	Dazu: Die „10 Gebote" stehen auf und gehen nach	1. Wo Menschen sich vergessen, die Wege verlassen und neu beginnen, ganz neu,

Position/ Dauer	Wer/Was	Text
	vorne in die gleiche Sprechposition wie in Pos 6 und 8	da berühren sich Himmel und Erde, dass Frieden werde unter uns, da berühren sich Himmel und Erde. dass Frieden werde unter uns.
		2. Wo Menschen sich verschenken, die Liebe bedenken und neu beginnen, ganz neu, da berühren sich Himmel und Erde, dass Frieden werde unter uns, da berühren sich Himmel und Erde. dass Frieden werde unter uns.
		3. Wo Menschen sich verbünden, den Hass überwinden und neu beginnen, ganz neu, da berühren sich Himmel und Erde, dass Frieden werde unter uns, da berühren sich Himmel und Erde. dass Frieden werde unter uns.
39.00		Musik: Christoph Lehmann Text: Thomas Laubach, tvd-Verlag
28 2.00	Pfrin. Lüttich/Tschöke/ Klipphahn/Franzke/ Aelig/Noth links (Nähe „Gläsernem") Schmidt/Gnoyke/Sorge/ Ritschel/Opitz/rechts (Nähe Kreuz)	Fürbitten im Wechsel über Kreuz
	Pfarrerin Lüttich: links	Lasst uns beten!
	Kilian Tschöke:	G1: Gott, Du bist der eine Gott, an den wir glauben. Aber andere Religionen sagen dies genauso und ziehen deshalb gegeneinander in den Krieg: Juden gegen Moslems und Moslems gegen Christen und keinem gelingt es, Frieden zu halten. Wir bitten Dich um Frieden zwischen den Religionen.
	rechts Barbara Schmidt:	G2: Gott, wir machen uns Bilder von Dir und den Menschen, die wir gegen Anders denkende verteidigen wollen. Diese Vorurteile tragen zum Unfrieden bei. Wir bitten Dich um Freiheit des Denkens.

Position/ Dauer	Wer/Was	Text
	links Walter Klipphahn:	G3: Die Hetze um das liebe Geld macht so vieles in unserem Land kaputt. Auch vor dem Sonntag macht keiner mehr Halt. Unruhe und Unfrieden bestimmen unseren Alltag und unseren Sonntag. Wir bitten Dich wieder neu um die Ruhe Deines Tages.
	rechts Elisabeth Gnoyke:	G4: Die Generationen liegen im Kampf miteinander. Jede möchte das Beste für sich. Bitte, lehre uns erkennen, dass Alt und Jung sich brauchen, um unserer Welt Hoffnung zu geben.
	links Rene Franzke:	G5: Wir sind verstrickt in den Kampf gegen die Armen dieser Welt. Die Genusssucht unserer Welt trägt zum Tod durch Hunger bei. Lehre die westliche Gesellschaft, unsere nördliche Welt, immer wieder auch den Verzicht.
	rechts Andreas Sorge:	G6: Weltweit werden Kinder sexuell ausgebeutet und missbraucht, weil es vielen nicht mehr genügt, Beziehungen verbindlich zu leben. Allein der Spaß zählt. Wir bitten dich, hilf uns allen, eher die Liebe zu suchen als nur Spaß.
	links Carla Aehlig:	G7: Der Westen betrügt den Osten, der Norden den Süden um gerechte Verteilung von Brot und Lohn. Hilf uns, dabei nicht mitzumachen.
	rechts Annemarie Ritschel:	G8: Unsere Köpfe sind voller Lügen aus Werbung und Medien. Manchmal können wir die Wahrheit gar nicht mehr erkennen, sind verstrickt in Lügennetze. Hilf uns, Dich, die Wahrheit, immer wieder zu erkennen.
	links Kerstin Noth:	G9: Oh Gott, Du schenkst Jeder und Jedem von uns so viel, doch oft frisst der Neid auf andere, denen es scheinbar besser geht, uns auf. Mache uns satt mit dem Brot des Lebens, das Du bist.

Position/ Dauer	Wer/Was	Text
41.00	rechts Susanne Opitz:	G10: Die Gier beherrscht unsere Gesellschaft: immer weiter, immer höher, immer mehr. Und bei all diesem Jagen verlieren wir unsere Seele. Rette Du uns, Herr.
29 0.45 41.45	P. Lüttich/ v. d. Altar Mitte	Vaterunser Vater unser im Himmel. Geheiligt werde dein Name. Dein Reich komme. Dein Wille geschehe wie im Himmel so auf Erden. Unser tägliches Brot gib uns heute. Und vergib uns unsere Schuld, wie auch wir vergeben unsern Schuldigern. Und führe uns nicht in Versuchung, sondern erlöse uns von dem Bösen. Denn dein ist das Reich und die Kraft und die Herrlichkeit in Ewigkeit. Amen.
30 0.45 42.30	Pfrin. Lüttich Anmoderation Friedensgruß Pfarrerin Lüttich: Einblendung: Friedenszeichen Dazu: zwei Gebote reichen sich die Hand und sprechen dabei den Friedensgruß.	Segen mit Friedenszeichen Gehet hin im Frieden! Heißt es am Ende eines Gottesdienstes und mit dem Segen Gottes werden Sie hinaus in die Welt geschickt, um dieses eine Gebot Jesu zu erfüllen: Liebe Gott und Deinen Nächsten wie Dich selbst. Der Herr segne dich und behüte dich, der Herr lasse sein Angesicht leuchten über dir, er erhebe sein Angesicht auf dich und gebe dir Frieden. Und wenn Sie den Segen angenommen haben, beginnt der Friede jetzt in euren Herzen. Deshalb gebt euch ein Zeichen dieses Friedens, reicht euch die Hände im Friedensgruß, hier und zu Haus vor den Bildschirmen. Denn Jede und Jeder von uns kann heute beginnen, zum Frieden in der Welt beizutragen. AMEN.

Position/ Dauer	Wer/Was	Text
31 2.00	Musikgruppe/ vorne links	Vortragsstück: „Keinen Tag soll es geben"
		Musik: Thomas Quast
	Dazu: Friedensgruß als Aufforderung (zum Händereichen in der Gemeinde) Nächstenliebe zu lernen und das Teilen zu üben Abspann/Telefonnummer	Text: Uwe Seidel, tvd-Verlag
44.30		

Hinweise auf zitierte und weiterführende Literatur

Bäumler, C.: Artikel „Kommunikation/Kommunikationswissenschaft", in: Theologische Realenzyklopädie (TRE) Bd. 19, Berlin/New York 1990, S. 394–402.

Bahr, H.-E.: Verkündigung als Information. Zur öffentlichen Kommunikation der demokratischen Gesellschaft, Hamburg 1986.

Baltruweit, F./Ruddat, G.: Gemeinde gestaltet Gottesdienst, 3 Bände, Gütersloh 1994/2000/2002.

Baltruweit, F.: Von der Idee zur Inszenierung. Grundbegriffe für Ganzheitlichkeit: Raum/Dramaturgie/Visualisierung/Licht/Musik/Symbolik, in: Für den Gottesdienst H. 60, 2004, S. 12–22.

Bieritz, K.-H.: Gottesdienst als „offenes Kunstwerk"? Zur Dramaturgie des Gottesdienstes, in: Pastoraltheologie 75 (1986), S. 358–377.

Ders.: Spielraum Gottesdienst. Von der „Inszenierung des Evangeliums" auf der liturgischen Bühne, in: Schilson, A./Hake, J. (Hg.): Drama „Gottesdienst". Zwischen Inszenierung und Kult, Stuttgart/Berlin/Köln 1998, S. 69–101.

Ders.: Die eigensinnige Predigt, in: Pohl-Patalong, U./Muchlinski, F. (Hg.), Predigen im Plural, Hamburg 2001, S. 103–115.

Ders.: Liturgik, Berlin/New York 2004.

Cornehl, P.: Artikel „Gottesdienst VIII (Evangelischer Gottesdienst von der Reformation bis zur Gegenwart)", in: Theologische Realenzyklopädie (TRE) Bd. 14, Berlin/New York 1985, S. 54–85.

Ders.: „A Prayer for America". Der interreligiöse Trauergottesdienst in New York als Beispiel für Civil Religion nach dem 11. September, in: C. Dierksmeier (Hg.), Die Ausnahme denken, FS Klaus Michael Kodalle, Bd. 2, Würzburg 2003, S. 85–98.

Ders./Bahr, H.-E. (Hg.): Gottesdienst und Öffentlichkeit. Zur Theorie und Didaktik neuer Kommunikation, Hamburg 1970.

Daiber, K.-F. u. a.: Gemeinde als Publikum? Berichte, Analysen, Reflexionen zu einem Marburger Fernsehgottesdienst, Marburg 1995.

Danzeglocke, K. u. a. (Hg.): Gottesdienst – fremde Heimat. Informationen, Anregungen, Motivationen, Düsseldorf 2001.

Dinkel, C.: Was nützt der Gottesdienst? Eine funktionale Theorie des evangelischen Gottesdienstes, Gütersloh 2002.

Drost von Bernewitz, I./Zietlow, G.: Von Metaphern, Spannungen und Eisenbändern. Oder warum es ein Atelier Sprache gibt, in: Praktische Theologie 39 (2004), S. 186–192.

Engemann, W.: Einführung in die Homiletik, Tübingen/Basel 2002.

Evangelische Kirche in Deutschland: Publizistischer Gesamtplan, Gütersloh 1979.
Evangelisches Gottesdienstbuch. Agende für die Evangelische Kirche der Union und für die Vereinigte Evangelisch-Lutherische Kirche Deutschlands, hg. von der Kirchenleitung der Vereinigten Evangelisch-Lutherischen Kirche Deutschlands und im Auftrag des Rates von der Kirchenkanzlei der Evangelischen Kirche der Union, Berlin u. a. 1999.
Garhammer, E.: Predigt als offenes Kunstwerk, München 1998.
Gilles, B.: Durch das Auge der Kamera. Eine liturgie-theologische Untersuchung zur Übertragung von Gottesdiensten im Fernsehen, Münster 2000.
Gräb, W.: Sinn fürs Unendliche. Religion in der Mediengesellschaft, Gütersloh 2002.
Grethlein, C.: Grundfragen der Liturgik. Ein Studienbuch zur zeitgemäßen Gottesdienstgestaltung, Gütersloh 2001.
Ders.: Kommunikation des Evangeliums in der Mediengesellschaft, Leipzig 2003.
Grethlein, C./Ruddat, G. (Hg.): Liturgisches Kompendium, Göttingen 2003.
Haberer, J.: Gottes Korrespondenten. Geistliche Rede in der Mediengesellschaft, Stuttgart 2004.
Habermas, J.: Glauben und Wissen. Friedenspreis des Deutschen Buchhandels 2001, Frankfurt 2001.
Hirsch-Hüffel, T.: Gottesdienst verstehen und gestalten, Göttingen 2002.
Josuttis, M.: Der Weg in das Leben. Eine Einführung in den Gottesdienst auf verhaltenswissenschaftlicher Grundlage, Gütersloh 1991.
Kabel, T.: Handbuch Liturgische Präsenz, Bd.1 (Zur praktischen Inszenierung des Gottesdienstes), Gütersloh 2002.
Kerner, H. (Hg.): Gottesdienst und Kultur. Zukunftsperspektiven, Leipzig 2004.
Kirche und Israel. Ein Beitrag der reformatorischen Kirchen Europas zum Verhältnis von Christen und Juden, hg. i. A. des Exekutivausschusses der Leuenberger Kirchengemeinschaft v. H. Schwier, Leuenberger Texte, H. 6, Frankfurt ²2001.
Lange, E.: Chancen des Alltags. Überlegungen zur Funktion des christlichen Gottesdienstes in der Gegenwart, (1965), München 1984.
Martin, G. M.: Predigt und Liturgie ästhetisch, Stuttgart 2003.
Meyer-Blanck, M.: Inszenierung des Evangeliums. Ein kurzer Gang durch den Sonntagsgottesdienst nach der Erneuerten Agende, Göttingen 1997.
Ders.: Inszenierung und Präsenz. Zwei Kategorien des Studiums Praktischer Theologie, in: Wege zum Menschen 49 (1997), S. 2–16.

Ders.: Liturgie und Liturgik. Der Evangelische Gottesdienst aus Quellentexten erklärt, Gütersloh 2001.

Mildenberger, I.: Jenseits der Agende. Reflexion und Dokumentation alternativer Gottesdienste, Leipzig 2003.

Neijenhuis, J./Ratzmann, W. (Hg.): Der Gottesdienst zwischen Abbildern und Leitbildern, Leipzig 2000.

Nemetschek, H.: Kein Missionsinstrument. Aus der Praxis des Fernsehgottesdienstes, in: Medium 12 (1982), S. 58 ff.

Nicol, M.: Einander ins Bild setzen. Dramaturgische Homiletik, Göttingen 2002.

Nitschke, H.: Lexikon Liturgie, Hannover 2001.

Nolte, P.: Bürgergesellschaft und christliche Verantwortung in der postsäkularen Welt, in: ders.: Generation Reform. Jenseits der blockierten Republik, München 2004, S. 232–246.

Osenberg, Hans D.: Das Evangelium ist der Rede wert. Rundfunkerfahrungen für die Kanzel, in: Pastoraltheologie 34 (1999), S. 28–35.

Otto, G.: Die Kunst, verantwortlich zu reden, Gütersloh 1994.

Ders.: Predigt als rhetorische Aufgabe, Neukirchen 1987.

Ders.: Rhetorische Predigtlehre, Mainz 1999.

Preul, R.: Kommunikation des Evangeliums unter den Bedingungen der Mediengesellschaft, in: Preul, R./Schmidt-Rost, R. (Hg.): Kirche und Medien, Gütersloh 2000, S. 9–50.

Räume der Begegnung. Religion und Kultur in evangelischer Perspektive. Eine Denkschrift der Evangelischen Kirche in Deutschland und der Vereinigung Evangelischer Freikirchen, Gütersloh 2002.

Ratzmann, W.: Struktur des Gottesdienstes, in: C. Grethlein/G. Ruddat (Hg.): Liturgisches Kompendium, Göttingen 2003, S. 419–436.

Ders.: Grenzen überschreiten. Profile und Perspektiven der Liturgiewissenschaft, Leipzig 2002.

Schmidt, W.-R.: Artikel „Massenmedien", in: Taschenlexikon Religion und Theologie, Bd. 3, Göttingen ^{4}1983, S. 234–239.

Ders.: Artikel „Medien", dort: „6. Medienreligion" in: Theologische Realenzyklopädie (TRE), Bd. 22, Berlin/New York 1992, S. 324–326.

Ders.: Gottesdienst im Fernsehen, in: Lutherische Monatshefte 34 (1995) S. 8 ff.

Ders.: Gott im Kanal, in: Evangelische Kommentare 27 (1994) S. 139–142.

Ders.: Hier endet der christliche Sektor, in: ZDF-Jahrbuch, Mainz 1991, S. 162 ff.

Schmidt-Lauber, H.-C. u. a. (Hg.): Handbuch der Liturgik. Liturgiewissenschaft in Theologie und Praxis der Kirche, Leipzig/Göttingen, 3. Aufl. 2003.

Schmidt-Lauber, H.-C./Seitz, M. (Hg.): Der Gottesdienst, Stuttgart 1992.
Schmidt-Lauber, H.-C.: Die Zukunft des Gottesdienstes. Von der Notwendigkeit lebendiger Liturgie, Stuttgart 1990.
Schmidt-Rost, R.: Medium und Message. Zu ihrem Verhältnis in der christlichen Publizistik, in: R. Preul/R. Schmidt-Rost (Hg.), Kirche und Medien, Gütersloh 2000, S. 84–121.
Schulz, F.: Die jüdischen Wurzeln des christlichen Gottesdienstes, in: Jahrbuch für Liturgik und Hymnologie, Bd. 28, 1984, S. 39–55.
Schwier, H.: Die Erneuerung der Agende. Zur Entstehung und Konzeption des „Evangelischen Gottesdienstbuches", Hannover 2000.
Ders.: Artikel „Liturgie III,2/IV/V (dogmatisch, evangelisches Verständnis/praktisch-theologisch/ethisch)", in: Religion in Geschichte und Gegenwart (RGG), 4. Auflage, Bd. 5, Tübingen 2002, Sp. 438–441.
Ders.: Sonntagsgottesdienst, in: C. Grethlein/G. Ruddat (Hg.): Liturgisches Kompendium, Göttingen 2003, S. 394–416.
Seybold, K.: Der Segen und andere liturgische Worte aus der hebräischen Bibel, Zürich 2004.
Theißen, G.: Zur Bibel motivieren. Aufgaben, Inhalte und Methoden einer offenen Bibeldidaktik, Gütersloh 2003.
Thomas, G. (Hg.): Religiöse Funktionen des Fernsehens?, Wiesbaden 2000.
Thomé, H. E.: Gottesdienst frei Haus? Fernsehübertragungen von Gottesdiensten, Göttingen 1991.
Volp, R.: Liturgik. Die Kunst, Gott zu feiern, 2 Bände, Gütersloh 1992/1994.
Wöllenstein, H. (Hg.): Werkbuch Liturgische Präsenz nach Thomas Kabel, Gütersloh 2002.